台湾の開祖

国姓爺鄭成功

森本 繁

国書刊行会

国姓爺鄭成功

目次

地の巻

空の巻　国姓爺鄭成功の登場……121

天の巻

地の巻　鄭芝龍の南海制覇

平戸島

この物語の主人公国姓爺《こくせんや》すなわち鄭成功《ていせいこう》は、日明の混血児である。

父は明国の鄭芝龍《ていしりゅう》、母は日本の田川マツ。鄭成功の幼名は田川福松で、これは母方の祖父田川七左《たがわしちざ》衛門《えもん》が命名したものだが、父の芝龍は鄭森《ていしん》という名を与えた。その福松が誕生したのは一六二四年、日本の寛永元年、明国の天啓四年で、誕生地は日本の肥前平戸である。

肥前平戸は北松浦《きたまつうら》半島の西方海上に位置し、主島の平戸島と北の度《たく》島、南東の上《かみ》・下枯木《しもかれき》島、南西の上・下阿値賀《あじか》島と高島などの付属の島嶼からなる。「肥前国風土記」には志式《ししき》島と見える。

九州本土西端の田平《たびら》から平戸瀬戸を渡し舟でわたると、右手の平戸湾口に緑の小島があり、南端に弁財天《べんざいてん》を祀る堂宇が見える。周囲約一キロの黒子《くろこ》島だ。間もなく舟は平戸港に入る。

平戸港は中国と朝鮮とを結ぶ古代からの国際貿易港で、中国ではここを平壺あるいは飛鸞と表記したが、これは庇良《ひら》と呼ばれた日本の呼称に起因するものである。平戸は庇良の戸（港）から出た名で、遣唐使船の寄港地であった。爾来《じらい》宋や明へ渡海する中継地となったが、室町時代には勘合《かんごう》貿易の拠点として大いに賑わい、戦国期になると海禁を国是《こくぜ》とする明の密貿易商人が、ここを本拠としてアジアの南海諸地域およびヨーロッパのポルトガル・イスパニアと盛んに交易した。

とりわけ五峯《ごほう》（王直《おうちょく》）が有名であり、彼は天文十二年（一五四三）に来日し、ポルトガルと日本との貿易の橋渡しをしながら、平戸島南方の五島《ごとう》（福江《ふくえ》島）に根拠地を置いた。のち平戸港に来航して領主松浦隆信《まつらたかのぶ》（道可《どうか》）の保護を受け、ここに居住した。

松浦氏は古くから松浦半島に盤踞した海の豪族松浦党《まつらとう》の首領で、鎌倉時代になって平戸に居館を構え、ここを松浦氏の城下町とした。

松浦隆信が明国の海商王直を庇護して、ここに居所を与えたのは、彼と結託して明国との密貿易により硫黄《いおう》・硝石・生糸・綿などの商品を輸入して莫大な利益をあげるのがねらいであった。ねらいは的中し、輸入品を求めて京や泉州堺をはじめ国内の諸商人がやって来て、明船も盛んに出入りするようになった。当時ここは西のみやこと称された。その王直の居住地は平戸湾の奥の鶴ヶ崎山麓に印山《いんざん》寺《じ》屋敷として残っている。王直が用いたという六角井戸《ろつかくいど》も海岸通りに現存する。

六角井戸　平戸印山寺屋敷の王直も用いた。

その王直は天文二十一年（一五五二）の頃から倭寇の元凶として明の官憲がねらうところとなり、「帰順すれば前科を問わず、これからも貿易を許す」という当局の甘言に騙《だま》されて帰国し、逮捕投獄されて、処刑された。

だが、そのかわり今度はポルトガル船が来航するようになり、天正十八年（一五四九）八月十五日に、インドのゴアから鹿児島に来航していたキリスト教宣教師フランシスコ・ザビエルがやって来た。これは彼が副会長をしているローマのイエズス会本部からの書簡を、碇泊中のポルトガル船から受け取るためであったから、一か月後に鹿児島へ帰ったが、間もなく本格的な布教をするために、司祭トルレスと修道士フェルナンデスを伴って来往した。領主松浦隆信はこれを優遇した。ポルトガル船の貿易は、イエズス会宣教師の主導でなされた。宣教師が平戸に定住すれば、ポルトガル船は相次いで平戸に入港し、彼が望む貿易の利益が得られるからである。

ザビエルは念願の京都布教をめざして旅立ったが、トルレスが残り、トルレスが周防山口へ去ったあとは、ヴィレラ神父が派遣されてきて布教を続けた。領主の松浦隆信は入信こそしなかったが、重臣籠手田《こてだ》安経《やすつね》が入信してドン・アントニオの霊名を授かり、ヴィレラ神父の布教を助けた。

ところが、永禄三年（一五六〇）になって、ポルトガル人宣教師が仏像を焼いたことから紛争が起こり、憤激した仏僧たちは領主隆信に迫って宣教師を平戸から退去させ、平戸城下の教会堂を閉鎖させた。退去させられた宣教師たちは肥前大村領の横瀬浦《よこせ》に移り、領主大村純忠《すみただ》の保護を求めた。そのためポルトガル船は平戸に代わってここへ寄港するようになり、平戸は貿易港としての機能を喪失した。慌てた隆信は懐柔策をとって、三年後の永禄六年（一五六三）に平戸城下での教会再建を認め、同年十月、パードレたちは御やどりのサンタ・マリア教会という天門寺《てんもんじ》を造営した。

今、そのサンタ・マリア教会天門寺の前を、二人の男が足早に通り過ぎた。

一人は慈姑頭《くわいあたま》の屈強な若者で、一人は薬籠《やくろう》を抱えた、彼の従者らしい老人である。一見《いっけん》漢方医のようであるが、その日焼けした精悍な面構《つらがま》えといい、節榑《ふしくれ》立った両の腕《かいな》といい、とても病人を診療する医者とは思えぬ。

それもそのはず、この若侍はつい昨年九月に関ヶ原で、西軍のキリシタン大名小西行長の陣営にあって東軍の徳川勢と死闘を演じた武者の一人だったからである。

名は田川七左衛門。泉州堺の医家に生まれ幼い頃から父について医術を学び、漢方医となるべく修行を積んだ。ところが性来血の気の多い彼は、堺の豪商小西隆佐《りゅうさ》の家へ父のお供で往診に通ううちに、この家の主人隆佐の子息で海事奉行をつとめる弥九郎行長の凛とした姿に魅せられ、無理にも頼み込んで家来になり、薬を剣に変えた。武士となった彼は天正十五年（一五八七）、九州の陣に従軍して、翌十六年肥後の宇土《うと》城に入った。これは肥後国衆一揆《くにしゅういっき》で、これまでの肥後国守《こくしゅ》佐々成政《さっさなりまさ》が改易となり、小西行長が加藤清正と、その後を分け合ったからである。

七左衛門は文禄・慶長の役にも従軍して武功があったが、慶長五年（一六〇〇）九月十五日の陣で運命を暗転させた。危うく戦死を免れ、関ヶ原の戦場を離脱した彼は、北国街道を北に逃れて、伊吹《いぶき》山に入った主君の小西行長に別れを告げ、中山道《なかせんどう》を西に逃れた。琵琶湖畔の大津から木津川《きづがわ》を舟で下り、生まれ在所堺の医家に匿《かく》まわれた。そこで肥後の宇土城下に残った新妻に急飛脚を立て、年が明けた春に肥後へ向けて旅立った。船便は西ルイスの交易船である。ルイスは名を宗真《そうしん》と言い、元は肥前の大村藩士であった。敬虔なカトリックの信者であり、キリシタン大名の大村純忠に仕えて海事方をつとめていたのだが、天正十五年に純忠が他界したのを機に、貿易商に転身して堺に移り住んでいた。

七左衛門が、父が付けてくれたお供の寿助《じゅすけ》を連れて、堺から平戸に通う交易船に便乗したのは、もう関ヶ原残党の詮議がなくなったからである。堺からの交易船が平戸港に着くと、二人は御宿《やどり》のサンタ・マリアの教会下を過ぎて、東南の紐差《ひもさし》へ向かった。

平戸は本邦最初のキリシタン城下町である。平戸城主の松浦氏はカトリックを公認しているわけではなかったが、南蛮貿易の利益とのからみで住民の信仰を大目に見ており、来住するポルトガルやイスパニア人宣教師の布教も黙認していた。したがって領内の川内浦《かわち》、根獅子《ねじし》、紐差といったところや、生月《いけつき》・度島《たく》といった離島にカトリックの教会所があった。そこには教会が経営する病院や診療所があったが、二人はその紐差の診療所に漢方医として招かれ、赴任する途中だったのである。

平戸は海岸沿いの後背地が港湾にせり出した坂の町である。城主松浦氏の居館も家臣たちの住居もその坂にあり、古くからの寺院や新しく建てられた教会堂も坂のあちこちに点在していた。前述した天門寺も五峯王直の屋敷跡と並んで勝尾岳《かつおだけ》の山麓にあった。勝尾岳は城下の西手にあり、そこには戦国期からの松浦氏の居城である白狐《びゃっこ》山城があった。城はその後松浦鎮信《しげのぶ》（法印《ほういん》）の時代に平戸湾頭の亀岡に移されるが、本来ここが平戸の本城で、城下町は小規模ながらその山麓に形成されていたのである。

二人はその坂道を伝って西へ。平戸つつじの群生する山道を登りつめて、川内峠《とうげ》に立った。

「それにしても、何という素晴らしい景色ではないか。今までの長旅の疲れがいっぺんに吹き飛んでしまうようじゃ」

七左衛門が周囲を見渡しながら喚声を上げた。

「さようでございます。ごみごみした堺の町とはちがって、広闊で空気が澄んでおります。こんな所で暮らせば長生きができましょう」

寿助もその声に応じて周囲を眺めた。

峠は標高二百五十メートル。約百ヘクタールの広さをもつ草原は新緑に映えて、遠く北九州の連山や松浦潟と玄海・東シナ海を一望におさめることができた。東南に九十九《つくも》島が見え、眼下に古江湾と小富士《こふじ》が俯瞰できた。

「あれが生月島で、その向こうに見えるのが度島と大島であろうのう。壱岐《いき》と対馬《つしま》までは眼が届かぬようじゃ」

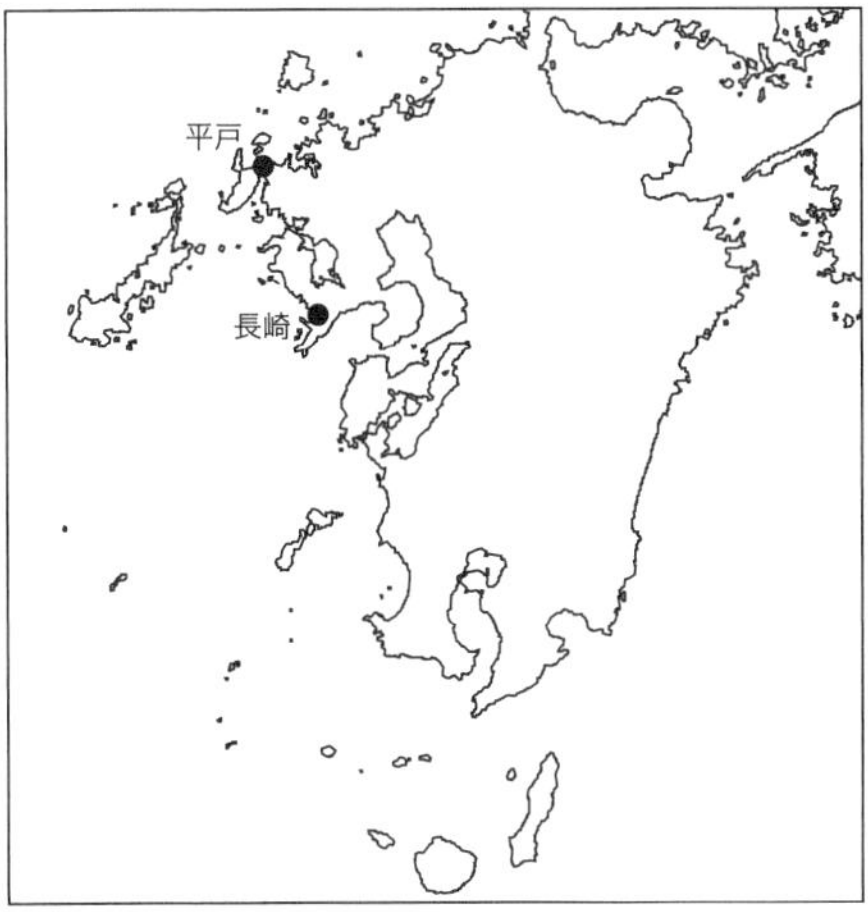

平戸と長崎

七左衛門が北に眼を転じて独りごつと、

「で、旦那様、奥様はもうこの峠を越えて紐差へお出《い》でなさっておられましょうか？　御母堂様も御一緒とおうかがいしましたが……」

と寿助は、気になる肥後宇土城下の七左衛門の家族のことを口にした。

「さよう、あの負け戦さで、小西様の宇土城はすぐさま加藤清正の軍勢に乗っ取られ、城下の留守家族も追い出されたと聞く。したがって、寄る辺のなくなったおのぶたちは、どこといって行くあてはなく、この平戸の紐差しか頼る所はなかった。紐差の教会でパードレさまのお世話になっていることであろう」

おのぶというのは、七左衛門の内儀の名である。彼女は小西家のキリシタン侍の娘で、父親は七左衛門とともに関ヶ原に従軍して戦死した。

「では、一刻も早く、日の暮れぬうちに紐差へ着かねばなりませぬ。旦那様、先を急ぎましょう」

寿助は腰を上げて裁《た》っ着袴《つけばかま》についた枯草を払い落とした。西空の太陽が、川内浦の沖海《おきうみ》を濃紺《のうこん》に染めていた。

紐差診療所

川内峠を下ると道は海辺へと続いていた。綺麗な砂浜が見える。土地の人々が千里ヶ浜《せんりがはま》と呼んでいる海岸まで来ると、道は入江の奥へ湾曲していた。川内浦である。後年オランダ船が寄港するようになり、商館と積荷を保管する倉庫が出来るのだが、慶長六年のこの頃はまだ人家もまばらだった。

海岸沿いの道をさらに南下すると山の中に入り、心細い思いをしながら行くと、その先に紐差の集落があった。船隠しに格好な入江があり、そこにポルトガルやイスパニアから来航した貿易船が碇泊していた。その南蛮人たちを相手に商売をする商人の店が並んでいる。お目当てのカトリック教会と付属の診療所は、その紐差港の奥まった小高い丘の上にあった。

案じられた七左衛門の妻は、何日か前に到着していて、教会の建物に居室を与えられていた。彼女は七左衛門の顔を見ると、顔いっぱいに涙を浮かべて、喜びの表情をあらわにした。彼女が語る宇土落城の次第はこうである。

慶長五年九月、宇土城の留守居は城将の小西隼人《はやと》と南條元宅《もといえ》であった。両将は城の開け渡しを迫って来襲した加藤清正の軍勢八千五百と対峙して防戦につとめたが、城中には五名の宣教師がいてキリシタン将兵たちを激励していた。七左衛門の妻女おのぶも、これらの将兵に混じってポルトガル人宣教師の指示に従い、傷病者の看護にあたっていたが、そのうちに敵軍から射込まれた矢文《やぶみ》により、関ヶ原の西軍敗北と主君小西行長捕縛のことを知った。すると城代で行長の舎弟であった小西隼人が城兵の命乞いをして自刃し、十月二十三日に城は落ちた。城中の宣教師たちは捕えられて投獄されたが、おのぶは母を連れて城外に逃れ、肥前平戸へ渡ろうとした。途中で野盗に襲われ、逃げおくれた母は殺され、彼女は命からがら長崎の教会に逃げ込み、黒田如水《くろだじょすい》のはからいで釈放された顔馴染《なじ》みの宣教師に連れられて、海路を平戸へ渡ったのであった。

「ふむ、さようであったか、随分と苦労をかけたのう。そうと知っていれば、万難を排してでも、宇土城へ駆けつけるべきであった。済まぬ」

と七左衛門は悔やんだが、もはや詮無いことであった。

妻のおのぶと、堺から七左衛門に同行した寿助は、初対面である。挨拶が済むとすぐさま教会の司祭室へ行き、パードレに着任の挨拶をした。するとポルトガル人の司祭は相好を崩して喜び、

「ソウカ、ソウカ、西ルイスドノカラ聞イテイタノデ、君ノクルノヲ、今日カ、明日カトマッテイタ。コレモ主デウスノオミチビキデス。明日カラスグ診療所デ、キノドクナ病人タチヲミテクダサイ」

といった。そしてその司祭の指図に従い、診療所の並びにある一棟の職員住宅に入った。旅の疲れもあったが、三人でその夜を語り明かし、翌日から早速診療を始めた。七左衛門は、この日から自分

を松庵と号した。

診療所には、これまでポルトガル人のイルマン（修道士）が一人で患者の治療にあたっていたが、彼は外科の宣教医で、内科については専門外であった。それでもインドのゴアにある王室病院から取り寄せた医薬品が多分にあったので、たいていの患者はその薬のおかげで、病気が治癒し、たいそう重宝がられていた。そこへ七左衛門という漢方医が寿助という経験豊かな漢方の薬剤師とともにやって来て、患者たちの脈を取り始めたので、診療所は評判となり、紐差村だけでなく根獅子や宝亀《ほうき》など近所の村々からも患者がやって来て、たちまち診療所の控室はいっぱいになった。

おのぶは家事の合間を見て患者の世話をしていたので、三人ともゆっくりと休む暇などなくなってしまった。一つにはこの診療所がイエズス会のミゼリコルディア（慈善事業）として設立されていたので、無料だったからでもある。

紐差の診療所に治療を求めてやってくる患者は日本人とは限らない。紐差港は国際貿易港であったから、しばしばポルトガルやイスパニアの貿易船が平戸藩との交易を求めて寄港し、その貿易船の船員や商人たちがやって来た。外科の患者はポルトガル人宣教医のイルマンがいるので問題はないが、内科の患者ともなると、どうしても漢方医師七左衛門に診てもらわなければならない。

この七左衛門の見立ては評判が良い。というのは七左衛門の腕の良さもあったが、元来漢方医術は内科に限り南蛮医術に決してひけはとらなかったからである。南蛮医師が原因不明として手をつかねている病人を、熟達した漢方医は直ぐさまその原因をつきとめ、巧みに薬草薬種の漢方薬を処方《しょほう》して気長に治療した。とりわけ年老いて経験豊かな寿助は一目で患者の容態を突きとめて、その症状に応じた漢方薬を煎じて調合し病気を治した。

　紐差港に入港する貿易船は南蛮船ばかりではなかった。明国からの交易船も海禁令をかすめて福《ふく》州《しゅう》・泉州《せんしゅう》・漳州《しょうしゅう》から数多くやってきた。彼らは生糸・絹織物・陶磁器などを平戸で売り捌《さば》くのである。その密貿易船団の頭目に顔思斎《がんしさい》という男がいた。彼は明の官憲に騙されて一五五二年に処刑された五峯王直の後継者として福州からやって来た海商である。王直が日本女性とのあいだにもうけた娘を妻にして印山屋敷に居住し、平戸城主松浦氏とも結託して、在日華僑《かきょう》たちを意のままに支配している。

　オランダ船が初めて日本にやって来たのは慶長五年で、七左衛門が苦杯を嘗めた関ヶ原合戦の年であるが、平戸に入港して商館を設けて貿易を開始するのは、九年後の慶長十四年である。したがって、七左衛門が漢方医として紐差診療所にやって来た当時、紅毛《こうもう》オランダ商人の船影はどこにもなかった。平戸藩主法印公松浦鎮信が交易に利を求めた海外の相手は南蛮人と明国人だったのである。

　七左衛門が紐差の診療所で怱忙の日々を過ごすうち、月日は流れて一年が過ぎた。慶長七年の夏、妻のおのぶは七左衛門の子種を宿して、翌年の春女児を出産した。その女児こそは、この物語の主人公国姓爺鄭成功の母マツである。

　だが、その七左衛門の喜びも束の間、妻のおのぶは産褥《さんじょくねつ》熱を発して他界してしまった。当時の出産は今のように病院に入って子供を産む婦人は誰もいない。どの家庭でも臨月の妊婦が大きなおなかを抱えてはたらいており、出産の時が来ると、産婆を呼びにやって、その産婆が呻吟する妊婦から赤ん坊を取り上げるのである。そのあいだ家の者は釜に湯を沸かして赤ん坊の産声《うぶごえ》がするのを待つのでである。だからおのぶも、出産の前日まで診療所で患者たちの世話をしていて、その日は紐差村の産婆に来てもらって、女児をとり上げてもらった。

難産であった。日頃の過労が崇って体力がなく発熱して、その熱が引かず、とうとう肺炎を併発してみまかったのである。

七左衛門にとって、これは全く思いがけない不幸な出来事であった。こうなるのだったら、診療所を休んででもおのぶを付きっきりで看病すればよかったのにと、後悔したが後の祭り。おのぶはキリシタンだったので、教会の司祭の手で野辺の送りを済ませた。

七左衛門は絶望に打ちひしがれたが、その嘆きにいつまでも浸っている暇などない。その翌日からはまた平常通り診療を続けねばならなかった。

新生児の女の子に七左衛門松庵は、自分の号の一字をとってマツと命名した。一つには母のおのぶとちがい、「松のように長寿でたくましく生きよ」との親心である。母のいないマツには、老爺の寿助が母親代わりをつとめた。紐差教会にはパードレやイルマンが飲用するために乳牛を飼育していたので、マツはその牛乳で育てられた。

乳離れすると、寿助はマツを側に置いてはたらいた。時に松庵が重病の患者を見舞うため往診すると、寿助はマツを背負い、薬籠を抱えて、そのお供をした。こうして歳月が流れ、マツはあまり手数のかからぬ子となり、診療所の庭で一人で遊ぶようになった。

川内浦

関白秀吉が筑前博多で外国人宣教師の国外退去を命じたのは天正十五年（一五八七）六月十九日である。しかしこの布告は、海外との貿易の利益とのからみで徹底したものではなかった。したがって宣教師たちが表立って派手な布教活動をせぬかぎり、彼らの日本在住は黙認されていた。そこでインドのゴアを東洋布教の基地とするポルトガル系のイエズス会は、その間隙を利用し、巧みに日本各地に潜伏して布教活動を続行した。

ところが、呂宋島《ルソン》を東洋布教の基地とするイスパニア系のフランシスコ会・ドミニコ会・バプチスト会の諸派は、こうした日本の政治権力の意向を無視しておおっぴらな布教活動を始めた。怒った豊臣政権の官僚たちは、彼らを槍玉にあげて、逮捕投獄し処刑した。慶長元年（一五九六）の二十六聖人の殉教事件がこれである。これには、同年十月、土佐の浦戸港に入ってきたイスパニア船サン・フェリペ号水先案内人の不用意な発言（スペインでは先ず宣教師を送って住民を教化し、そのあと軍隊を送ってその国土を占領する政治的野心がある）が起因している。

このあと太閤秀吉が死に、迫害がなくなってカトリックの信者は七

川内浦（平戸市川内町）丸山の鄭成功廟より眺望

万人も増加したが、それも束の間、慶長五年（一六〇〇）の関ヶ原の役で権力を掌握した徳川家康が次第に禁教の方針をとり、ついに慶長十七年（一六一二）三月に禁教令を出し、翌年十二月、これを全国に及ぼした。これは同五年四月に豊後へ漂着したオランダ船リーフデ号の水先案内人、ウィリアム・アダムス（イギリス人）を家康が引見して、彼の口から、オランダやイギリスの貿易船を相手に交易をすれば、カトリックを禁教しても貿易の利益を損うことがないと告げられたからである。そこで家康はさらに禁教令を徹底し、同十九年（一六一四）十月七日、イスパニア・ポルトガル人の宣教師を含む百四十八人のキリシタンを国外に追放したのであった。

こんなキリシタン弾圧の雲行の中で、法印松浦鎮信は、これまで大目に見ていた平戸城下の天主堂を閉鎖させた。紐差の教会もこのとき閉ざされ、駐在していたパードレとイルマンは国外に追放された。だが、ミゼリコルディアの付属診療所は、住民たちのたっての懇願により、そのまま漢方医院として残されることとなった。

ポルトガル人宣教医であるイルマンが居なくなって外科の治療は行われなくなったが、漢方の内科は医師の松庵がキリシタンではなかったからおかまいなしということになったのである。そのため村人たちは従前通り診療所にやって来て松庵の治療を受け、寿助が調合した漢方薬を服用できた。教会の建物も祭壇は取り壊されたが、教会堂はそのまま病院に転用され、入院患者の病棟となった。

こうして診療所は松庵の個人病院となり、年が明けた大坂夏の陣の年すなわち元和元年（一六一五）には、マツも花の蕾《つぼみ》の十三歳となった。母親はいなかったが、父松庵と母親役の寿助の慈愛を受けて、健康ですくすくと育ったマツは初々《ういうい》しくて美しかった。だが、彼女はそんなことには頓着なく、来る日も来る日も父の診療を助けて雑用に励み、患者の看護に余念がなかった。

こんなことがあった。

この紐差診療所はパードレやイルマンが追放されて、イエズス会の管理を離れたが、長崎のミゼリコルディア本部からは、時折平戸藩には内緒でサン・ラザロ病院から外科医師が派遣されて来て、悪性の腫瘍《しゅよう》で苦しむ患者の切開手術を行うことがあった。このときの彼女の対応は堂に入ったもので、少しもたじろぐことがなく、執刀する外科医師の命ずるままに、きびきびと動き、切開された傷口から流れ出る血を見ても、少しも動ずる気配を見せなかった。日頃から厳格な松庵によって武家の娘としての心構えを教えこまれ、寿助からも医療に従事する者のあるべき姿を懇々と諭されていたからである。

だが、この紐差診療所は本来が平戸に来航するポルトガル人やイスパニア人を治療する目的で設立されたものであり、併せて日本のキリシタンに無料開放したものであったから、幕府によって外国人宣教師の追放令が出されると、紐差港に来航する南蛮船はなくなり、町は寂《さび》れた。

すると、それまで南蛮船にはじき出されて、やむなく北方に追いやられた明国船の寄港地川内浦が賑わうようになった。ここは平戸港ともさほど遠くなく、東岸には千里ヶ浜の砂浜が延々と続いている。紐差港とはちがい、広い入江があったから、港内に多数の商船が碇《てい》泊できた。船体の大きなオランダ船も悠々と寄港できた。

前述の如く平戸にオランダ船が入港して商館を設立したのは慶長十四年（一六〇九）である。これは平戸藩主の松浦鎮信が、慶長五年に日本へ漂着したオランダ船が帰航の途中平戸に立ち寄ったとき、これを好遇し、船一艘を建造して贈ったからである。そのためオランダ商人が東インド会社のバタビア総督に商館を平戸に置くよう説得したからであった。するとイギリスもこれを真似て、慶長十八年に平戸へやってきて商館を開設した。

そうしたわけで、松庵の紐差診療所も川内浦へ移転することになるのだが、これを松庵に勧誘したのは朱印船貿易商の小川理右衛門であった。理右衛門は貿易商として松庵が調合する漢方薬の原料となる薬剤を東南アジア諸国や明国から輸入していた。また理右衛門が囲碁好きで、松庵の好敵手であったから、しばしば平戸城下から紐差へ足を運んでいるうちに松庵と懇意となり、この移転話を松庵に持ち込んできたのであった。理右衛門の屋敷は平戸の恵美寿《えびす》町にある。

「どうであろう松庵殿。この話は町年寄の助太夫殿も賛成なのじゃ。あなたがその気であれば、私から松浦侯に言上するが…」

「さよう、悪くはございませぬが、果たして紐差村の患者たちが納得するであろうか…」

「納得するもしないも、あなたのお気持次第でござる。法印公もお望みのようですから……」

「そうですか、私もこの紐差では、もはや診療所は立ち行かなくなると思っておりました。法印公によろしくおとりなしいただきたい」

「もとよりそのことは……ですが、そうと決まれば藩直営の診療所ということになり、患者から治療費を取るということになります。それでよろしいな」

「…………」

診療所がイエズス会の手を離れてこのかた、この医療費の問題は松庵にとって頭痛の種であっただけに、それはやむを得ないことであった。本当のことをいえば、理右衛門もこのことを心配してこの話を持ちかけたのだ。藩直営の診療所ということになれば、理右衛門も貿易商として、この診療所が使用する漢方の薬剤を大量に仕入れて売ることができる。そのようなわけで、間もなく紐差診療所は閉鎖され、川内浦に平戸藩直営の診療所が開設された。松庵は平戸藩のお抱え医師となったのである。

このあと川内浦は、平戸港の副港となった。ポルトガル・イスパニアの貿易船が紐差に来航して賑わった当時、ただの漁港にしか過ぎなかった川内浦は、このときから国際貿易港として広くその名が知られるようになった。平戸の瀬戸は潮流が激しく雷《いかずち》の瀬戸とも称され、南蛮人たちはここをスペックス海峡と呼んだが、その海峡を通って海外から平戸港に入った貿易船は、ここで、羅紗《らしゃ》・サージ・木綿・麻織物・ガラス器・丁字《ちょうじ》・胡椒《こしょう》・砂糖や薬種などの交易品を陸上げしたあと、副港の川内浦へやって来て碇泊し、上陸して滞在した。そのため飲食店や宿屋、土産物屋が出来、岬の丸山に遊郭が誕生したのである。海岸には商品取引所や積荷を保管するための倉庫が建ち、船具商、日用雑貨店が軒を並べ、大層繁昌した。

したがって、松庵の診療所も付属の病棟が建て増しするほどになり、明国人に加えて新しくオランダ・イギリスなどの紅毛人が診療にやってくるようになった。

時に松庵が、看護婦となったマツと薬籠を抱えた寿助を連れてこれら異国人の居宅へ往診することがあったが、異国人はこの松庵の見立ての良さに感謝するとともに、付添っているマツの美貌に目を見張った。「鬼も十八、番茶も出花」というが、元和六年（一六二〇）、十八歳をむかえたそのマツの美貌は、彼女の健康と性格の素直さも手伝って、町でも評判となった。とりわけ、明国から来て居住している未婚の若者たちにとって、このマツは憧れの的で、なんとかして自分の妻にしたいと言い寄る者もあったが、本人のマツはもとより、父親の松庵にいたっては、頑《がん》として撥《は》ねつけ、「氏素性《うじすじょう》も知れぬ異国人の若僧に大事な娘などやれるものか」と激怒するありさまであった。

鄭芝龍

その頃、明国福建省《ふくけんしょう》の泉州に鄭芝龍《ていしりゅう》という男がいた。

彼は田川マツより一年おそく、一六〇四年（慶長九年、明の万暦三十二年）に泉州南安県石井郷に生まれた。台湾郷土叢書の『傳奇性的一生鄭成功』（何世忠・謝進炎編著）所載の「鄭成功的家世」によると、鄭芝龍の出自《しゅつじ》は次の通りである。

鄭芝龍の故郷は福建省泉州南安県の石井村である。此処は山紫水明にして風景は幽美、桃源郷の如くである。村の住民はほとんど農業に従事しており、農作物の収入は豊かだったから、人々の生活は殷富《いんぷ》であった。芝龍の先祖は初め河南省光州の固始県に居住していたが、唐朝の熹宗光啓《きそうこうけい》年間（八八五～八八八年）に南遷して閩《びん》（福建省）に移住し、一族が繁衍《はんえん》して莆田《ほでん》に移住した。さらに福建省漳州《しょうしゅう》と広東省潮州《ちょうしゅう》に進出し、直始祖鄭隠石《じきしそていいんせき》の時、同安《どうあん》（福建省）に移り住んだ。しかしその後旱魃《かんばつ》の災害によって生活が不如意となったため、転々移住し、南安県の石井を開き、孜々《しし》として務めたので、この地の巡司《じゅんし》となった。

今、鄭氏の系譜を図示すれば次の如くである。

〔鄭家先世系図〕

始祖隠石……七世祖 楽斎＝郭氏 ― 八世祖 于野＝許氏 ― 九世祖 西庭 ― 十世祖 象庭（名は紹祖）＝徐氏（芝龍の母）、黄氏（紹祖の後妻） ― 十一世 芝龍

鄭家十世象庭紹祖《しょうていしょうそ》の長男が芝龍である。したがって芝龍は鄭家の十一世で、妣《ひ》（亡母）は徐《じょ》氏、継母が黄《こう》氏である。

芝龍の父紹祖には四人の男子があった。長男が芝龍で次男が芝虎《しこ》、三男が芝鳳《しほう》（鴻逵《こうき》）で四男が芝豹《ひょう》である。

排行《はいこう》（兄弟の順序）老大《ろうたい》（長兄）の鄭芝龍は小名（幼名）を一官《いっかん》、字《あざな》を飛黄《ひこう》と称した。

芝龍の父紹祖は泉州府の銭庫《せんこ》を管掌していた。いわゆる金庫番で、金銭の出納を行う官吏である。それゆえ経済的にはゆとりがあり、息子たちは人並み以上の教育を受けることができた。

芝龍は美男子で容姿端麗、頭が良く敏捷であった。幼時から胆力があり人に抜きんでて聡明で、性情は豪放不羈《ごうほうふき》であった。長ずるに及び、芝龍は自分の才能に自信過剰となり、地道に努力することが

嫌いで、読書をせず、棍棒を振りまわし、拳法《けんぽう》を好んだ。終日悪戯をして歩き、村の人たちを困らせていた。それゆえ父の紹祖は彼の直情的な性向に行く末を案じ、常時教訓勧導につとめたが効果がなかった。ところが母親の徐氏はこの芝龍を溺愛して我が儘放題にさせていたから、芝龍がこの迷夢から覚めることはなかった。

こうして、鄭芝龍は十歳になった。

ある時、彼は村の餓鬼《がき》大将となって、路上で石を投げ比べしていた。するとそこへ泉州府の府官（泉州太守）蔡善継《さいぜんけい》が通りがかり、彼の投げた石が生憎《あいにく》その善継の額に命中した。

善継は大いに怒り、すぐさま部下に命じて、少年たちを捕えようとした。少年たちは慌てて四散したが、当の芝龍だけが踏みとどまって毅然としていた。少しも臆するところがない。善継はこの少年を取り調べて、その物怖《ものお》じしない堂々たる態度に非凡を感じた。そのため敢えて咎めることなく、人に語っていわく、「この子は将来大器となって世に出るにちがいない」と。

余談だが、鄭芝龍が後日海寇《かいこう》となって、明王朝がその取り締まりに手を焼いたとき、この泉州府の太守であった蔡善継が乗り出して、彼に投降を呼びかけ、芝龍がその招請に応じたのは、このときの恩情にこたえたものだといわれている。

このように鄭芝龍は生まれながら優れた素質を持っていたにもかかわらず、学問を嫌い読書をしなかったので、父の紹祖が望む士大夫《したいふ》への道には縁遠かった。科挙の第一階梯である郷試にしばしば挑戦するものの合格せず、いわんやその上の段階である県試や府試は望むべくもない。そのため彼は自暴自棄におちいり、日夜遊蕩《ゆうとう》にふけって、とどまるところがなかった。

父の紹祖は激怒して意見をするが馬耳東風《ばじとうふう》と聞き流し、もうその頃には両者の仲をとりもつ母親の徐氏は他界していて、父子の感情は疎隔するばかりであった。

こうして十八歳になった鄭芝龍は、とうとう家を飛び出して流浪の旅に出た。泉州から広東《かんとん》に到り、伯父の黄程《こうてい》を頼った。黄程は香山澳《こうざんおう》の名だたる海商である。

香山澳は又の名を浪白澳《ランパカオ》といい、嘉靖年間より葡萄牙《ポルトガル》人が来港して、明の商人と密貿易をする島嶼となった。すなわち明の商人が国内で生糸を買い付け、この島に持ち込んで海外から来航したポルトガル人と交易をする場所だ。最初はポルトガル人に限られていたが新しくイスパニア人が加わり、さらにオランダ・イギリスの紅毛人も加わり、名の知れた密貿易港となった。

だが、この浪白澳は密貿易の市場があるだけで、平生人は居住していない。商人たちの居住地は少し離れた澳門《オーメン》島にある。黄程もこの島に居住している。澳門すなわちマカオはポルトガルの植民地であったから、鄭芝龍はこのマカオに居住するうち、天主《てんしゅ》教カトリックの洗礼を受け、パードレからニコラス・ガスパルドという洗礼名を頂戴した。明国人のあいだではニコラス一官と呼ばれ、外国人との交易の必要からポルトガル語とオランダ語も学んだ。

そしてこのマカオ滞在中、彼は伯父の黄程からみっちり貿易業務のイロハを仕込まれた。本来聡明であった彼はたちまちその極意を会得《えとく》して、間もなく店の手代《てだい》をつとめるほどになった。黄程は通常浪白澳で密貿易に従事しているが、時として貿易船を仕立てて呂宋《ルソン》や日本へ交易に出かけることがあった。芝龍は黄程に頼んでその貿易船に乗り込み、海外諸国との中継貿易を専門に行うようになった。

その芝龍が伯父黄程の仕立てた戎克《ジャンク》船に乗って初めて日本の長崎港にやって来たのは、一六二二年（元和八）であった。商船の戎克には白糖・龍南香《りゅうなんこう》・麝香《じゃこう》など呂宋で仕入れた南洋の特産物が積載されてあったので、長崎でたちまち売り捌き、今度は新しい日本の商品を買い付けるため、肥前平戸にやって来た。そしてこの平戸の川内浦に滞在中、はからずも松庵の診療所で一人の日本娘とめぐり会い、赤い縁《えにし》の糸で結ばれたという次第である。

なお、この「鄭成功的家世」の記述によると、芝龍が日本の平戸でめぐり会った小姐《シャオチェ》（娘）田川マツの出自を、明国から日本に帰化した翁《おう》氏の子孫だとしている。すなわち平戸藩主松浦侯の下吏の女児であった彼女を、中国人の翁翌皇《おうよくこう》が、自分の養女にして鄭芝龍に嫁がせたとしているのである。鄭氏系図にマツが翁氏と記載されているのはそのためである。

この説によると、マツの養父翁翌皇の本籍は明国福建省の泉州で、長じて日本へ渡来して日本女性田川氏を娶り、姓を田川氏と改めて田川翁翌皇と名乗った。商人となって財力を貯え、平戸島に居住して領主にも匹敵する豪族となったという。彼がマツを養女としたのは彼女の父母が幼い頃死去したからで、彼女は幼い頃から漢語をみっちりと仕込まれ、日明両国の言語を自由に話すことができた。鄭芝龍がマツに一目惚れしたのは、彼女が生まれながらにして愛嬌があり、容姿が端麗だったからである。

以上は台湾郷土叢書『鄭成功』が伝える芝龍とマツの出自であるが、日本の学界で通説とされる両人の伝記はこれと異なる。

まず田川マツであるが、これは「平戸侯の足軽田川七左衛門の娘あさ」としている。また異説として「あさの父は翁鉄匠《てつしょう》という明国人で、刀鍛冶《かたなかじ》をしており、日本人の女性と結婚してあさが生まれた」ともいう。

次に鄭芝龍については、一九五九年に石原道博氏が吉川弘文館から発行した『国姓爺』の中で彼の出自を左記のように伝えている。

成功の父（鄭芝龍）は日本甲螺《かしら》といわれ、一六〇四年の生まれで、福建省泉州（晋江）南安県石井の人である。彼の父は紹祖と言い、泉州の庫吏（倉庫番）であったという。「石井本宗族譜」によると、鄭氏一世は隠石公で、芝龍はその十一世にあたる。字は飛黄、また飛虹・飛皇などと伝えられているが、日本でも一官・老一官として知られる。七つのとき茘枝《れいし》を採《と》ろうとして投げた石が県令（県知事）蔡善継の頭にあたり、かえって県令から尋常ならざる子供として誉められたというエピソードがあるが、少年時代から才子肌《さいしはだ》（才気喚発）で、抜群の体力と武芸を身につけていたことは事実らしい。澳門《マカオ》におもむき、洗礼をうけて尼古拉斯《ニコラス》・加斯巴特《ガスパルド》というクリスチャンネームをもっていたことは、西洋側の伝聞である。十八歳のとき父を失い、母方の伯父黄程をたよった。黄程はいわゆる「倭寇」の流れをくむ人物で、南海・中国・日本の三角貿易に従事していた商人とおもわれる。

すなわち、前記「鄭成功的家世」と異なるところは、十八歳で家を出たのは父が死去したからで、彼が頼った所は浪白澳《ランパカオ》（香山澳）でなく、澳門《マカオ》である。彼が一官・老一官と呼ばれたことは同じだが、「鄭成功的家世」には小名（幼名）とある。しかし、この一官を芝龍の固有名詞と解してはならない。

ほかにも、一官と称する人物はたくさんいたからである。

したがって、『駿府記』や『如官日簿抄』に「慶長十七壬子《ジンシ》年八月十五日、大明人一官進上御薬種等、又大明へ祖官出御前仍召両人、及唐土御雑談」（大明人一官が家康に薬を進上し、祖官が家康に拝謁して、両人が唐土のことを家康から尋ねられた）とある一官を、鄭芝龍と解釈してはならない。この慶長十七年（一六一二）当時芝龍はまだ九歳に過ぎなかったからである。

なお、石原氏はマツの父田川七左衛門の素性について、「よくはわからないが、足軽ほどの身分であったらしい。先祖は北条《ほうじょう》の家臣田川八郎朝顕《ともあき》で、弘安の役で功名をたてた家系といわれる」としている。私が田川氏を小西家の旧臣で、七左衛門を松庵という漢方医としたのは、実証的な見地から、田川氏の子孫である福住信邦氏の著書である『鄭成功の母』の所説を踏襲したからである。世界鄭氏宗親総会理事鄭萬枝が、同書の発刊に寄せた跋文によると、昭和六十二年十月二十五日に発行されたこの本は「膨大な資料を集め、それを調査・考証して書かれた」という。

鄭芝龍と田川マツ

鄭芝龍が平戸にやって来て、田川マツを見初めたのは十九歳のときであった。時は一六二二年、明の天啓二年、日本の元和八年で、徳川将軍秀忠の治下である。

当時長崎や平戸には大勢の明国人がいた。密貿易に従事する海商たちである。

元来明王朝では、建国以来海禁政策をとり、対外貿易については、「寸板《すんぱん》も下海《げかい》を許さず」という祖訓を厳守していたから、商人がこれを遵守しているかぎり、海外に進出して貿易に従事することなど不可能であった。その禁を破って明国官憲の目を盗み、死を覚悟して日本と明国の間を往復している連中であるから、まともな商人ではない。途中の海寇と戦い、自らも海賊となって航行する貿易船を襲うアウトローで、一筋縄では行かない者たちばかりである。鄭芝龍を乗船させて長崎へ交易にやって来た伯父の黄程もその一人で、文禄・慶長の役（一五九二〜九八年）によって一応終止符が打たれたいわゆる「倭寇《わこう》」の流れをくむ海賊の片割れである。

その海賊集団の仲間の一人（顔思斎）が、かつての倭寇だった平戸侯松浦氏の庇護を受けながら平戸に居住していたので、それを頼って平戸へ来たわけだ。彼らは日本と明国及び南海諸国とを繋《つな》ぐ三角貿易によって利益を得ている。長崎奉行は幕府の出先機関として、彼らの交易を許し、その利益の上前《うわまえ》をはねるのだが、彼らは海禁政策をとる明国ではどうしようもないから、やむなく、それに耐えながらここを足場として活動を続けるのである。

田川マツ肖像（台南市延平郡王祠に祀られている）

前述したように、倭寇の全盛時代、そうした明国海寇集団の巨魁は王直であった。最初五島列島の福江島にいたが、のち平戸に移住した。彼は松浦侯から印山屋敷を与えられて居住し、倭寇の甲螺《かしら》となっていたが、安徽《あんき》省新安県の故郷忘じ難く、明国に帰って処刑された。そのあとを受けて印山屋敷に居住し、日本甲螺となったのが福建省海澄《かいちょう》県出身の顔思斎である。先輩の王直が新安財閥の後援を受けて海上王となったのに対して、彼は漳州財閥の後援を受けた。目下《もっか》この顔思斎が、在日海寇集団の頭目《とうもく》である。

その顔思斎の部下で長崎と平戸に居住しているのは、泉州出身の楊天生《ようてんせい》をはじめとして洪陞《こうしょう》（杲卿《こうけい》）・張弘・陳徳・陳勲・林福・林翼・李英・荘桂・楊経・李俊臣たちで、いずれも武芸に熟達した豪傑ぞろいである。黄程と鄭芝龍もその末席をけがしている。そのうちに陳衷紀《ちんちゅうき》・劉香老《りゅうこうろう》・李魁《りかい》奇《き》といった海寇も加わるのだが、このときはまだ在住していない。彼らは後年芝龍の配下となる者たちである。

当時、芝龍は黄程と一緒に川内浦の海岸通りに下宿していた。彼は甲螺顔思斎のような武芸に秀でた豪傑になりたいと思って、平戸藩の剣術師範の家を訪ね、弟子入りして二刀流の刀技を学んでいた。師匠は花房権右衛門という二刀流の達人で、平戸藩主二代にわたって剣術指南役をつとめたが、今は隠居して町道場を開いている。世間は剣聖宮本武蔵の高弟だと噂したが真偽のほどは分からぬ。道場は亀岡と呼ばれる岬の丘の上にあった。

花房権右衛門の指導は厳しくて荒っぽかったが、芝龍はよくその修行に耐えた。したがってたちまち兄弟子たちを凌駕し、短期間で師匠直伝の二刀流の極意を会得した。やがて海商仲間でも評判となり、「両刀《リヤントウ》的《デ》高手《カオシヨウ》」と呼ばれるようになった。

鄭芝龍が川内浦の路上で田川マツを見かけたのはこの道場の稽古に通う途中であった。マツはこのとき二十歳。父親松庵のお供で川内浦山の手の患者の家へ往診に行っての帰るさ、偶然に彼と出会ったのである。

芝龍は、はっと胸をうたれた。なんだか華やいだ気分になった。以心伝心とでもいおうか、マツの方でも、相手が背の高い美男子であったから、胸がときめいた。それ以来、鄭芝龍にとってマツは忘れられぬ女となったのである。

人伝《ひとづ》てに彼女は、これまでも明国の男たちから幾人となく求婚されたことを聞いた。その都度《つど》父親の松庵は「海賊まがいの異国の商人などに娘はやれぬ」と、けんもほろろにはねつけていることも耳にした。そのため、彼も詮無《せんな》いこととあきらめかけたが、どうしてもあきらめきれぬ。ついに伯父の黄程に頼んで、正式に父親の七左衛門松庵に、「娘をくれ」とかけあってもらった。すると案の定、松庵は娘の意向をたしかめるでもなく、「それはできぬ」と即座に拒否した。

「あれは駄目じゃ。てんでものにならぬ。泉州へ帰れば、あの程度の娘なら掃《は》くほどいる。俺に心当たりがあるから、任せておけ」

と黄程は諦めるようにいったが、芝龍は諦めきれぬ。性来一本気な性格であったから、思い通りにならぬと益々胸中に恋の焔《ほむら》を燃やし続け、日本甲螺の顔思斎に橋渡しを依頼した。

すると顔思斎は謀略家らしく裏から手をまわして平戸藩主松浦隆信にはたらきかけた。七左衛門は平戸藩お抱えの医師であり、隆信の家臣であったから、藩主のお声がかりでマツを芝龍に嫁がせようとしたのである。

この隆信公はキリシタン嫌いの殿として有名であった法印公鎮信の孫である。法印公鎮信は文禄・慶長の役に出陣して七年間朝鮮に滞陣したあと慶長五年の関ヶ原の陣で家康に味方して所領が安堵され、翌年隠居して長男の久信に家督を譲った。久信の妻はキリシタンとして有名な松東《しょうとう》夫人である。彼女は日本で最初に受洗したキリシタン大名大村純忠の五女で、洗礼名をドナ・メンシアという。彼女は天正十四年（一五八六）に久信に嫁ぎ、五年後の天正十九年（一五九一）に長男隆信を産んだ。当代の隆信はその宗陽《そうよう》公隆信で、曽祖父（鎮信の父）隆信の方は道可《どうか》公と称されている。

その宗陽公隆信に顔思斎ははたらきかけたのである。

宗陽公隆信ははたと当惑した。場違いな願いごとだったからである。そこで家老の熊沢大膳に相談したところ、大膳は思案してこう答えた。

「たしかに、これは分際をわきまえぬ不埒な願いであります。ですが、この願いを聞き届けて縁談をまとめても、決して御損にはなるまいと存じます。というのは、こうしてあの者たちの願いを叶えてやれば、明国の商人たちが数多く平戸へ来航するようになり、南海貿易が一層盛んになるからでございます。当節は幕府の意向で長崎奉行が力を得て、明国から来航した船がみんな長崎へ入港し、交易の品々がこの平戸には来なくなっております。このことをきっかけにして、明国の貿易船が頻繁に平戸へやって来るようになれば、物怪《もっけ》の幸いと申すものです」

「うむ、なるほど、それは良き思案じゃ。その方、七左衛門に下知して、この縁談をまとめよ」

「ははっ」

こうして平戸藩家老熊沢大膳が松庵を呼び、藩主隆信公の思召しとしてこの縁談を持ちかけた。さすがの松庵もこうなっては否とはいえぬ。彼としては、しかるべき漢方の医師を婿養子にして、この川内浦診療所を譲りたい腹だったのだが……。それでも、娘のマツが満更でもない顔をしたのがせめても慰藉であった。

芝龍とマツの縁談がまとまると、マツは平戸藩宗陽公の御母堂松東夫人に召し出された。ドナ・メンシア松東夫人は武家の生まれであり誇りの高い女性であったから、宗陽公の下知で異国男子に嫁ぐことになったマツに、日本女性としての教養を身につけさせ、その心構えを躾けようと思ったのである。

松東夫人のお屋敷は、平戸城と平戸港の入江を隔てた小高い丘の上にあった。松東夫人の夫久信公は襲封の翌年慶長七年（一六〇二）に京都伏見の藩邸でわずか三十二歳で没した。夫の亡きあと長男の隆信が藩主となったが幼少であったから実権は舅の鎮信《しげのぶ》が握り、彼女のキリシタンとしての信仰は許されなかった。しかもそのうちに徳川政権が不動のものとなり、慶長十七年（一六一二）三月にキリシタン禁教令が出されたので、彼女のキリシタン信仰は永久に閉ざされたままであった。

だが、彼女は人伝《ひとづて》にマツの夫となる鄭芝龍が澳門でカトリックに受洗し、ニコラス・ガスパルドというクリスチャンネームを授けられたことを聞いていたので、密かにその伴侶となる田川マツにもそうしたキリシタンとしての嗜みを教えておこうと思ったのである。

爾来一か年間、マツはこの松東夫人のお屋敷に奥女中として住み込み、茶の湯・生花・書道・手芸・音楽・料理・漢籍・裁縫など、これまで男世帯で縁遠かった女性としての嗜みと教養とをお城から派遣されてきた師匠たちにみっちりと教えこまれた。武道も松東夫人がお得意の小太刀の技を伝授された。夜間、周囲に人気のないことをたしかめると、松東夫人はドナ・メンシアとして、マツにドチリナ・キリシタンの話を解説して聞かせた。

こうして一年間の花嫁修業をさせられたマツが、川内浦に帰され、今日か明日かと待ちかねた芝龍との華燭の典が挙行されたのは、元和九年（一六二三）の秋であった。そのとき田川マツ二十一歳。鄭芝龍は一つ年下の二十歳であった。このとき宗陽公は婚礼の引出物に川内浦喜相院《きそういん》の地を下賜した。喜相院は元《もと》山伏の祈禱所があったところで、背後に小山をひかえた見晴らしの良い地所であった。芝龍はこの二百坪ばかりの地所に広大な邸宅を建てた。

その喜相院の邸宅で行われた披露宴には、新築祝いを兼ねて松庵が知己の平戸藩士を招待したほか、鄭芝龍も甲螺の顔思斎以下平戸在住の海商仲間をすべて招いたので、座敷から庭にかけての宴会場は溢れんばかりの人の波であった。そして、川内浦の岬の丘にある丸山には、披露宴を終えた酔客たちが繰り出して、川内浦始まって以来の賑わいとなった。丸山というのは川内浦へ寄港する異国人たちのために設けられた遊郭である。この丸山が、のちに長崎へ移転して、世に名高いあの丸山遊郭となるのである。

長崎の夜

年が明けて元和十年（二月三十日改元寛永元年）になると、鄭芝龍は新妻マツをともなって肥前長崎へ旅立った。伯父の黄程が平戸で購入した商品を戎克船に積んで泉州へ帰ることになったので、一緒にその船で長崎港まで見送りにやって来たのである。

川内浦からは、港を出てそのまま南下し、直航すれば長崎港に入ることができる。だが、平戸藩の掟により、一旦雷瀬戸《いかずちのせと》を北上して平戸港に入り藩当局の許可を得なければならない。平戸で購入して倉庫に保管している漆器・陶器や工芸品を積み込むためでもある。積み込みを終え、港の役人に挨拶を済ませると、折り返し平戸瀬戸を南下した。雷瀬戸と命名されるだけあって、激しい潮流が渦を巻いて流れている。しかし、その先の九十九《つくも》島は絵のように美しい。マツが平戸島で生を受けて二十年になるが、この九十九島を眺めるのは今日が初めてである。

「まあ、なんと綺麗な島々だこと……」

マツが感嘆の叫び声を上げた。

「うん、僕の故郷の泉州や厦門《アモイ》にもこれに似た島々はあるが、荒削《あらけず》りで、こんなに芸が細やかではない。厦門鼓浪嶼《コロンス》の日光岩《にっこういわ》からの眺めが、ちょっとこれに似ているかな……」

と芝龍も相槌を打った。厳冬の最中《さなか》だが、南国の日射しは暖かかった。

船は肥前西彼杵《にしそのぎ》半島と大島のあいだの呼子《よぶこ》の瀬戸を通過して、福田沖で取り舵をとり、長崎港に入った。長崎港は鶴の港と形容されるように、ふところの深い国際貿易港である。長崎が海外に向かって港を開いたのは、一五五〇年（天文十九）に平戸が海港されて二十年たったあとの一五七〇年（元亀元）である。

平戸港は一五五八年（永禄元）になって平戸の道可公（隆信）が領内仏教勢力の反対により、これまでのキリスト教容認の態度を改めヴィレラ神父を追放したため、国際貿易港としての地位を失った。さらに一五六一年（永禄四）に宮ノ前事件（ポルトガル人と平戸藩士の乱闘事件）が起こって、ポルトガル船が一斉に平戸港から撤退したので、それが決定的となった。

ポルトガル船の来航は、イエズス会の主導で行われていたから、イエズス会の宣教師は、平戸に代わる貿易港を肥前大村領に求めた。すると格好の場所が見つかった。西彼杵半島の北端、横瀬浦である。イエズス会日本管区長トルレスは、領主の大村純忠と交渉して、この地をイエズス会に寄進させた。ここに天主堂を建立し、住民たちを教化してポルトガル船を入港させたのである。だが、それはわずか一か年の寿命にしか過ぎなかった。一五六三年（永禄六）になって、領内の仏教徒が領主の純忠と対立する後藤貴明と結託して、横瀬浦の天主堂を一夜のうちに焼き討ちしてしまったからである。この争いには養子となって大村家を相続した純忠と、前領主大村純前《すみさき》の実子で家督となれなかった貴明との確執がからんでいた。

長崎港全景

その後貿易港は西彼杵半島の南端福田浦に移り、さらに肥前有馬領の口之津《くちのつ》へと移転して、最後はこの長崎港が日本の国際貿易港としての地位を不動のものとするわけである。

戎克船が福田浦で取り舵を切って長崎港へ入るとき、芝龍が新妻のマツにいった。

「この福田浦はね、見ての通り、後背地がすぐ山で、平野が少なく、水深は十分だが入江がなくて暴風雨のとき避難ができない。そのためこれから入る長崎へ移動したのだ。長崎の入江は深くて鶴《つる》の首のように長い」

「あら、そうなの」

「それからね、マツどの。この福田浦の沖では平戸の殿様がポルトガルの貿易船を襲撃させて、船いくさがあったのだよ」

「それはいつのこと？　最近のことなの？」

「先々代の松浦隆信様の時代だ。この国の年号でいえば永禄八年」

「それでは、私が生まれる前のことだわね」

「さよう、この芝龍が生まれる四十一年も前のことだ。道可《どうか》公隆信様は平戸港に入ってこなくなったポルトガル船に仕返しをしようと、平戸藩の軍船五十艘をもってこの福田浦に碇泊していたポルトガル船を撃ち沈めようとなさった。ところがそのポルトガル船は大砲を何門も備えた軍艦だったから、あべこべに散々な目にあい、八十人が大砲で撃ち殺され、百二十もの大勢の船手衆が負傷した。これに対して攻撃されたポルトガル船の死者は、わずか八人だったというから驚く。負傷者にいたっては一人だけだったというのだ」

「それでは惨敗ではありませぬか」

「そうなのだ。だから道可公も二度と手出しが出来なくなった……」

と、そんな話をしているうちに、船は長崎港に入り、二人は長崎桟橋に上陸した。すぐさま長崎の町を二人で歩いた。

元亀一年（一五七〇）に開港された長崎にも、いろいろと曲折《きよくせつ》があった。その後長崎領主の大村純忠は受洗して日本最初のキリシタン大名となり、長崎の町もアルメイダたち宣教師の布教が成功してキリシタン一色の町となった。すると隣国の龍造寺《りゆうぞうじ》隆信が反キリシタンの立場からこの町に攻撃をかけて来た。そこで大村純忠は自衛策として、折から来日していたイエズス会本部の巡察師で法学士のヴァリニャーノと契約して、この長崎を茂木《もぎ》港ともどもイエズス会へ譲渡した。勿論、これは名義上のことで、実質的な貿易による関税収入は大村氏の手に握られたままであった。そのため天正十五年（一五八七）九州を平定した関白秀吉によって契約は無効とされ、長崎は取り返され、公領とされた。爾来、長崎は日本政府の国際貿易港となり交易の利益は関白秀吉が独占した。そして江戸時代になり、幕府の長崎奉行が排他的にこの町を支配しているのである。

その天領長崎の町で新婚の二人は小高い丘の上にある明国人経営の飯店《ファンテン》（ホテル）でハネームーンの一夜を過ごした。翌朝早目に起床して二人は、長崎の埠頭に出て、明国へ向けて出航する黄程の戎克船を見送った。ふたたび丘の上の飯店にもどり、長崎の町を見物しながら、幾日かの恍惚の日々を過ごした。そして、もうこの辺が潮時と二人が平戸へ帰り支度をしていると、この長崎に対日交易の本拠を置く日本甲螺《かしら》の顔思斎から呼び出しがかかった。

「鄭芝龍殿、お甲螺がお呼びです。長崎在住の方々に全部お集まりいただいて、なにか御相談があるそうでござる」

迎えに来た使者の口上である。

「さようか、明日にも平戸へ帰ろうと思うていたのじゃが、日本甲螺がお呼びとあれば仕方がない。すぐ参るゆえ案内してくれ」

芝龍はマツに訳《わけ》を話して、使者とともに港口にある明国商人の集会所へ出かけた。

「おう出向いてくれたか芝龍、お前は目下《もっか》花嫁と遊山《ゆさん》の最中じゃが、先日帰国した黄程の名代じゃ。気の毒じゃが、相談にのって欲しい」

顔思斉が髯面《ひげづら》の相好《そうごう》を崩しながら芝龍を中に招じ入れ、自分の直ぐ近くに座席を与えた。

顔思斉は字を振泉《しんせん》と言い、福建省海澄《かいちょう》県の人であり、身体強健にして武芸に長じ、覇気に富んでいた。漳州《しょうしゅう》で成長したが、若い頃、漳州の官吏を撲殺した。そのため故郷に居られなくなって海禁の掟を破り、海外に逃亡し、日本の長崎にやって来て裁縫の特技を生かし仕立屋を業とした。経営の才があり、蓄財につとめたので富豪となり、在日華僑《かきょう》の頭目《とうもく》となった。性来慷慨の士で、義侠心に富み、困っている人を見かけるとほうっておくことができずに救済したから、在日華僑の尊敬を一身に集めた。そのため長崎や平戸に居住する明国商人は彼を親分として仰ぎ、彼の居館には人の出入りが絶えなかった。

こうして彼の居館はいつの間にか梁山泊《りょうざんぱく》となって、腕に覚えのある豪傑や野心家たちが常駐して時局を論じ、天下の大事を話し合った。この梁山泊は長崎だけでなく平戸にもあったので、鄭芝龍もかねてよりそうした豪傑の一人として彼らと親睦を重ねており、この日の長崎での会合にも出席するよう声がかかったのである。

会合に出席していたのは、頭目の顔思斉、副頭目の楊天生《ようてんせい》、陳勲《ちんくん》、張弘《ちょうこう》、陳徳《ちんとく》、林福《りんぷく》、何錦《かきん》、李英《りえい》、荘桂《そうけい》、楊経《ようけい》、黄碧《おうへき》、振輝《しんき》、鄭王、高貴、王平、黄昭、李明、金祖、方勝、許媽、黄瑞郎、唐公張寅、伝春、劉完趙といった面々であった。

伝記によると、顔思斉と日本甲螺の地位を争う大立者《おおだてもの》に李旦《りたん》という人物がいたということだが、この李旦は顔思斉の別名であるように思える。台南ゼーランジャ城のオランダ人と結託して顔思斉に対抗し、最後に敗れて姿を消すのだが、具体性がなく、実在した人物とは思えないからである。李旦を顔思斎と置きかえて、史実を解明すると、話の辻褄が合うので、本書はこの見地から話を進めることにする。

「さて、今宵諸君にお集まりいただいたのは余の儀ではない。近頃の江戸幕府と、その出先《でさき》機関の長崎奉行長谷川権六《はせがわごんろく》の、我ら在日同胞に対する不当な仕打ちのことである」

顔思斎は、見事な美髯を左手で撫でながら、会合の議題を提起した。

長崎騒動の顚末

明国側の史料によると、当時の明国は政情が不安で、北から満洲族の愛新覚羅《アイシンギョロ》ヌルハチが後金《こうきん》を建国して、一六一八年に討明の兵を挙げ、一六二一年すなわち天啓元年に国都を遼陽まで進めた。瀋陽に進出してここを盛京《せいきよう》と称するのは一六二五年のことだが、そうした動乱に便乗した南海福建の海商たちは、明朝海禁の掟を破って大挙海外に渡航し、日本の長崎へやって来て、密貿易に従事するようになった。そして、近年急激にその来航船数が増加したので、長崎奉行所は取り締まりを強化するようになった。交易によって得られる利益を確保するため、これまでの放任政策を改め、幕府の意向に副った取り締まりの強化政策をとったのである。すなわち人頭税が新しく賦課されるようになり、長崎港への入港税や輸出税も新設された。これに類する課税はどこの国でも行われていることだが、これまで賦課されていなかっただけに華僑たちは納得しない。

「諸君、我々は何故このような理不尽な課税に応じなければならないのか！　我々が海難・掠奪といった航海途上の危険をおかして商品をこの国に運搬して来るのは何のためか？　一つには我々が故郷に残した妻子を飢餓と貧困から救わんがためであるが、この商品によってこの国の人々の生活を豊かにせんがためでもある。しかるに幕府の意向を受けた長崎奉行は、これによって得られる利益を独占しようとしており、我々に犠牲を強いんとしておる。危険を我々に背負わせ、自らは労せずして安穏に利益を貪《むさ》ぼらんとしているのである。されば諸君、このままに放置すれば、我々の貿易は立ち行かなくなり、座して死を待つにひとしきことになってしまうのである」

と、顔思斎は憤慨やるかたないという表情で長広舌《ちようこうぜつ》をふるった。

「諸君、今こそ我々は決起すべきである。しからざれば我らに残るは死あるのみ。諸君今こそ我ら、心を合わせて決起しようではないか」

今度は満面を朱に染めて怒鳴った。

「さよう、お甲螺の申される通りじゃ。この機をのがしては我らに浮かぶ瀬はござらぬぞ。なんで中《ちゆう》華《か》の民が倭奴《わど》の足下に屈伏せねばならぬのか！」

声に応じて出席者が口々に大声を上げはじめた。

「そうじゃ、そうじゃ、奉行所の役人共に一泡《ひとあわ》吹かせて溜飲を下げようではないか！　お甲螺、我らの先頭に立って指図をして下され。さすれば我ら、生命を賭してお供仕る」

と、激昂した命知らずの海寇たちが、拳《こぶし》を上げ、足を踏み鳴らした。

彼らが今具体的に取り上げているのは、船宿の問題であった。船宿というのは長崎へやって来た明国人の宿泊の世話や取引きの仲介を行う所で、これを長崎奉行所の役人が行って仲介料と口銭を徴収している。最初は反物一反につき銀一匁、それ以外の商品については売上高の一割という取り決めであったが、最近では、その口銭銀が三箇一銀という名称に変わって、増徴されているのである。しかもその増徴された口銭銀は、長崎奉行所から間銀・箇所銀・蔵口銭・小宿口銭銀・唐内通事口銭といった名目で、関係町人に配分されたから、長崎在住の華僑たちの眼からは、自分たちの利益をピンはねして、それを町人たちが分け合っているように思えたのである。

「ふむ、ご参集の諸君は、誰一人として、この我輩の申し条に異議はござらぬようじゃのう」

顔思斎は我が意を得たりというふうに笑ったが、今度は真顔になって、決起の具体的行動計画を副頭目の楊天生に提示させた。長崎奉行所を襲撃して、そのあと長崎の町を占拠しようという計画で、前述した『傳奇性的一生鄭成功』の「一代梟雄鄭芝龍」には次のように書かれている。

「一談到這件事情、大家都很憤怒、統計画打倒日本人、奪占長崎」

すなわち、

「明天啓四年（一六二四）顔思斎は鄭芝龍たち二十八人と結盟して同志となり、一同が夜陰に乗じて兵器と弾薬を調達し、燃え易い柴を車に積み、八月十五日の夜明けと共に決起して、長崎陣所の砲台を奪い取り、これによって長崎の町を制御《せいぎょ》占領する」

というのである。

ところが、その決起を目前《もくぜん》にして、思いもよらぬことが起こった。事前に行動計画が官憲に露顕し、長崎奉行が一味徒党の一斉検挙に乗り出したのである。

だが、彼ら海商たちは間一髪のところで逮捕を免れた。それは、この情報をいち早く平戸の松浦藩当局から入手した田川七左衛門が、早舟を仕立てて女婿の鄭芝龍に知らせ、芝龍から頭目の顔思斎に通報したからである。

「嗳呀《アイヤ》、大遺憾《ターイーハン》！」

顔思斎は驚き、同志に指令を発した。

「残念ながら我らの行動計画は日本官憲の察知するところとなった。もはや決起は不可能であるから、諸君は奉行所の役人が踏み込んで来る前に海上へ脱出しなければならぬ。但し我ら二十八人は血盟の同志であるから、今後とも身勝手な行動をとることなく、一致して行動されたい」

こうして海商たちは頭目顔思斎の下知の下、密かに連絡を取り合って銘々の戎克船に乗り、七月十四日に長崎港外へ逃れ去った。しかも彼らは行きがけの駄賃とばかり、数艘の和船を長崎港内で奪い取っている。このとき、長崎港から逃走した明海商の船舶は十三艘であった。行く先は中国大陸の舟山列島。ここは首領の顔思斎が若気のあやまちで、漳州の官吏を撲殺し、追手の目をのがれて一時身を隠したことのある離島である。

ところが、この逃亡先の舟山列島については海商の一人陳徳が反対した。

「お甲螺、それはどうでしょうか？　たしかに舟山列島は明国本土の沿海の離島で、日本官憲から逮捕の手は伸びて来ません。ですが、半面そこはわれらの生国である故郷に近く、望郷の念にかられて逃亡する者が出て来ることは必定《ひつじょう》です。そうなれば、折角盟約を結んで生死を誓い合った二十八名の者の心が離れてしまいましょう。一度ばらばらになってしまったら、もとにもどすことは困難です」

「うむ、たしかに理屈じゃ。われらは結束して血盟を交わした仲じゃからのう。では、どこへ行けばよいのじゃ？」

「いっそのこと台湾へ行ってはどうでしょう。ここからあまり遠くはなく、海中の孤島ですから日・明から逮捕の手が伸びて来ることはありますまい。聞けばあそこは土地がよく肥えており、上陸して農業を営むにも適しており、食糧にも事欠くことはなく、南海諸地域との交易にも便利です」

「さようか。将来のことはともかく、当面はそこを根城に、将来のことを話し合おう」

と、顔思斎もこの提案に同意した。

かくして、間一髪のところで日本官憲の逮捕を免れ、海外に脱出した十三艘の船団は、西北へ向けた船首を南に変え、八昼夜の航海のあと、台湾の中部西海岸の北港に入った。

北港は雲林県の南端に位置する港町で、阿里山《アリシャン》のある嘉義県に隣接している。彰化県の鹿港《ロクガン》と並び、台湾で最も早く漢族が移住して開発を進めた入植地である。

だが、この物語の主人公鄭成功の父芝龍は、この十三艘の船団の中にはいなかった。彼は長崎奉行所襲撃計画には加担していなかったからである。

たしかに芝龍は元和十年（一六二四）の早春、平戸から新妻のマツを連れて長崎へ新婚の旅に出た。そして、二人で手をつなぎ、長崎の町を見物しながらハネームーンの幾夜かを過ごしたが、たまたま開かれた長崎華僑の秘密会議に参画した。だが、彼は長崎の居住者ではないし、このほど日本人女性を妻にむかえ、しかも新婚間もない蜜月の期間だからというので、甲螺の顔思斎は彼をこのときの計画から外した。彼をこの秘密会議に参画させたのは、平戸在住の明国海商との連絡にあたらせようとしたからであった。すなわち、長崎で一同が決起した場合、平戸在住の明国人もそれに呼応して側面からこの決起を支援させようというねらいがあったのである。顔思斎とすれば、この頭脳明晰で知謀に長け、武芸に秀でた芝龍を自分の相談役として手元に置き、計画の実行にあたって、その次第を逐一平戸在住の海商たちに報告させようとの魂胆があった。

　ところが平戸からの急使が鄭芝龍のところへやって来て、マツと芝龍にあてた田川七左衛門の書状を渡した。内容は前述したように長崎在住明国海商たちに逮捕の危険を告げるとともに、このほど明国福建省の泉州港から貿易船が平戸の川内浦にやって来て、その船に芝龍の弟二人が乗っていて、兄の芝龍が長崎から川内浦へ帰ってくるのを待っているという知らせだった。

　前にも述べたように、芝龍の父紹祖には四人の男子がいた。長男の芝龍と芝虎《しこ》、芝鳳《しほう》、芝豹《しひょう》の四人である。そのうちの末弟の芝豹だけが泉州に残り、上の二人が陳衷《ちんちゅう》紀《き》という老練の船頭を首領に、劉香老・李魁奇らと共に数艘の戎克に分乗して交易のために日本へやって来たのだった。父親の紹祖が、先頃日本の平戸から泉州へ帰って来た海商の口から、長男の芝龍が田川マツという日本女性を娶ったということを聞いて、弟たち二人を兄に協力させるため急遽派遣してきたものだった。

　鄭芝龍はこの知らせを受けると、日本甲螺の顔思斎に事情を話して、新妻のマツを連れ、長崎から平戸へ通う連絡船に乗って、急ぎ長崎港から平戸の川内浦へ引き返したのであった。

鄭森（田川福松）の誕生

「おう、久しぶりじゃのうお前たち。俺が泉州を出たのは十八歳のときであったから、もう四年か……

御父上は御健勝か？」

「うん、お達者で暮らしておられる。いつも兄上のことを案じておられた」

「さようか、今になって思うと、俺も随分と御父上に御心配をかけた」

「それでも父上は、兄者が異国の女性とはいえ、気立ての良い綺麗な花嫁を娶られたことを聞いて、随分と喜んでおられた。これに勝る親孝行はないのではあるまいか……」

「うん、鴻逵《こうき》、お前も随分と口がうまくなったな、ははは」

と芝龍は笑った。鴻逵というのは芝龍の二番目の弟、芝鳳のもう一つの名である。

「そうじゃ、これでマツが長男でも生んでくれれば、父上にもう一つの孝行ができよう」

「それなら、我らがこの平戸に滞在中、芝龍第二世の御尊顔を拝ませていただけることになるやもしれませんな」

「うん、俺は御父上や鄭家始祖の隠石様に似た立派な男児であって欲しいと思っているのじゃ」

と兄弟三人が顔を見合わせながら、そんな和気藹々とした会話を交わしたあと、芝龍は陳衷紀が宰配して泉州から運送してきた生糸、絹織物などの商品を日本商人に高値で売り捌く斡旋をした。平戸藩でも藩主の松浦隆信が芝龍とマツの婚儀を仲介した効果が覿面《てきめん》にあらわれて、今度の明国船平戸入港が実現したと喜び、渡航して来た海商たちを藩邸に入れて酒宴を催した。これまでは明国からの来航船は先ず長崎港に入って長崎の商人と交易をして、そのおこぼれが平戸へまわって来ていたからである。

たしかに平戸や長崎の商人たちにとって、渡来船が長崎港に着くか平戸港に着くかは重大関心事であった。運送されてくる輸入品は明国人から買い入れたときの値段より何倍もの高値で日本国内の商人に販売することができ、日本国内では二束三文の品物が明国商人へは驚くほどの値段で売却できるからである。さらには銀本位制をとる明国での銀の地金《じがね》は、日本で取引される銀の価格の三倍の値打ちがあった。だから、その貨幣価値の差を利用すれば、莫大な利益が得られたのである。

明国から平戸へやって来た鄭兄弟もこうした商取引によって得た利益で、長崎の朱印船貿易商末次《すえつぐ》平蔵《へいぞう》から和船一艘を購入した。末次平蔵は長崎の代官であり、幕府から海外渡航の朱印状を授けられて幅広く南海貿易を行っていた。芝龍はその平蔵から求めた和船で陳衷紀の貿易船団に加わり、近く南海貿易に出航するつもりである。彼はその準備のため奔走し、ほとんど川内浦の喜相院屋敷に滞在することはなかった。

だがマツはそんな芝龍の多忙な日常とはかかわりなく、次第にふくらんでくるおなかの子の誕生を楽しみにしながら、毎日生まれて来る子の産着《うぶぎ》を縫うのに余念がなかった。臨月が近い。

そうしたある日、七月十四日……すなわち寛永元年（一六二四）陽暦八月二十七日、マツは自宅の喜相院屋敷から海岸へ出て、千里ヶ浜へ貝掘《かいほ》りに出かけた。浜の白砂が昼下がりの日射しを浴びてまぶしく輝いている。女中を連れ、マツはその白砂を踏んで波打ち際へと歩んだ。

「まあ、奥様、危《あぶの》うございます。普通のお身体《からだ》ではないのですから、貝拾いなど、おやめなされてくださいませ。もしお転びになったら大変です。旦那様に叱られます」

若い女中はけんめいに引きとめようとしたが、マツは笑いながら頷いただけだった。少しも意に介するふうがないのは、長年にわたって診療所で、そうした妊婦の容態を見ていたものだから、自分でも出産のことが分かったつもりでいるのだ。

だが、他人の身体のことは分かっても、自分のこととなると、そうはゆかない。これといって自分に陣痛の兆候がなかったからだ。貝掘りに夢中になり、どんどん沖へ出て、着物の裾をたくしあげ、裸足を海中に浸しながら熊手を動かしていた。女中も初めのうちでこそ、主人の身を案じてマツの側に付き添っていたが、そのうちに自分で貝を拾うのに夢中となって、彼女のことなどかまわなくなっていた。

「ううう っ」

と下女の耳に、背後で奇妙な呻き声がした。驚いて振り向くと、なんと奥様のマツが海中で苦しそうにしゃがみこんでいる。

「あれ、どうなさいましたか、奥様」

下女が慌てて貝の入った竹籠をほうり出して駈けつけると、マツはその手にすがりつきながら必死で海水のない浜辺の磯へ歩み寄ろうとしている。だが、足が前に出ない。まさか今日のこの時刻に陣痛が襲ってこようなどとは思ってもみなかったのである。

「あれえ、誰か来て！　奥様が大変です」

と周章狼狽した下女が大声を出して叫ぶのだが、生憎《あいにく》あたりに人の気配はない。

「大丈夫です。あの磯のところへ行けばなんとかなります。お前、背中を向けなさい。わたしがその上におぶさりますから、あそこまで歩いて行きなさい」

さすがは武家の娘、マツは陣痛の苦しみをこらえて、下女に命じた。

やっとの思いで潮水のこない磯辺にたどり着くと、マツは下女の助けをかりて、岩陰に身を横たえた。下女がふりかえると、海水が血に染まり、鮮血が点々と白砂の上に筋を引いている。マツは陣痛が襲ってくるたびに側の岩にすがりついて呻き声を上げている。後世村の人たちが児誕石《じたんせき》と名付けたのが、その岩である。

千里ヶ浜の児誕石

年若い下女はどうしてよいかわからず、ただうろうろとするばかりだったが、やがて意を決して、苦しむ女主人をそのままに、陸へ駈け上がり、近くの集落の中へ駈け込んだ。

残されたマツは唯一人、主デウスと弘法大師空海の功徳《くどく》を念じながら、ひたすら出産の苦しみに耐えた。難産というほどではなかったが、それでも断続的に襲ってくる陣痛が段々と繁くなる。それは、握った両手の青竹がへし折られるほどの激しさで、マツは気を失いかけた。

その失いかけて、朦朧《もうろう》とした脳裏に、真紅の雲龍が浮かんだ。平戸に夕景が迫り、空は一面茜《あかね》に染まっている。海面に沈みかけた太陽が真赤に輝き、そこが龍の頭となって長い尾をくねらせながら、こちらに向かって突進してくるのだ。そしてその赤龍の影像が彼女の網膜に大きく覆いかぶさってきた途端、マツは「あれえ！」と大声で叫び、やっと激しかった陣痛から解放されたのであった。

こうして、天下を震撼させる希代《きたい》の混血児が誕生したのであった。

マツはこのとき、大空に飛翔していたあの赤龍が、てっきり自分の体内に入ったと思った。そしてその体内の赤龍が形を変えて自分が出産した新生児になったと思った。

ふと気がつくと、自分が凭《もた》れている磯のまわりに、大勢の村人たちが佇《たたず》んでいる。下女が加勢に呼んできた近所の農家の人たちである。新生児は知らぬ間に自分の腕の中にあった。年増《としま》の一人が馴れた手つきでその赤ん坊を抱き取って布の上に置き、臍《へそ》の緒《お》を切った。男たちが戸板を運んできて、マツをその上に載せた。その戸板に横たわるマツと、赤子を袂《たもと》でくるんだ年増の女を中に囲んで陸に上がり、川内浦の海岸通りを喜相院の屋敷へと急いだ。

途中で知らせを聞いた父親の田川七左衛門松庵が急遽駈けつけ、

「なんとマツ、軽はずみな。これまで教えたこの松庵の医術の心得を聞いていなかったのか」

と大声で叱った。

「さいわい、無事に出産したからよいようなものの、万一流産ということにでもなったら何とする。婿殿に申し開きができぬではないか」

と付け加え、とりあえず自分の診療所にマツを運ばせて産褥熱が出ないように手当をした。

このときマツの夫鄭芝龍は城下町の平戸に出て陳衷紀たち泉州商人と平戸商人との仲に立って、このあと明国に持ち帰る日本製品の品選びや値段の交渉に従事していた。

川内浦に残していた手下《てか》の者の急報によって妻マツの出産のことを知ると、急ぎ騎馬で川内浦の喜相院屋敷へ帰ってきた。弟二人がそのあとに続いた。

「おう、でかしたぞマツ、生まれたのは男児だそうではないか。これで俺の後継者が出来た。なんとしても目出度い」

喜相院の自宅に入ると、芝龍は息をはずませて、産婦の寝床から新生児を抱きあげた。

「うむ、仲々の美男子じゃ。それに聡明な顔をしている」

「そうですな、兄貴そっくりな顔じゃ。まさに鄭家嫡男の跡継ぎとして、申し分《ぶん》のない顔立ちですぞ」

あとから入室してきた弟二人も声を揃えて新生児に祝福の言葉を送った。

「さて、この男児の名前、何と付ける？」

「はい、御父上は福松と名付けました。父の号松庵の松に祝福の福を加えたものです」

マツが微笑みながら答えた。

「うむ、良い名じゃ。じゃが、それではわが鄭家の嫡子として明国では通用せぬ。俺はこの子に森《しん》という名を与えようと思う。平戸からここまでの馬上で考えた名じゃ。陰陽五行説《いんようごぎょうせつ》にもとづく名でのう、卜筮《ぼくぜい》で木、火、土、金、水の五行相生《ごぎょうそうせい》の順に従えば、鄭家の嫡男は木ということになる。その木が繋って森《シン》となるわけで、この子は鄭森でなければならぬのじゃ」

「さようですか……ならばこの子は、日本名を田川福松、明国名を鄭森といたしましょう。二つながら佳名にございます」

マツも素直に同意した。

こうして日明の混血児鄭家第二世が誕生し、川内浦の喜相院屋敷で、再び誕生祝命名の宴《うたげ》が盛大にひらかれた。このことについて、台湾郷土叢書の『傳奇性的一生鄭成功』「鄭成功的誕生」の段には次のような記載がある。

「明天啓四年（一六二四）農暦七月十四日清晨、鄭成功的母親田川氏和隣居婦人、一起到千里浜的海浜撿拾文貝、当時的田川氏已懐胎十月、在撿拾文貝之時、突然感到肚子疼痛難忍、已来不及回家生産了。就在隣婦的幫助下、走到海浜旁松樹下的一塊巨石上、在此巨石上産下了一位白胖可愛的小男孩。這位男孩就是台湾的開基始祖—鄭成功。田川氏躺臥著産下鄭成功的巨石、人們将它稱為〝兒誕石〟、現在仍保存在日本平戸千里浜。

鄭成功誕生後、田川氏為他取名〝福松〟、田川氏対鄭成功非常疼愛、自幼就教導他読書認字、成功聡明敏穎、過目不忘而且富有正義感」

（明の天啓四年旧暦七月十四日の早朝、鄭成功の母親田川氏は隣家の婦人と一緒に千里浜へ文貝を拾う潮干狩りに行った。当時田川氏は妊娠十か月であった。その潮干狩りのとき、臨月のおなかが痛み出し、忍び難くなった。もはや家に帰って出産することなど出来ないので、隣りの主婦の助けをかりて海辺の松樹の下の大きな岩のところまで走った。その岩の上で産んだのが丸々とした色の白い可愛い男の子であった。この男児こそ台湾の開基始祖とあおがれる鄭成功その人である。この時田川氏が凭れて鄭成功を産んだ巨石を人々は児誕石《じたんせき》と称した。現在もなお、日本平戸の千里ヶ浜にそのまま保存されている。

鄭成功の誕生後、田川氏はその子を福松と名付けた。巨石の側にあった松樹にちなんだものである。田川氏は鄭成功を非常に可愛がり、幼い頃より教導して、彼に読書の習慣をつけさせ、文字を覚えさ

せた。成功は聡明にしてまことに敏捷であり、しかも正義感に富んでいた）

明海商の台湾進出

「台湾外記」によると、顔思斎等二十八人が徒党を組み、日本の長崎を去って台湾へ渡航したのは、天啓四年（一六二四）八月である。彼らは台湾西海岸中部の北港に上陸し、漢族の集落に入った。漢族は奥地の阿里山《アリシャン》に住む高山《カオシャン》族の来襲に脅えながら、入植以来農耕をしながら生活をしている。

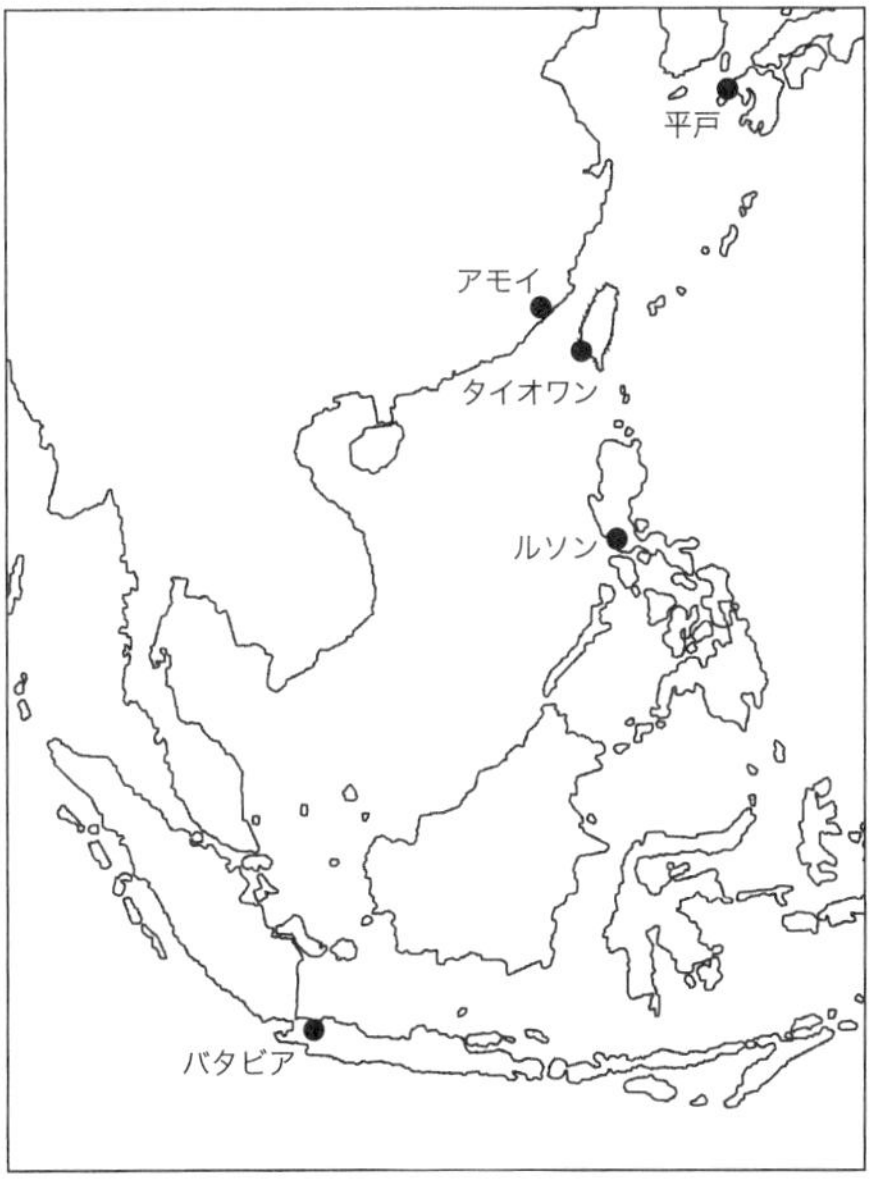

貿易拠点の位置関係

　一行は、ここに本拠を置き、台湾海峡で海寇を行い、また中国本土の閩《びん》・粤《えつ》（福建・広東）や日本・呂宋《ルソン》およびジャワ島のバタビア（現在のジャカルタ）などの諸地域をつなぐ中継貿易を行うことによって、新しい生活圏を樹立しようと思っていたのである。気候は温暖、海陸の資源は豊富で、東部の山岳地帯に入れば雲霧が森林を包み込んでいるので雲林《うんりん》と称される。

その雲林県海寇団の首領顔思斎から、肥前平戸に残留している海商たちに参加の呼びかけがあったのは、この年七月十四日（太陽暦八月二十七日）であった。奇《く》しくも、それは芝龍の長男鄭森が誕生したのと同じ日であった。

そこで平戸在住の海商代表陳衷紀は、鄭森の誕生祝いにかこつけて、喜相院屋敷に参集している海商たちに、このことの協議をさせた。折角泉州へ持ち帰る商品を仕入れているのだから、台湾などへ行かず、予定通り泉州へ向かうべきだという意見もあったが、顔思斎ら海寇団と別行動をとることは得策ではないということで、とりあえず台湾へ立ち寄るということで意見が一致した。芝龍も弟二人と共にこの一行に入って行動することになり、松庵にマツと新生児を託して出発することにした。

芝龍兄弟は長崎の貿易商末次平蔵から貿易船を一艘購入していたので、芝龍が船頭となり芝虎と芝鳳とが小頭《こがしら》となってその和船に乗り込んだ。ほかの戎克船《ジャンク》には陳衷紀、劉香老、李魁奇らが船頭となってそれぞれの持ち船を差配している。彼らは航海のベテランで、その泉州船団に新しく鄭家の持ち船が加わったというわけである。

時は太陽暦の九月中旬、生憎と南海は台風のシーズンで、風波が高かった。幸運にも難破するほどの大嵐に遭うこともなく、無事に東シナ海を南下することができた。ところが、台湾海峡にさしかかり、あともう一息で北港というところで、暴風雨が発生した。

荒海に乗り出す貿易船といっても、せいぜいが積載量一五〇トンから二〇〇トンくらいの戎克船と和船であるから、船体は木の葉のように翻弄され、船団の舷と舷とがぶつかりあい、沈没の危険性があった。そこで頭目の陳衷紀は僚船に手旗で合図を送り、右舷前方に見える澎湖《ほうこ》群島に避難を命じた。

澎湖島《ポンフータオ》は、澎湖本島と大小六十三の離島で形成されている群島である。北の白沙島《パイシャタオ》、西の漁翁島《ぎょおうとう》と澎湖本島とが三つ巴に並び、その中に波静かな澎湖湾がある。澎湖本島は馬公島《マーコータオ》ともいうが、これは砂洲のように大きく湾曲した東南の岬の入江に馬公港があるからだ。馬公港は、蛇頭山《だとうざん》のある東南の岬と観音《かんのん》小祀《しょうし》のある西南の岬との間にある入江で、港の中に入ると、外海の大嵐は嘘のようであった。澎湖の名はこの湖のように静かな湾に起因する。全島珊瑚礁《さんごしょう》で囲まれた低い台状の地形で高い山がなく風を遮ぎるものがないから風島《ふうとう》とも呼ばれる。

オランダ海軍の澎湖島蛇頭山城跡

陳衷紀は、この馬公港に全船を碇《てい》泊させ、両三日間滞在したあと、台風が通り過ると飲料水と新鮮な果物を補給して再び台湾へ向けて出航した。出がけに左舷前方を見ると、細長い岬の突端にある蛇頭山に砦らしいものが見え、砲台があった。海岸にオランダの軍艦が一艘碇《てい》泊している。消息通の芝鳳（鴻逵）が、馬公港滞在中に漢族の漁師から聞いた話として、次のように解説して、芝龍に聞かせた。

「あの山は蛇頭山というのだそうです。砲台はオランダ海軍が構築したものです。オランダは先年（一六〇二年）連合東インド会社を結成してバタビアに基地を置き、日本へ航行する途中の貿易船の寄港地としてこの澎湖島を占拠し、馬公港を軍港にしようとしたのです。ところが明の海軍はこれを主権の侵害としてオランダに撤退を命じた。オランダ海軍がこれを拒否して、明の海軍と戦闘が始まり、今も決着がつかないまま、出動して来た明国海軍は、北の白沙島に百五十艘からの艦隊を集結させて、オランダ海軍とにらみ合っているそうです」

「なるほど、遠目でよくは分からぬが、あの山には板囲いながら四か所もの城砦が構築されて、軍隊が駐屯しているようじゃ」

「それで明国軍もこの馬公港へは進出することができず、白沙島で対峙しているのだそうです。なんでも白沙島には数千人からの軍勢が駐屯しているとか……」

そんな危険をはらんだ海域とは露ほども知らず、船団は何事もなく、無事に馬公港をあとにして、台湾をめざすことができた。台風の危難を避けて入港してくる商船には危害を加えないのが当時の海のモラルであり、オランダ海軍も黙ってこの船団を見送っているのだ。台風一過の台湾海峡は、快晴にして、順風であった。

ところが、航行の途中で、再び船団は台湾海峡を南下するオランダ船に遭遇した。てっきり台湾の北港に向かう商船だと思ったから、そのあとをつけていると、どうも様子が変である。羅針盤ではすでに左舷前方に北港が見えるはずであるのに、このオランダ船はいっこうに取り舵を切らずに真っ直ぐ南下を続けている。「これは……」と思っているうちに、前方に砂嘴《さし》につながれた小群島が見えてきた。

「変だぞ、ここは北港ではない。陳衷紀殿は何を考えてこんなオランダ船のあとなどつけるのだろう?」

と鄭芝龍が側の鴻逵をかえりみて話していると、砂嘴につながれた群島の奥に内海が見えてきた。

すると、オランダの商船は取り舵をとって、その内海へ入り始めた。

「分かった。お頭はわれらの積荷をあのオランダ商船に売り捌くつもりなのじゃ」

と横合いから次弟の芝虎が口を出した。その言葉通り、この時船団の先頭を行く陳衷紀の戎克船から手旗信号が発せられた。

「コノママ、オランダ商船ノアトニ続イテ、コノ湾内ニハイル」

湾口の島の上に、オランダ東インド会社の社旗がひるがえっている。右舷前方に目をやると、島の沖に、オランダ軍艦が一艘、こちらに砲口を向けて碇泊している。あとで分かったことだが、オランダ東インド会社は、この年から澎湖島の馬公港にあった蛇頭山城をここへ移す作業を始めていたのである。

今オランダの商船に続いて泉州船団が航行している内海は台江《たいこう》と呼ばれる。オランダの商船はその台江入口にある東インド会社の港に入ったが、陳衷紀の率いる泉州船団は真っ直ぐ前に進んで、台江奥にある埠頭に着岸した。そこに見馴れた明国の戎克《ジャンク》船が数艘舫《もや》われているのが見えたからである。

ところが上陸してみて驚いた。てっきり北港にいるとばかり思っていた顔思斎たち海寇二十八人の面々《めんめん》全員が、ここに居住していたからである。

「一体これは……」と訝り、不審顔で佇んでいると、海岸近くの建物から昨年長崎で別れた馴染《なじ》みの顔がぞろぞろと出て来た。

「おお鄭芝龍か、陳衷紀もいるな……よくここが分かったな？」

顔思斎が真っ先に声をかけた。

事情を聞くと、彼らは雲林県の北港にしばらく先住漢族と一緒に生活していたが、そこは定住して農耕に従事するには好都合だが、貿易港としては不適格で、海外へ出て交易をするためには不便であった。そこで適当な海港がないものかと物色していると、偶然この港が見付かったのだという。

それは澎湖島から追い出されて台湾に貿易港をさがしていたオランダ東インド会社とても同じことで、彼らも同じ時期にこの台江内海を発見したというのだ。

「お前たち、この台江内海へ入ってくるとき湾口の北線尾《ほくせんび》島にオランダの国旗がひるがえっているのを見かけただろう。奴らはあそこに貿易港をひらき、俺たちはこの台江奥地の赤嵌《チャッカム》に貿易港をひらいたのだ。行く行くは我らと競争になるだろう、はははは」

と顔思斎は豪快に笑った。

泉州商団の一行は、このほど顔思斎が建てたという商館に案内された。彼らはこの商館を事務所にして、明・日・蘭の商人たちと取引をし、海外に進出して明の閩粤《びんえつ》、日本の長崎・平戸、イスパニアの呂宋《ルソン》、オランダのバタビアと交易する腹づもりだ。すでにこの商館には、付属の賓館《ひんかん》、菜館《さいかん》、店舗、商品見本の陳列所などが設立されている。野菜畑も開かれ、先住漢族などを雇って耕作させていた。

頭目の顔思斎は説明を続けた。

「彼らオランダの商人たちは、連合東インド会社を組織して、海軍を持ち軍艦に護衛されて交易に従事している。したがって到底我らが敵《かな》う相手ではない。それでも明の海軍には刃向かうことができず、このほど澎湖島から追い出されてこの台江内海へ逃れてきた。目下、澎湖島にあった商館をあの北線尾島へ移しているのだ。今は建設途上なので何ということもないのだが、商館と砦が完成すると、恐るべき強敵となる。それゆえ、俺たちは一日も早く彼らに対抗できる通商基地をつくらねばならぬのだ」

顔思斎は長崎で自分たちの既得権が侵害されて苦杯を嘗めていただけに、ここで二の舞いを踏んではならないと、力んでいるのだ。いざとなったら昔の海寇にもどって、オランダ海軍と一戦を交える覚悟でいる。彼の説明によると、この港の沖には鯤身《コンシン》という七つの島があり、それが砂嘴によって連結され、外界の荒波を防ぐ防波堤となっている。だから明の海軍に澎湖島を追われたオランダ東インド会社は、軍艦にこの地を踏査させ、ここが格好の貿易港だと分かったので、商館とこれを守る砦を造ることにしたというのである。

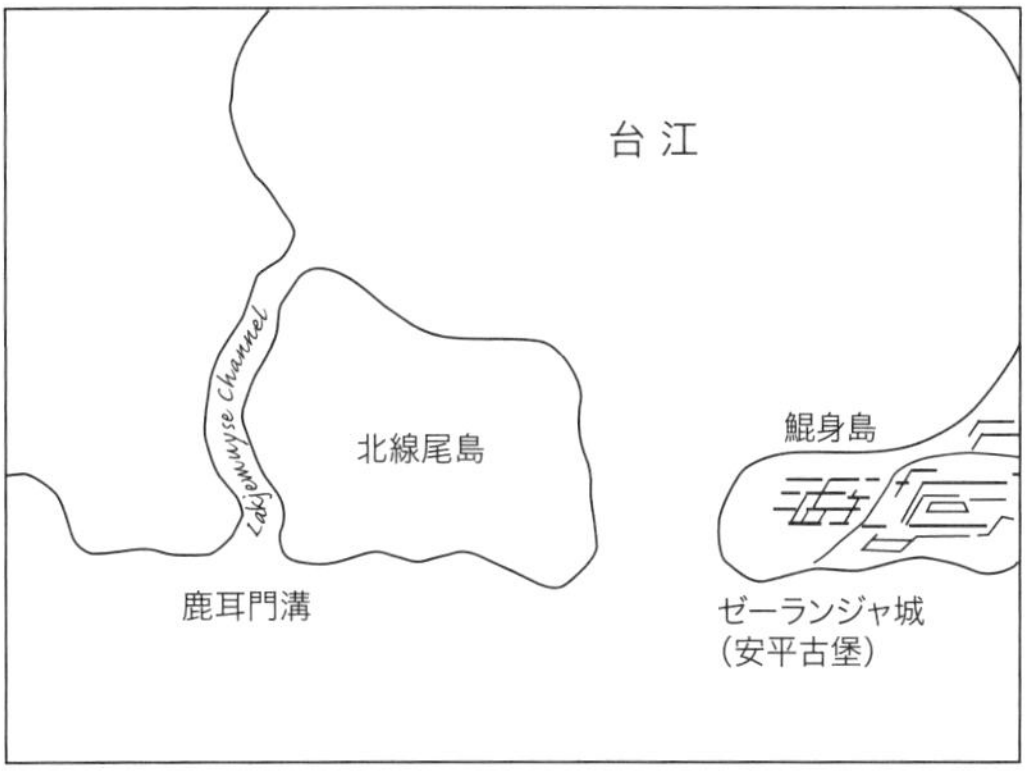

台江内海

現在オランダ東インド会社が建築中の商館は七つの鯤身島の最北端にある一鯤身島で、今のところそこには一軒の小屋掛けの家があるばかりだが、これがオランダ海軍の要塞となって、恐るべき威力を発揮することになると、彼は顔をくもらせた。

そんな話を顔思斎から聞いていると、今度は副頭目の楊天生がやって来て、芝龍たちに台南の地理を話しはじめた。これを現代風に摘記すると、こうである。
台南は艾爾摩莎《フォルモサ》の西南平野にあって、台湾海峡に面した海上交通の寄港地である。ここに漢民族が大挙移住を始めたのは、明朝時代の末期である。その先鞭となったのは長崎からやって来た顔思斎たちであるが、それまでは西拉雅《ジラヤ》平埔《ヘイホ》族が居住する赤嵌《チヤツカム》と大員《タイオワン》の二つの聚落があったに過ぎない。後にこの二つのムラを中心にして台南市が形成されるのであるが、それまでの台南市西部は広々とした海で、海水は現在の赤嵌楼《せっかんろう》の下までおし寄せていた。

当時の台江内海すなわちタイオワン港の水深は十四、五フィート（一フィートは約三十・五センチ）に過ぎず、吃水《きっすい》が十～十二フィートの船しか碇泊できなかった。しかし、北季節風の時期には都合よく入港ができ、沖の海中に突き出た岩礁の付近にも船を碇泊することが可能であった。

このタイオワン港の赤嵌集落の近くに蕭壠《ソラング》と呼ばれる原住民の村があった。現在の台南県佳里鎮《かりちん》の地で、新港《シンガン》（タイオワン）、蔴豆《マートウ》、目加溜《めかる》湾と共に四社蕃《よんしゃばん》と称されていた。タイオワンという地名はこれら原住民の呼称であって、明国から移住して来た漢族は、ここを安平《アンピン》と呼んでいる。

顔思斎たち明国海商団は、こうした先住民を使役して台江内海の海岸赤嵌に商館を築造したが、これが赤嵌楼と呼ばれた城砦の原型で、これを後からやって来たオランダ東インド会社が接収し、オランダ式の城砦プロビンシャ（普羅民遮）城となったのである。

荷蘭熱蘭遮城《オランダゼーランジヤ》

明の海商団が赤嵌に活動の拠点を置きつつあった頃、オランダ東インド会社は赤嵌と目と鼻の先にある一鯤身島に進出して商館を造りつつあり、北の北線尾島にも城砦を構築しつつあった。

一五八一年に西班牙《イスパニア》から独立した荷蘭《オランダ》が、東洋に進出して葡萄牙《ポルトガル》と対抗して巴達維亜《バタビア》すなわち雅加達《ジャカルタ》に荷蘭東印度公司《コンス》（会社）を設立したのは一六〇二年である。オランダ東洋艦隊は、その東インド会社の指令によって出動するが、司令官ライエルセンが東洋貿易を独占しているポルトガルからその根拠地である澳門《オーメン》（マカオ）を奪取するために軍艦八艘を率いバタビア港を出たのは一六二二年四月十日であった。途中で四艘が加わり、十二艘で六月二十一日、マカオ近海に着き、二十四日から市街地を攻撃した。

だがポルトガル軍が善戦したので、多数の死傷者を出しただけで空しく退却し、六月二十九日に澎湖島へ向かった。マカオ占領を断念してこの澎湖島をそれに代わる基地としようとしたのである。艦隊は七月十一日澎湖島の馬公港に入って碇泊した。直ちに小艇にて小堂（媽祖堂）に至り、長官ライエルセンは兵士数人を率いて島内を視察し、城塞を築く適地をさがした。ところが七月二十一日になってフォルモサ島（台湾）近海で二年間漁業に従事していたという明国人が船でやってきて、フォルモサ島のタイオワンに船の碇泊に好都合な港湾があるから案内するといった。ライエルセンはヤハト船二艘で出帆し、調査に乗り出したが、明国人のいう便利な港はなかった。たしかに、そこには満潮時だけ入港できる港はあるが、干潮時には干潟《ひがた》となって入港できない。

そこでライエルセンはオランダ東インド会社の大評議会へこのことを報告して、澎湖島南西の突端に城砦を築くべく、直ちに着工するよう提案した。提案は可決されて、工事は八月二日から始められ、大砲各六門を置く稜堡《りようほ》四か所が築造された。

一六二三年九月二十六日付報告書によると、稜堡は四か所とも竣工し、据付砲数は二十九門と記録されている。だが、この城砦は材料が間に合わず、鉄材と木材を板と竹で囲ったもので、陸に面する城壁のみが石と石灰で固められている。

ところが、このオランダの澎湖島城砦構築に対して、一六二三年九月二十九日に澎湖島へやって来た明国の官憲は、明王朝福建総督の意向を次のように伝えた。

「澎湖島は明国の領土であるから、ここに艦隊を碇泊させることも城塞を築くこともまかりならぬ。すぐさまここから撤退されたい」

そこでライエルセンが交渉員の官憲に「われらの希望はあくまでも通商にあり、船載商品を売り捌くことである。どうすればよいか」と尋ねたところ、彼は「北緯二十七度の辺に淡水《タンシユイ》という所があるから、そこへ行け。水先案内を貸そう」と回答した。淡水は今の台北西海岸に位置する地域である。

しかし、司令官ライエルセンはオランダ東インド会社総督から大評議会の決議として澎湖島に留まるように命ぜられていたので、この上は威嚇砲撃によってでも任務を全うするほかないと心に決めて十月中旬にファン・ニウローデ（ナイエンローデ）を指揮官に任じて八艘の艦隊を明国沿海へ派遣した。彼は厦門《シヤーメン》（アモイ）付近で明国海軍と交戦し、戦艦と商船七、八十艘を焼沈《しようちん》撃破した。他方でライエルセンは同年十二月二十五日、商務員アダム・フェルヒュルトにヤハト船二艘を率いタイオワンへ渡航させ、来航中の明国商船と交易を試みさせた。どうしても商船の舶載品全部を売り捌く必要があったからである。すると、年が明けた一六二四年四月中旬になって明国から戎克《ジャンク》船四艘が来航し、日本からも四月下旬に朱印船がやって来て、交易が行われた。残念ながらこの時は少量の取引に過ぎなかったが、それでも、ここで明国・日本との中継貿易が可能であることが明確となったのでライエルセンは引き続き商務員をタイオワンに常駐させて、この旨をバタビア総督に報告したのであった。

かくして司令官ライエルセンはオランダ兵十六人、バンダ人三十四人をタイオワンに派遣して台江内海の入口の島に砦を構築させた。だが、これは竹と砂で造った粗末なものであったから原住民の襲撃に効果がある以外、何の役にも立ちそうもなかった。実はこの砦こそ、鄭芝龍たち泉州商船団が台江内海に入るとき見かけたあの北線尾島の城砦だったのである。

澎湖島のオランダ人と明国厦門から来た官憲との間では、なおも交渉が続けられていた。司令官ライエルセンの命を受けたクリスチャン・フランクスは明国官憲と台湾での対明貿易に関する仮協定を成立

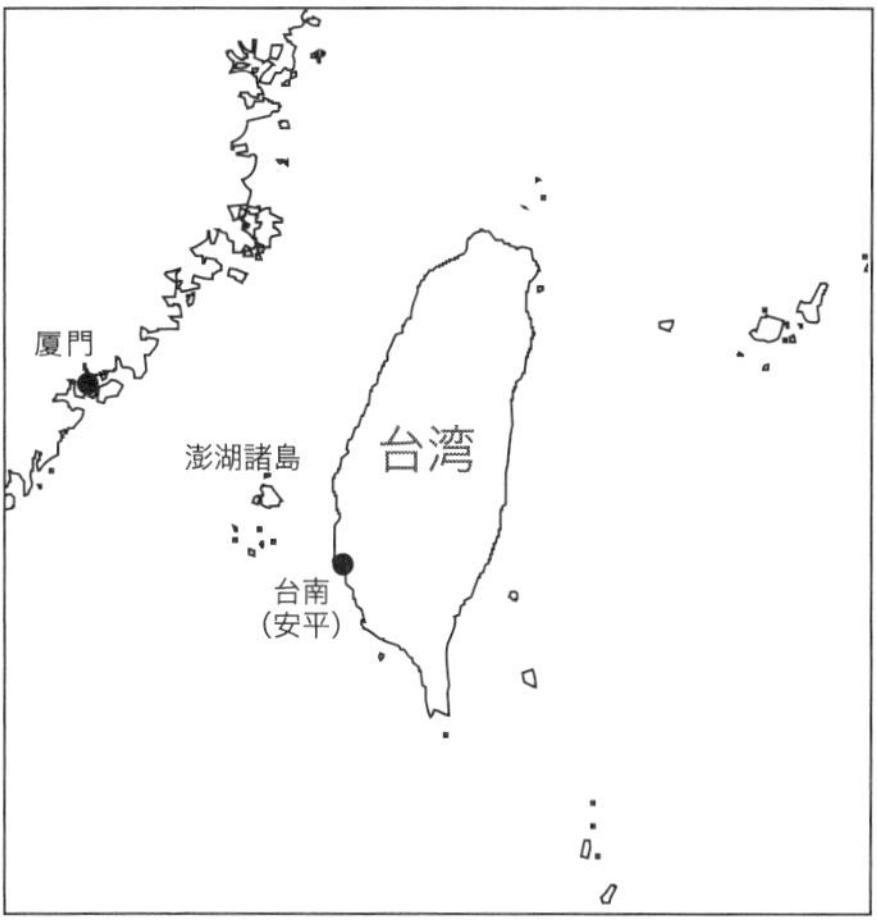

澎湖諸島の位置

させ、その祝宴に招かれて上陸したところで、捕虜にされ、乗船二艘は襲撃を受けて一艘が撃沈された。この報に接してライエルセンは厦門への派遣艦隊を急遽召還して澎湖島へ差し向けようとしたが、明国側はどんどん軍隊を派遣して澎湖島からオランダ人の追い出しにかかった。もはや手遅れである。この不手際でライエルセンは罷免され、バタビア総督は彼の後任にドクトル・マルチンス・ソンクを任命した。

新司令官ソンクが澎湖島に着任したのは一六二四年八月三日であったが、そのときにはもう澎湖群島の白沙島に明国兵が約四千人と兵船百五十艘が進出してきており、その後も増加の一途をたどった。八月中旬には遂に一万人にも及び、白沙島から澎湖本島に進出して来た。新司令官ソンクはタイオワンの守備隊を呼び寄せてこれに対抗しようとしたが、兵の総数は八百五十人に過ぎず、そのうち少年兵が百十一人もいたので、あきらめ、八月十八日になって東インド会社大評議会に諮《はか》り、次のような決定をした。

一、我らが澎湖島を去ってフォルモサ島（台湾）へ移れば、澎湖島へ注ぐ多額の出費を免れる。
二、タイオワンは澎湖島よりも土地が肥沃で清水も豊富であり、健康にも適している。
三、貿易の中継地としては澎湖島とタイオワンとは同格であり、むしろタイオワンが居住に適する。
四、明国人はすでにタイオワンで日本人と交易を行っており、我らがここに居を定めれば、これを防止できる。もしそれをなさざれば、我らは有利な対日生糸貿易の利を失うことになる。

そこで、ソンクは澎湖島の城塞を破壊して台湾に移ることを決定し、九月始めに移転作業を始めた。すなわち商館をタイオワンの一鯤身島に移し城を北線尾島の仮城跡に築造することにしたのであった。

『バタヴィア城日誌』はこの築造の次第を次のように述べている。

「タイオワン築城については石と煉瓦が十分に得られぬため、先ず板と砂とを用いて仮城をつくり、それを追々改造し、起工以来八年四か月を経て、一六三二年末、約百フィートと百四十フィートの稜堡四個を備えた石造城郭を竣工せしめた。鹿耳門《ラクイエモスカナル》すなわちタイオワン港の北の水道を扼するために一六二七年起工した北線尾島の補強工事も、同年に完了せしめた」

この城は最初オランジ Orange と命名されたが、一六二七年にゼーランジャ Zeelandia と改称し、北線尾の砦をゼーブルグ Zeeburg と命名した。ゼーランジャとは「神を讃美すべし」という意味のオランダ語である。

ところで、オランダ東インド会社がタイオワンと呼んだ台南は、明国人が大員と称した所である。『閩書島《びんしょとう》夷志《いし》』という書物には、

「オランダ人が最初に接した台湾の蕃社中にタイオワンという種族があり、彼等は昔から港の付近に居住していたので、その名が港の名となったと考えられる。港の名が後に本島の名になったのである」

と書かれている。『明他地図』では大宛《ターエン》と表記されているが、『台湾随筆』では台員《タイイン》となり、その後転じて台湾という文字が用いられるようになったのである。当時から明国福建省や広東省から大勢の漢族が移住するようになったが、彼らはここをタイオワンと呼ばず安平《アンピン》と称した。だからゼーランジャ城も安平城で、今もこの城は安平古堡《アンピンクーポ》と称されている。

漢族が閩粤すなわち福建広東から台湾へ移住するようになったのは、台南で明蘭日三国間の通商交易が行われるうち、交易に従事する海商たちの口から、ここがこれまで信じられていた風土病の蔓延《まんえん》

する瘴癘《しょうれい》の地などではなく、肥沃な土地と気候温暖な豊饒の地であることが伝えられたからである。一つには明朝末期の政情不安で細民たちが活路を海外に求める風潮が起こったからでもある。権力の崩壊による海禁政策の緩みも、その傾向に拍車をかけた。

さて、話を日本の長崎と平戸から移住して来た顔思斎たち海寇団の動向に移そう。

彼らは台江内海の東岸赤嵌に商館を設けると、ここを足場としてオランダ・日本の商人たちと商取引をするとともに、閩粤《びんえつ》から移住して来た漢族と一緒に内陸部へ入植した。この一行は原住民を使役して荒地を開拓して地主となり、豆、蕃薯《ばんしょ》などの農産物を栽培した。また甘蔗《かんしょ》を栽培・加工して砂糖にする農産加工を業とした。これは台湾の特産品として海商たちの交易品となり、このほか海商たちは阿里山《アリシャン》の狩猟民から買い付けた鹿皮、鹿肉等をオランダ人相手の交易品として赤嵌の商館で売却した。

こうして、台湾赤嵌の海商たちは明国から渡来してくる商人たちから生糸・絹織物・木綿・陶器を買い付け、バタビアから運ばれてくる丁字《ちょうじ》・香木・琥珀《こはく》・瑪瑙《めのう》などの南洋特産物をオランダ商人から買い求め、これと日本から朱印船がもたらす日本製品を相互に中継交易することによって大いに利鞘《りざや》をかせいだ。得られた利益で新規に戎克船を購入して大船団を編成し、海外交易に乗り出すのである。

こうした明海商団の活動の中で、この物語の主人公鄭成功の父芝龍が、リーダーとして頭角をあらわすのにそれほど時間はかからなかった。それは天啓五年（一六二五）九月、彼を一人前の貿易商として育ててくれた日本甲螺顔思斎が突如として死去したからであった。

以下この次第を『台湾外記』によって記す。

それは鄭芝龍が陳衷紀に従い平戸から台湾に移住して二年目の秋であった。総頭目の顔思斎が手下の者たちを率いて気晴らしに台南北部嘉義県の阿里山中へ鹿狩りに出かけたときのことであった。老齢の彼が山中で感染感冒（流行性感冒）に罹り、それが肺炎に転移して、医師の手当てを受けることが叶わず急死してしまったのである。

この首領の突然の死去によって、残された海商たちは動揺し、協議して副将の楊天生をその後釜にした。ところが、すでにこの集団はいわゆる十寨《じっさい》と呼ばれるような大勢力となって、台南付近を中心に十か所の部落に分かれて開拓に従事する農業グループと、台湾海峡から閩粤沿海へ進出して交易に従事する海商グループとに分かれていた。だからこの両グループはそれぞれ別の首領を戴いて行動する必要があり、農業グループの甲螺《かしら》である楊天生が、これを統轄するには無理があった。そこで海商グループは別の甲螺を選出しなければならなくなり、相談の結果推戴されたのが陳衷紀であった。ところが陳衷紀は老齢の故をもってこれを辞退し、若くて才気があり、しかも語学が堪能で日本人ともオランダ人とも会話のできる鄭芝龍を推した。芝龍は、自分のような若輩にはとてもベテランの海商たちを束ねる甲螺などつとまらぬと固辞したが、その貫禄の足らざるところは俺が補うからと陳衷紀のたっての要請で、遂に彼がこれを引き受けた。こうして芝龍は南海交易商人の旗頭《はたがしら》として飛躍のチャンスをつかんだのである。そしてこの飛黄こと鄭芝龍を首領とする交易商人グループは、この年の冬から台湾海峡や明国の閩粤沿海に出没して、辺境を侵し、糧餉《りょうしょう》を掠め取る海寇としての活動をすることになるのである。

されば『台湾外記』にいわく、

「天啓六年（一六二六）二月、飛黄（芝龍のこと）、衆を集め、戦船十隻、快哨三隻をもって、金厦（金門・厦門）方面に赴きたり」。

飛黄艦隊の巣立ち

『傳奇性的一生鄭成功』の「一代梟雄鄭芝龍」によると、芝龍は一六二六年の一月十八日に卜筮《ぼくぜい》によって甲螺に選ばれ、長老の楊天生に後見役となってもらい、陳徳と張弘が監軍、陳勲・林翼の両名が督造監守、楊経と李英が糧餉のことをつとめ、洪陞が左右謀士となったとある。またこれまで芝龍は一官と呼ばれていたが、これは小名であるから字の飛黄をつけ飛黄芝龍と称するよう命じ、陳徳と洪陞に新しい軍事組織を編成させた。先鋒、援勦、衝鋒、中軍、親軍、護衛、遊哨、監督、哨探という部署が設けられたのはこのときであり、明らかに海上の戦闘集団となっていたことがわかる。人々はこれを飛黄艦隊と呼んだ。

艦隊の軍事編成が完了すると、彼は積極的に台湾海峡へ出て閩粤の沿海に出没して海寇を始めるわけであるが、前述の天啓六年二月付『台湾外記』の記述のほかにも『明外記』の「同治福建通志巻二六七」に次のような記載がある。

「天啓六年春三月、海寇鄭芝龍、漳浦県を犯す」

すなわち鄭芝龍に率いられた飛黄艦隊が、天啓六年二月に金門・厦門両島付近へ出没したが、翌月には龍井《ロンジン》海岸に上陸して漳浦鎮を襲撃しているのである。記録によると、このとき芝龍の艦隊は漳浦鎮の守将を殺し、金門・厦門両島に碇泊して旗を立て、兵を募ったところ、餓民と浮浪者が来たり投じ、旬日にして数千人に及ぶとある。

次いで芝龍は艦隊を進めて生まれ故郷の泉州港に至り、碇泊したが、このとき泉州府の役人から招諭を受け、帰順を勧告されている。勿論芝龍は部下に反対されてこの招諭に応ずることはないが、このときは秋風が吹き始めるまでここに滞在している。そして、彼は崇禎元年（一六二八）九月に官に帰順するまで、二か年間この閩粤の沿海を海寇として荒しまわり、討伐に来た官の水軍と戦ってことごとくこれを撃破しているのである。

当時福建省同安県の知事であった曹履泰《そうりたい》が翌天啓七年春に新任してきた巡撫《じゅんぶ》朱一馮《しゅいちひょう》にあてた書翰によると、

「昔賊は千をもって計ったが、今の賊は万を以て計る」（靖海紀略巻一）

と述べているくらいである。しかも、彼が同安県の民衆にあてた招回告示でも「海盗横行、所在焚掠《ふんりやく》、昔の良民、今劇賊となる」と記し、沿海の民が続々と芝龍の海寇軍に来たり投じている有様が述べられている。いかに飛黄将軍とその艦隊の人気が高く、

飛黄艦隊の巣立ち（泉州福建省海外交通史博物館架蔵）

その活動が貧民たちから喜ばれていたかが分かる。

それはともかく『明史紀事本末』巻七六と『明外記』の「同治福建通志」によって泉州退去後の鄭芝龍とその一党の海寇の次第を記すと、次のようになる。
一、天啓六年初秋、海島に拠ったが、閩全土が幾度も飢え、海外から米が入らず食を求むる者が多かったので、商品の粟を運送してこれを施した。
二、天啓六年十二月、広東方面より北上の途中、甲子と靖海の二か所を侵し、閩南の銅山を経て全艦を率い、閩領に入り、漳浦の白鎮《はくちん》(旧鎮港)に碇泊した。
三、天啓七年四月頃、巡撫朱一馮は、都司の洪先春《こうせんしゅん》を司令官とする討伐軍を派遣し、白鎮の碇泊地を出て北上して来た飛黄艦隊と将軍澳《しょうぐんおう》付近で遭遇した。激戦を展開したが一日中戦っても勝負がつかず夜になった。司令官洪先春の艦隊は航路を失いさ迷ううち、味方と信じていた郷兵に欺かれて腹背に敵を受け大敗した。司令官洪先春は身に数刃を受けて負傷しながらも辛うじて金門島へ逃げ込み一命をとりとめた。
四、天啓七年五月、将軍澳海戦で勝利した鄭芝龍は浯嶼沖《ごしょおき》の海戦で再び官の水軍と戦い敵将盧毓英《ろいくえい》を捕虜とした。この盧毓英は原籍山東衛《さんとうえい》で百戸の長をつとめていた人で、驍勇をもって聞こえていた。そのため戚継光《せきけいこう》将軍に見出されて軍人となり、しばしば倭寇と戦って功があり、千戸、指揮、巡撫と次第に陞進した名将である(『台湾外記』)。
『明外記』によると、鄭芝龍はこのときの海戦で弟の芝虎に船五艘を率いさせ、自分は八艘の軍艦をもって盧毓英の艦隊を要撃し、これを破った。盧毓英は奮戦したが及ばず、麾下の艦隊が潰滅したので退却しようとしたところを芝龍に捕えられたのである。だが、芝龍は彼の縛《いましめ》を解いて厚く所遇してこう告げたという。

「私はあえて官軍に敵対するものではない。攻撃されるからやむなく戦っているのである。私が若《も》し官にあれば、死力を尽くして王朝のために働き、明国の東南半壁は枕を高くして眠ることができるようにするであろう。残念なことだ」

その上で芝龍は盧毓英の身柄を釈放して、それ以上戦うことなく、タイオワンに帰港したのであった。

ということは、芝龍にはすでにこの当時から官に帰順する意思があったということになる。噂では将軍澳の海戦で、洪先春が金門島に逃げ込むのを見ながら、芝龍はわざと見逃して追いつめなかったのだという。したがって彼はこのあと台江内海の赤嵌に帰ってからも、密かにこの計画を実行に移すべく、種々のくわだてを講じたのであった。

それはともかく、閩粤沿海《びんえつえんかい》の海戦で、赫々たる武勲を上げた飛黄将軍鄭芝龍は、麾下の艦隊を率いて本拠のタイオワン台江内海に凱旋した。そして、艦隊の小頭目たちを召集して、今後の飛黄艦隊のとるべき方途を協議させた。

このとき、芝龍は自分の内心に秘めた明王朝への帰順の意図は明らかにしなかったが、これからは泉州沿海に進出して厦門島を奪取し、ここに艦隊の根拠地を置くべきだと提案した。これはオランダの東インド会社と対抗するためである。彼はいった。

「諸将も目撃されたごとく、最近のオランダ東インド会社の跳梁と横暴は目に余るものがある。我らがこの台江内海を出たのは昨年の正月であったが、つい先日、我らが閩粤沿海から帰港するとき見た北線尾島の砦の備えはどうであったか……この一年半のあいだに彼らは砦に二十門にも余る大砲を据え、我が艦隊に砲口を向けて威嚇したではないか……」

芝龍はここぞとばかり声を張り上げた。

「かくては我らと彼らとは、いずれがこのタイオワンの主となるか、雌雄を決する日が遠からずやってくる。されば諸君、我らはあくまでもここに居住して彼らと覇を競い、彼らを撃退するか……あるいは活路を他に求めて流血の惨事を回避するか……そのいずれを選ぶか、諸君に決定していただかねばならぬのである」

近年誕生したばかりの飛黄艦隊が、その根拠地の台江内海赤嵌港を捨てて明の閩粤沿海へ本拠移転の是非を検討するにいたったのは、いま芝龍が述べているように、このタイオワンに砦と商館を置いたオランダ東インド会社との確執を避けるためである。とりわけこのほど、台江湾頭一鯤身島のゼーランジャ城へ、ピーテル・ノイツという辣腕の台湾長官がバタビアの総督府から派遣されて来たことが大きく影響していた。

オランダ東インド会社が台湾を占拠した目的は、生糸・絹織物等の明国産商品を廉価に仕入れ、それを日本の長崎へ送って大儲けすることにあった。ところが日本では江戸幕府の許可を受けた商人が朱印船で台湾へ渡航し、直接明国の商人と取引を始めたから、競争の結果、商品の仕入価格が高騰してオランダは不利益を受けた。そこで東インド会社はこれを防止するため日本と明国との商品取引に一割の関税を賦課しようとした。しかし、日本の商人は「我々はオランダ人がタイオワンへ進出してくる以前から、ここで明国の海商たちと取引をしているのだから、その課税には応じられない」と拒否した。そこでバタビアのオランダ総督は名目を変え、「我々はタイオワン港の安全をはかるために北線尾と一鯤身島に砦を築き、海賊の難から貿易商人たちを保護しているので、その警備の代償を要求している」と主張した。

ピーテル・ノイツはその主張を貫徹するため、バタビアの総督府から派遣されて来た台湾長官だったのである。彼は一六二七年六月下旬にタイオワンへ着任すると、すぐさまバタビアの総督が自分に命じた任務を完遂しようとした。

彼は日本の朱印船貿易商ばかりでなく、明国の海商へも同様の税を賦課し、さらにタイオワン在住の原住民や漢族へも人頭税を賦課した。そればかりでなく、彼は、台湾の特産品が鹿皮・鹿肉・砂糖であり、これが輸出品として高値に取引されていると知ると、原住民や漢族に鹿の捕獲や甘蔗の栽培・加工を奨励し、その作業に必要な工具や製品にまで課税したのである。

たしかにこれは身勝手な言い分であり不当な課税である。あとからやって来て、先住者の既得権を侵害しているからである。だから日本の朱印船貿易業者は、これに従わず、後で述べるように浜田弥兵衛事件を起こすのであるが、漢族や原住民は没法子《メイファーズ》（仕方がない）として屈服した。一六二四年から築造を開始したゼーランジャ城は完成が間近く、既に大砲を据えていたので、もしこれに反対しようものなら、湾内に碇泊している戎克船はことごとく撃沈されてしまう。また内陸部でもオランダ海軍の陸戦隊がやって来て原住民や漢族を逮捕投獄するからである。

実はこの課税事件が起こる二年前の一六二五年の正月にも、赤嵌で、長崎からタイオワンへやって来た明の海商たちと、オランダ人とのあいだで、ちょっとしたトラブルがあった。それは、赤嵌の土地売買にからむ一件である。

一六二四年にここへ移住して来たオランダ人は沖の砂洲一鯤身島《いっこんしんとう》に商館を建てようとした。ところがここは砂地で清水がなく、居住に適せぬことが分かったので、他に適地がないかと物色していたところ、この赤嵌の地は水利が良く地盤も固いことがわかったから、ここへ商館を建設すればよいと思った。だが、ここにはすでに明の海商たちが居住していて商品の取引所を設けている。彼らを立ち退かせなければ商館の建立はできない。そこで東インド会社の商館員は赤嵌在住漢族代表と商議した。

「この赤嵌の地をわが東インド会社に分譲してもらえないか?」

「それでは我らが困る」

「困るのは我らとて同じこと。我らは貴国の福建省泉州の官憲から、澎湖島に代わる交易の場所としてこの地に居住することを薦められたのである」

「されど我らは、すでにこの地を占有して、ここを交易の取引所としている」

「しかし、我らがここに商館を設ければ、倭寇も恐れて近づかず、互いの交易にも好都合で、一挙両得ではないか。全部の土地だというのではない。その一部を割譲して貰いたいだけだ」

かくしてオランダ東インド会社と明海商団とが折衝の末、遂に赤嵌の明海商団の所有地の一部がオランダ東インド会社に譲渡され、ここにも彼らは縄張りを広げることができた。

実はこのオランダと明海商との外交折衝がなされたとき、明海商団を代表して交渉役をつとめたのがほかならぬ鄭芝龍だったのである。芝龍は澳門にいたとき、オランダ語を学習していたから、それが役立ったのである。それと頭脳明晰で周旋の才があった彼は、この交渉役にはうってつけであった。この交渉で彼はオランダ人から有利な売買条件で契約を結ぶことができた。その巧みな外交的手腕が評価されて、彼は、顔思斉が他界したあと、推されて商団の頭目となることができたというわけだ。

長崎県平戸市が平成九年三月二十五日に発行した平戸歴史文庫『大航海時代の冒険者たち』によると、その第五章「鄭成功」の段に、

「鄭芝龍は、鄭成功が生まれてすぐ台湾島のタイオワン（安平）へ行き、開設間もないオランダ商館の通訳を務めた」

と書かれている。これは、このときの外交折衝のことが世に曲り伝えられて生じたものである。いずれにせよ、こうした周旋の才がなければ彼は貿易商人として衆の頭に立つことはできなかったのである。

オランダ東インド会社は、このようにして赤嵌の地を譲り受けると、直ぐさま塀をもって地所を囲み、ここに会社の宿舎、倉庫、病院等を建て、ゼーランジャ城とは別のオランダ商館を造成した。すると、付近に大勢の漢族が移住してくるようになり、ここが商業都市として発展した。

オランダ東インド会社はこの商館にオランダの連合七州を記念するプロビンシャ Provintia という名を付けた。すなわちオランダはこのタイオワンを、港の入口を防衛するゼーランジャ城と、港の奥の商館プロビンシャとを中核とする植民都市に変貌させたのである。

そうなると、鄭芝龍のような覇気に富む自由闊達な貿易商にとって、もはやここは安住の地ではな

くなる。彼は紅毛オランダ人の頤使《いし》に甘んじて、その利益のお零《こぼ》れにあずかる生活など真《ま》っ平御免《ぴらごめん》だったからである。

かくして、協議の結果は、芝龍提案のように、ここ台江内海の赤嵌から、福建沿海漳州《しょうしゅう》の厦門《アモイ》島へ本拠を移すことに決定した。鄭芝龍は胸に大きな野望を秘め、未だ完全な統治権力が確立していないオランダの台南植民都市と決別して、活路を広く外海の台湾海峡と閩粤の沿海に求めたのであった。

平戸の混血児

一六二七年七月、新任の台湾長官ピーテル・ノイツは芝龍艦隊を追うようにタイオワンから出航して日本へ向け航行した。未解決の関税問題を解決するためである。船は台湾海峡を北上して一か月後に平戸港に入り、平戸の商館長と協議したあと江戸へ向かった。

ピーテル・ノイツはオランダのミッデルブルフに生まれ、一六二六年五月、東インド会社ゼーラント支社選出の員外参事として東インドに赴任を命ぜられ、翌二十七年四月にバタビアに到着して台湾長官に任命された。このたびの江戸参向は東インド会社ジャワ総督の特派使節という資格であったが、幕府はオランダ国王の臣下に過ぎないジャワ総督の使節では将軍に謁見する資格はないと会見を拒否した。そのため空しく台湾に引き返し、翌年の五月二十八日、日本の末次船の船頭浜田弥兵衛とトラブルを起こして責任を問われ、悲劇的な一生を終えることになるのだが、それは後の話である。

十月一日、ピーテル・ノイツは江戸を発って十月下旬に平戸へ帰り、失意の身をしばらく平戸商館で休めるが、その時、同じ商館内に一人の明国人少年が給仕として働いていた。平戸生まれで、名を王信《ワンシン》という。母親は有名な印山寺屋敷の御大将五峯こと王直の娘だが、父親は日本甲螺《かしら》の顔思斎である。当時十四歳であったが、幼い妹がいて名を王玲《ワンリン》という。彼女は一六二三年の生まれで、鄭芝龍と田川マツの息子福松とは一歳年長の五歳である。二人の母親は病弱であったが、このほどみまかって、マツが孤児となった兄弟を引き取って喜相院《きそういん》で育てていた。兄の王信は彼自身のたっての懇望でオランダ屋敷へ給仕として入っていたのである。商館にいれば台湾へ渡って父親の思斎に会えるというのが少年の願いであったが、今となってはその望みはついえている。妹の王玲は福松の格好の遊び相手だ。五歳の今では、姉代わりに福松を可愛がっている。

その王玲の兄王信が、

「今日はドンターク（日曜日）です」

といって喜相院の屋敷にやって来た。気がかりな妹に会うためである。

王信は来るたびにオランダ商館でオランダ人が食べ残した珍らしい食物や菓子類をこっそり手土産に持参するが、それを喜んで食べる妹や福松のさまを見て満足そうに微笑む。

「先日はタイオワンの長官だとおっしゃる偉いお方が平戸商館へお見えになりました。飛黄将軍のことが分かるかと聞き耳を立てていましたが、早口《はやくち》のオランダ語なので分かりませんでした」

王信はこの一週間の平戸商館での出来事を話したあと、こう付け加えた。

「まあ、そうなの。その偉いお方というのは、ピーテル・ノイツ様のことですか？」

平戸は海外に門戸を開いた町であるから、町の人々の噂話もこのところ、台湾長官ノイツのことで持ち切りである。三か月前の八月にタイオワンから平戸へやって来て、江戸へ向かったが、将軍に拝謁が叶わず、失意の身を商館のベッドに横たえていることは皆が知っている。王信はその台湾長官のお供をして平戸へやって来た商館員の口から、父の顔思斎が天啓五年の秋に他界してマツ叔母様の夫鄭芝龍がその後釜に座ったことを聞いている。母の王氏はすでに病死してそのことを知らなかったことが、せめてもの幸せだと思った。だが父の後継者となった鄭芝龍が今どこでどうしているのかわからない。噂では海寇となって明の閩粤沿海で荒稼ぎをしているということなのだが商館員の中でそのことを知っている者は誰もいなかった。

江戸で受けた屈辱的な思いを平戸商館で一か月近く癒《いや》した台湾長官ピーテル・ノイツは、平戸港で待機させてあったオランダ商船で再びタイオワンへ帰って行った。ところが、彼が平戸を去ったのといれちがいに、長崎の海商末次平蔵が船頭の浜田弥兵衛と一緒に出府して十一月五日、将軍への拝謁を許された。平蔵はオランダ東インド会社の不当な課税のことを訴えて、日本のオランダとの交易中止を願い出た。すると将軍は両人を激励してこの願いを聴許した。このとき両人は台湾の新港社酋《しゅうちょう》長十六人を一緒に江戸城へ伴った。彼らは、タイオワンの原住民がオランダ人から不当な迫害を受けていることを日本の江戸幕府へ訴えるため、わざわざ朱印船に便乗して日本へやってきていたのだ。彼らは将軍家光に拝謁して、自分たち新港社人の窮状を訴え、台湾の地を日本に献上するので、どうか武力をもってオランダ人を台湾から追い払っていただきたいと懇願したのであった。

そうしたこともあり、浜田弥兵衛は、先年（一六二六）三月、タイオワンに入港した際、関税を支払わないという理由で積荷を没収され、一年以上も交易を許されないまま足留めにされたことへの恨みを晴らすべく、このあと再び朱印船二艘に四百七十人の武士と鉄砲・刀剣・弓槍等の武器を搭載して長崎から出航した。それは翌年（一六二八）の五月のことであるが、その船には末次平蔵が連れて一緒に将軍に拝謁させた新港社の酋長十六人も乗っていた。これが世に名高い浜田弥兵衛事件の発端である。

話が前後するが、一六二八年の平戸川内浦……。

その年明けの元旦早々、明国福建の泉州から戎克船が二艘、平戸へやって来た。川内浦へ入港したその船には、泉州南安県石井鎮の鄭紹祖《しょうそ》が派遣した明の貿易商人が乗っており、その中に芝龍の末弟芝豹《しひょう》と泉州の名望家で儒学者何喬遠《かきょうえん》の弟子黄仙遊《こうせんゆう》がいた。

芝豹は象庭《しょうてい》すなわち紹祖がマツにあてた書翰をたずさえていたが、その書翰には次のようなことが書かれていた。

「その後、孫の鄭森は健勝にて素直に育っているであろうか？　祖父として老生は気がかりでならぬ。直ぐにも日本へ渡航して孫の顔を見たく思うが、泉州府の巡司《じゅんし》にして石井鎮の長《おさ》としての現在の立場ではどうにもならぬ。それで、代わりに末子《ばっし》の芝豹と黄仙遊を遣わすことにした。芝豹は存知の上のことだが、黄仙遊は当泉州では著名な儒学者何喬遠老師の高弟にして門館《もんかん》先生（家庭教師）を勤める方である。その門館先生を芝豹と同行させるのは、明国の上流家庭では男児が五歳に達すると家庭教師をつけて学問をさせるしきたりがあるからである。孫の森も今年は五歳になるから、何喬遠老師に家庭教師の人選をお願いしたところ、この黄仙遊先生を推挙していただいた次第である。

愚息芝龍からの書翰によると、孫の森は聡明かつ記憶力が抜群で、士大夫《したいふ》たるの資質が備わっているとのことであるから、老生はこの森に将来科挙《かきょ》を受験させ、合格して高等文官になって貰いたいと念願しているのである。そのため老生は今年の年頭にあたり、森に門館先生をつけて勉学させ、来たるべき科挙に応試させることを決意したのである。なにとぞ貴女は老生の願いを斟酌され、森に勉学を督励して、彼が明朝の士大夫となって官界に雄飛するよう御指導いただきたい。

さらに今一つ、貴女にお願いしたいことは、日本に生まれた森に大和心《やまとごころ》と日本の武士道を体得するよう御薫陶《くんとう》いただきたいということである。聞けば貴国日本は、美《うる》わしい自然と大和心という精神風土に恵まれているとのこと。そして、人々はもののあわれという心情によって養育され、弱者をいたわり、強者に阿《おもね》ることのない武士《もののふ》の道を会得《えとく》することが理想であるとか。まことにうらやましきことである。それゆえ老生は、孫の森に、その大和心と武士道の真髄を身につけた人物となってもらいたいと、切望しているのである。それゆえ老生は森が門館先生によって中華古典の聖賢《せいけん》の道を会得するとともに、忠君愛国尚武精神の具現者《ぐげんしゃ》たることを希求《ききゅう》する次第であり、そのための教育を貴女に委ね、懇望《こんもう》するのである。何卒老生のこの願いをお聞き届けくださるよう伏してお願い申す」

そして紹祖はこの書翰の末尾を次のような文言で結んであった。

「且俍用心的教導他、培養了他、忠君愛国的尚武精神」

マツは明国泉州府の舅から、このような懇切丁寧な親書を頂戴して感動した。そして夫の芝龍不在の平戸川内浦において、息子の福松を舅象庭（紹祖）の望むように教育する責任が、かかって自分の双肩にあることを痛感した。

そこでマツはすぐさま父の松庵に事情を話して平戸在住の剣客花房権右衛門を紹介してもらい、平戸城下にその剣術師範の道場を訪ねた。

入門を乞うと権右衛門は希望の弟子がわずか五歳の子童《こわらべ》と聞いて小首をかしげたが、その童が、以前自分が弟子として教導したことのある芝龍の長男であることを知ると、笑いながら快諾した。

同時に彼女は平戸の蘭館で働いている給仕の王信にも城下の花房道場へ行って、仕事の合間に剣術を習うよう勧めた。この少年には福松の稽古台となってもらい、かつ道場へ行ってそれとなく目を配って福松がいじめにあわないよう身の安全を図らせるのがねらいであった。ねらいはたがわず、この天分に恵まれた王信少年の腕前はたちまち上達し、彼を稽古台とする福松の腕もまためきめきと進歩した。

一方、門館黄仙遊の教える学問の方も師匠が舌を巻くほど物覚えがよく、一度習ったことは決して忘れないという尋常ならざる頭脳の持ち主であることが分かった。理解力は俊敏にして抜群である。

「この子がもし明国に住んでいたら、童科の試験を受けて合格し、天子から童子出身の位を授けられるであろうものを……まことに惜しいことです。まさに神童とも称すべき麒麟《きりんじ》児でござる」

これは、この頃、門館先生の黄仙遊が、母親のマツに問われて答えた、教え子福松の功科表である。

浜田弥兵衛事件と飛黄艦隊

一六二八年（寛永五）五月、タイオワン安平のゼーランジャ城内……。

台湾長官ピーテル・ノイツは昨年秋、タイオワンへ入港してくる貿易船に一割の新税を賦課する件につき、幕府の同意を得ようと日本へ向かい出府したが失敗して、憤懣やるかたなくタイオワンに引き返した。これは昨年安平台江内海で関税の支払いを拒絶した朱印船の船頭浜田弥兵衛の差し金にちがいないと彼は判断した。ノイツはこのとき制裁のため朱印船の積荷を没収し、取引を禁止したからである。

ところが、その朱印船の船頭浜田弥兵衛が再びこのタイオワンへやって来た。しかも今度は五百人近い兵士と多数の武器を積み込んでいる。これはてっきり自分への仕返しのためだと思った。そこでノイツは断固としてこれを懲《こ》らしめるべく、その朱印船二艘を拿捕《だほ》して、積んでいた武器を没収した。それればかりか、この船で台湾に帰ってきた新港社人酋長十六人を全員逮捕・投獄した。

弥兵衛は激怒した。

弥兵衛とすれば江戸城で将軍から激励され、台湾長官と交渉して新税賦課の撤回をかちとるつもりであったのに、先手をとられて武器まで没収されてしまったのである。これでは対等に交渉が出来ぬばかりか、無事に帰国することさえ覚束《おぼつか》ない。必死になって抗議をしたが、相手にされない。進退は全くきわまってしまった。

そこで弥兵衛は、五月二十八日（太陽暦六月二十九日）、十二、三人の部下を連れて再度交渉のためにゼーランジャ城にやって来て長官室をノックした。長官室に入った弥兵衛は、そこに長官と子息のラウレンスおよび通訳フランソワ・カロンのほか誰もいないのをたしかめると、いきなり長官ノイツにおどりかかって手足を縛りあげ、急を聞いて駈けつけたオランダ兵に、「もし我らに手出しをするならば、長官を殺す」と威嚇した。

ノイツは仕方なく部下に命じて弥兵衛たちへの抵抗をやめさせたところ、拿捕されていた日本船から百数十人の将兵が加勢に駆けつけ、オランダ兵と対峙して緊迫した二日が過ぎた。

事件が起こって三日目、弥兵衛はノイツと交渉して、六月二日（太陽暦七月三日）、次のような和解内容を取り決めた。

一、逮捕投獄した新港社人十六人を即座に釈放し、朱印船から没収した商品と武器を返還すること。

二、先般の貿易禁止によって弥兵衛がこうむった損害を賠償すること。

三、敵中に孤立した日本人の安全を保障するため、港に碇泊中のオランダ船の舵を外して陸地に引き揚げさせ、かつ相互が五人ずつの人質を出して交換すること。

こうした、万全の措置を講じたあと、弥兵衛はようやく長官ノイツの縛《いまし》めを解き、彼を解放したのであった。

かくして弥兵衛は、日本の朱印船二艘に、人質のオランダ人五名を乗せて、安平港をあとにしたのであった。日本からオランダ側へ差し出した五名の人質はオランダ船エラスムス号とゼーランジャ号に乗せられて、そのあとに続く。こうして日蘭四艘の軍船は相互ににらみ合いを続けながら台湾海峡を長崎へ向けて北上した。

実はこのとき、鄭芝龍の率いる飛黄艦隊は台湾海峡を遊弋中であった。そして、この奇妙な日蘭四艘の道行きを目撃した。艦隊の司令官芝龍が事情を呑み込むのに、たいして時間はかからなかった。事情が分かると彼は今が日本の長崎へ大手を振って入港できる絶好の機会だと思った。自分の艦隊がこの四艘を護送してやれば、安平港から追跡して攻撃を加えるであろうオランダ海軍も追撃を断念して引き返すだろうからである。さすれば朱印船船頭浜田弥兵衛はこの恩義を多として長崎奉行にこの旨を報告し、飛黄艦隊はおおっぴらに日本の長崎と平戸に寄港して商取引ができるからである。

　こうして飛黄艦隊はこの朱印船とオランダの軍艦を遠巻きにしながら、無事にこの四艘が長崎港に入ると、それを見届けた一日後の六月十四日に鄭芝龍は艦隊を率いて長崎から平戸島へ向かった。

　平戸港で生糸・絹織物・陶磁器などの商品を陸上げして倉庫に納めたあと、雷瀬戸を南下して川内浦へ碇泊した。上陸して喜相院の屋敷へ入る。

　マツは歓喜して夫を迎えた。芝龍にとっても三年九か月ぶりに見る妻子の顔であった。夜もすがら妻マツと語り、まんじりともせず息子森の寝顔を眺めた。

　マツはこのときようやく一別以来の夫と部下たちの消息がわかった。芝龍が飛黄艦隊を率いて台湾海峡で海寇を働き、明の閩粤沿海で官の水軍と戦い、官庫を襲って食糧や物資を掠奪していることを知らされたのだ。

　マツは愕然として夫芝龍の顔をまじまじと見た。半年前に舅の紹祖が孫福松（森）の教育に関して自分に寄越した教訓状の内容とはあまりにもかけ離れた夫の非人道的行為だったからである。舅は自分に福松が聖賢の道を学んで士大夫となるべく教育するよう諭しているのである。それを現在の夫は福松がめざす明王朝の官を敵として非道をはたらいているのである。

　だが、芝龍はそんなマツの非難の眼に、顔を背けるでもなく、平然としてこういった。

「これは俺が天道にもとづき、南海に和平をもたらすための過渡的な措置なのだ。今や明王朝は腐敗し、地方は疲弊し、汚吏が私欲を貪っている。餓民浮浪者は増大する一方で、官がこれを救済するてだては少しも講じられぬ。そのてだてを俺は官に代わって行っているのだ。天啓六年秋、閩の全土が飢饉で人民が飢え死にせんとしたとき、我らは官庫と富者から得た米粟を放出して彼らを救済した。またその年我らが金門島と厦門島に旗を立てて兵を募ったところ、たちまち数千の餓民・浮浪者がこれに応募して大軍を編成することができた。されば我らは富者よりあり余った食糧資財を徴発することがあっても、貧者から奪うようなことは絶対にしないのだ。また婦女を掠《かす》めたり、家屋を放火することは断じて許さず、刃向かって来る者はやむを得ぬが、無抵抗な者を傷つけ、殺すことは軍規をもって厳重に戒めている」

そして、最後に、芝龍は眦《まなじり》を決して、こう結んだ。

「俺はね、マツ、誰が何といおうと、この両三年のうち、官に帰順してわが飛黄艦隊を王朝の官軍に編成し、閩・粤の治安を安定させ、全土を蜜と乳の流れる理想の楽土としてみせる」

この芝龍がマツに誓った言葉は決して偽りではなく、両三年を出ずして早くもそれが実現するのである。

芝龍が妻のマツに語ったように、彼の指揮下にある飛黄艦隊は、海寇ではあるけれども、世上にいわゆる倭寇の如き悪逆無道な海賊ではなかった。このことを裏付ける史料は『台湾外記』『明外記』などで、その一部はすでに紹介している。「同治福建通志」巻二六七所載、天啓六年春三月と初秋の餓民の募兵と、彼らへの施しがこれだ。

すなわち、当時福建省の福州や漳州の沿海には楊六・楊七・蔡三・鐘六といった海寇たちがいて、沿岸各地を襲い、婦女を犯したり、放火掠奪、殺傷等暴虐の限りを尽くして悪鬼の如く恐れられていた。ところが、鄭芝龍麾下の海寇はこれと一線を画して、制圧に乗り出して来る官軍や、逆襲して来る民兵たちとは抗戦してこれを殺傷するが、襲撃は富商や評判の悪い豪農たちにとどめて、一般の民衆には手を出さなかった。しかも隊規を重んじて放火・殺傷・掠奪・強姦などの行為は罰則をもってこれを取り締まっていたのである。

これは芝龍が早くから官途に就く望みを抱いており、官の招諭に応じて要路につく下心があったからである。このことは、当時同安知県（福建省同安県知事）であった曹履泰が、天啓七年（一六二七）に福建巡撫《じゅんぶ》の朱一馮《しゅいちひょう》にあてた報告書によってうかがうことができる。いわく。

「今芝龍の賊たるや、楊六らとは異なり、仮仁仮義《かじんかぎ》にしてその地方に到るや、報水《ほうすい》（富民を抑えて食糧を徴発する）を命ずるも、未だ嘗《かつ》て人を殺さず、貧者を治めて銭と米を与え、事を行うにあたってはよく慮《おもんぱか》り、慎重を期したり」

付言して彼は、「芝龍の行動は官憲の招安を促すための示威運動である」ともいっているのである。したがって、彼は天啓七年になるとこれまでの明国閩沿海への襲撃をやめて、麾下の艦隊を率いて外海に乗り出し、大海寇と合わせて日明蘭貿易商との海上交易を行うようになる。そしてさらに一六三〇年代に入ると、今度はそうした交易の妨げとなる海賊たちの討伐と取り締まりを重視するようになった。彼の正義感が交易を妨げたり、不正に交易を行おうとする者を許さなかったからである。これは海賊行為を取り締まる明の官憲であろうと、また強大な武力をもつオランダ・スペイン・ポルトガルの海軍であろうと容赦がなかった。このことは、オランダ東インド会社の東洋貿易の根拠地であるバタビアの当時の記録である『バタヴィア城日誌』を見ても頷けるところである。

すなわち一六二八年六月一日付記載では、

「賊 Yguan（一官）はジャンク船一千艘を有し、屢々《しばしば》陸を襲い、陸上二十哩《マイル》の地まで土人を追い、厦門及びヘイトンを占領し、これを破壊焚焼し、また人を殺したれば諸人皆彼を恐る。ウエストカッペルは日本銀二万六千レアルを搭載して平戸よりタイオワンに向かいしが、その後得たる報道によれば、賊に襲われて捕獲せられたり」

とあったものが、一六三一年三月二十一日の記載では、彼を沿海艦隊の司令官と敬称し、同年三月二十八日の条では、彼が去る十二月十六日に大ジャンク船十四艘及び小ジャンク船数艘を率いて不意に金門の賊タウツアイラクを襲い、其軍を破り、タウツアイラクの副司令官は蘭人七、八人が乗り込んだジャンク船三、四艘とともに彼に降伏したと記している。

付言すれば、この頃飛黄艦隊は台湾海峡で紅夷（オランダ）の艦隊を撃破したあと、北上して厦門島にいたり、ここを基地として来襲した明の督師兪《ゆ》咨皐《しこう》率いる官軍と戦ってこれを破り、浯嶼厦門島を艦隊の根拠地とするのである。

飛黄招撫の顚末

『明史本紀』巻二三の崇禎元年（一六二八）の条に「癸未《キビ》二十四日海寇鄭芝龍降る」とあり、鄭亦鄒《ていえきすう》の

『鄭成功伝』には、「崇禎元年九月、芝龍所部を率いて督師熊文燦《ゆうぶんさん》に降る」とある。

この一六二八年九月投降説は動かしがたく、江日昇《こうじつしょう》の『台湾外記』巻三にも「九月、芝龍其衆を挙げて降る」とあり、谷応泰《こくおうたい》の『明史紀事本末』巻七六でも「九月、鄭芝龍巡撫熊文燦に降る」とある。さらに『同治福建通志』巻二六七では「崇禎元年九月、海寇鄭芝龍が投降して、防海遊撃の詔を授かった」としている。

すなわちタイオワンのゼーランジャ城で、台湾長官ピーテル・ノイツを捕縛して苦境を脱した浜田弥兵衛を護衛して平戸に帰港して来た鄭芝龍は、月余《げつよ》の滞在後平戸を離れ、今度は明の福建、泉州にいたり、福建巡撫の熊文燦のとりなしで、明王朝に投降したことがわかる。

恐らくこのとき、鄭芝龍は妻のマツと息子の森（福松）を自分の故郷である泉州府南安県の石井鎮へ連れて行きたかったのであろうが、森はまだ幼少で、妻のマツを伴うことは、平戸藩主や岳父の田川七左衛門が許さず、あきらめざるを得なかった。その上、芝龍自身は故郷に帰ってもまだ海寇として官憲に追われる身で、石井鎮に妻子を居住させることはできなかったのである。

その代わり、彼はこの年（一六二八年）の正月に、明の泉州府から平戸にやって来てそのまま川内浦に滞在していた末弟の鄭芝豹と平戸のオランダ商館で給仕をしていた王信を伴った。王信は前の日本甲螺顔思斎の遺児である。尊敬していた甲螺の忘れ形見とあってみれば、これから戦う相手となるオランダ東インド会社の平戸商館になど勤めさせることはできぬ。なんとしても引き取って顔思斎の後継者として立派に鍛えあげなければならぬと思ったのだ。このことは王信にとっても時宜にかなった幸運な措置であった。平戸のオランダ商館が、このあと幕府から閉鎖されてしまうからである。

タイオワンで台湾長官が浜田弥兵衛に対してとった強硬措置は幕府を憤慨させ、長崎奉行に命じて、入港して来たオランダの軍艦エラスムス号とゼーランジャ号を抑留し、その積荷を没収した。さらに台湾から人質として連行した五名のオランダ人をオランダ船の乗員四十三名とともに投獄した。幕府はバタビア総督に対してゼーランジャ城の破却を要求し、それが実行されないかぎり日本との通商は許可しないと通告した。

これはオランダにとっては致命的な打撃である。オランダは中継貿易によって立国した重商主義国家であり、海洋国家であるから、日明蘭の三角貿易ができなければ東インド会社の存在意義がなくなってしまう。そこでバタビア総督は台湾長官ノイツを解任してハンス・プットマンスと交替させ、妥協策をとることにした。さらにオランダ本国はバタビア総督をも、前任者のリーンが一六二九年八月に病死したのを好機として、日本通の平戸商館長ジャックス・スペックスを後任に任命した。そうして譲歩に譲歩を重ねて、やっとこのスペックスと幕府とのあいだで、貿易再開の妥協が成立するのであった。

話が前後するが、こうした日蘭間の紛争が生じ、妥協に向けた交渉が行われている最中に、鄭芝龍は離日した。

平戸の川内浦をあとにした芝龍の率いる飛黄艦隊は、舳艫《じくろ》相銜《あいふく》んで閩・粤（福建・広東）の沿海を睥睨しながら、悠悠と泉州府の沖合に姿をあらわした。

「すわ一大事、海寇の来襲か！」

と住民たちが慌てふためく中を、飛黄艦隊の戎克《ジャンク》船は石井鎮のある囲頭《ウエイトウ》湾と晋江の河口である泉州湾に入った。晋江をさかのぼれば、泉州府の市街地に入る。

海寇の来襲と錯覚して大騒ぎしていた住民たちも、入港して来た戎克船が鄭芝龍の率いる艦隊だと知って落ち着いた。というのは、この海寇は他の海寇とはちがって、富豪の財は没収するが、その財をもって窮民に施しをすることが分かっていたからである。とりわけ甲螺の一官芝龍は、無益な殺生や婦女子への陵辱は厳に戒めている。

前にも述べたように、鄭芝龍がこのような措置を講じたのは、彼に官の招撫に応じて投降する気持があったからだ。また福建省の官憲にしても、常に海寇に悩まされ、とりわけ鄭芝龍の海寇には、討伐軍を派遣しても連戦連敗のありさまだったから、なんとかして以前から着手しながら失敗していた彼への招諭を是非実現したいと思った。

「以前から着手しながら失敗していた」というのは、天啓六年（一六二六）の秋に福建巡撫朱欽相《しゅきんそう》が行った招諭のことをさしている。このとき芝龍は招諭に応じようとしたが、当事者の折衝方法がまずく、いよいよという最後の段階になって決裂したのであった。その大略を『台湾外記』は、こう記している。

明王朝の当局は鄭芝龍の招安《しょうあん》に腐心し、前泉州知府の蔡善継《さいぜんけい》をかつぎ出すことにした。蔡善継は芝龍と旧知の仲である。芝龍が幼時いたずらに投石してその石が善継の頭に当たったが、善継がそれを咎めず許したという経緯がある。だからこの善継が彼を招諭すれば芝龍もこれに従うだろうというのが、官憲の読みである。そこで善継はもと芝龍の父紹祖の同僚であった黄昌奇《こうしょうき》を使者として芝龍のところへ派遣した。黄昌奇は口才がある。彼は興化に近い湄州《びしゅう》で船舶の手入れをしていた芝龍のところへやって来て、善継の書状を差し出し、得意の弁舌で彼を口説いた。芝龍もその気になって諸将を集め「今泉州の善継殿から帰順の勧誘があった。諸君の存念をお聞かせ願いたい」といった。すると陳衷紀が、「君は蔡道憲《どうけん》（善継）と旧誼があるからその気になるだろうが、我々には何の縁故もないから承知できぬ。今我々が君の伝手《つて》で彼に帰順したとしても、それはあてにはならぬ。道憲がいるうちはよいが、彼がいなくなったら、そのあとどうなるかわかったものではない。だから当面は君一人が帰順して、われらは台湾へ帰り、様子を見ることにしよう。もし貴公に道憲の中されるごとく輝かしい未来が開けるようであれば、我らは改めて船団を率いて来たり投じよう。そうしても、決して遅くはないと思うが、如何であろうか」という意見を述べた。そして陳衷紀はその言葉通り、同志十三人とともに鄭芝龍から戎克船六艘を分けてもらって武器と資財を積み、台湾へ帰ったのであった。

一方、鄭芝龍は戎克船十二艘に部下八百余人を分乗させて泉州港に入り、自ら先頭に立ち弟の芝虎・芝豹以下幹部二十人を率いて衣帽を脱し、轅門《えんもん》（外門）にいたり、投降の意思を表明した。すると官憲が出て来て彼等を捕縛しようとし、「武装を解除して、船と軍器とをすべて引き渡せ」と命じた。鄭芝龍は激怒した。彼は恩義のある蔡善継を徳として投降したのに、このような傲岸で高飛車な態度は腹にすえかねる。船舶と武器の一切を没収されては、このあとどうなるか分かったものではないと、まず芝虎の手下が騒ぎ出し、これが全部下に波及し、ついにこの招諭は失敗に終わったのであった。

『台湾外記』は記す。

「是夜三更《このよさんこう》（真夜中）、船上において放炮《ほうほう》三声、潮に随って去る」

だが、この最初の芝龍の招諭失敗については、異説もある。

それは海寇仲間であった楊六《ようろく》・楊七《ようしち》の招撫と関連した所説で、『明史紀事本末』の巻七六にはつぎのように記載されている。

「初め巡撫の朱欽相が、当時厦門にいた都督の兪咨皐《ゆしこう》の請《こい》に応じて海寇の楊六・楊七等を招撫した。この招撫は海寇の武装を解除せずしてなされたので、これを聞いた芝龍が、自分もこれにならおうとして、楊六と楊七に大金を渡して仲介の労をとってもらうことにした。ところが、両人はこれを着服して、都督兪咨皐に彼の投降の希望を伝えなかったから不首尾におわった」

あるいは、兪咨皐が楊六・楊七から斡旋料《あっせんりょう》を受け取りながら芝龍の投降のことを官に取り次がず、かえって楊六と楊七等をもって芝龍一派を押え込もうとしたともいう。これは都督の兪咨皐が夷をもって夷を征するの策をとったからで、いくら芝龍に招諭を得ようとする気持があっても、どうにもならない。この楊六・楊七は、書物によって楊禄・楊策とも書かれ、長崎にいた顔思斎の手下二十八人の中にその名はない。

官による鄭芝龍招撫のことは失敗におわったが、その後鄭芝龍の海寇団は益々強大になり、一六二七年六月になると、一度は別行動をとった陳衷紀とも合同して台湾海峡と閩粤沿海に猛威を振るっていたから明王朝もこれを招撫しなければ枕を高くして眠ることができなくなった。武力では到底彼等には歯が立たないのである。前述したように官軍を指揮して飛黄艦隊と戦っていた老将軍盧毓英は捕虜にされてしまった。ところが腹に一物ある芝龍はこれを釈放した。以心伝心、芝龍の腹の中を読んだ盧毓英は泉州府へ赴き、知府王猷《おうゆう》に芝龍に投降の意思があることを伝えた。そこで王猷はふたたび芝龍を招撫する気になった。

だが、この招撫工作には、役人の中に反対意見を主張する者が多くいた。その急先鋒が巡撫の朱一馮である。硬骨漢の彼は、海寇の根絶をめざし、前回芝龍と戦って敗れた兪咨皐を再び討伐軍の司令官に任命した。ところが所詮は蟷螂《とうろう》の斧、またまた彼は飛黄艦隊に完膚なきまでに敗北してしまった。この敗北の模様を『明外記』は次のように述べている。

都督兪咨皐は、巡撫朱一馮の督促により全力をあげて芝龍の艦隊に挑んだ。千戸馬勝と百戸楊世爵に命じて船二十隻で芝龍と戦わせたが、両人とも敗れて戦死した。次に副総兵陳希范に投降海寇である楊禄（六）と楊策（七）の両将を付けて攻撃させたが、陳希范は真っ先に逃げ出し、楊禄と楊策も前進を拒み、勇敢に戦ったのは把総の洪応斗と張選挙だけであった。だが洪応斗は敗れて自刎し、張選挙も噴銃を抱いて水中に投身自殺した。だが兪咨皐はなおもあきらめず閩安・興化・泉州・漳州諸鎮の将兵を中在所に召集して鄭芝龍に戦いを挑もうとした。

芝龍はこれを聞くと笑って「咨皐は紈袴《がんこ》（貴族）の子であるから徒らに父が残した書を読むだけで実際に兵を指揮して戦う術《すべ》を知らない」と詰《なじ》った。これは咨皐が明の嘉靖年間の名提督であった兪大猷の子息だったからである。

こうして兪咨皐は幾度戦っても鄭芝龍の率いる水軍に勝つことができず、最後には完膚なきまでに敗れて再起不能となってしまった。逃げ帰った彼は弾劾を受けて投獄されてしまったが、そうなると彼に出陣を命じた朱一馮が責任を問われることになるから、朱一馮は芝龍の招撫に反対したのである。

こうして海寇鄭芝龍の討伐を主張していた巡撫朱一馮は敗戦の責任を問われて、巡撫の地位を奪われ、後任となったのが熊文燦であった。

新巡撫熊文燦は泉州知府王猷の献策を容れて、今は民衆から英雄とまで称されるようになった芝龍への第二次招諭を始めた。

王猷が熊文燦に呈上した献策には次のようなことが書かれていたからである。

「鄭芝龍は世上に海寇と称されていますが、不追《おわず》、不殺《ころさず》、不掠《おかさず》の原則を守り、常に帰罪（罪を受けること）の志があります。したがって討伐するよりも招撫する方が得策であります。すなわち人を遣わして諭し、沿海外に退かしめ、立功贖罪をさせたあと、時期を見て官に任じ、爵位を与えるのがよかろうかと思います」

すなわち討伐するよりも、味方につけて手柄を立てさせ、しかるのち罪を許して取り立て、叙爵すべきだというのである。この意見には、巡道の鄧《とう》良知も賛成している。

そこで熊文燦が王猷を呼んで「何人《なにびと》をもって使者とすべきか」と問うと、王猷は、自分にこのことを勧めた老将盧毓英を推薦した。これを容れた熊文燦が盧毓英を呼び出して鄭芝龍をその本拠である旧鎮港に訪わせたところ、芝龍は新巡撫の意向を伝え聞いて大いに喜び、直ぐさま官に降ることになった。時に崇禎元年（一六二八）の深秋から初冬にかけてで、飛黄艦隊が日本の平戸から泉州へ航行してきて間もなくのことであった。だが、芝龍はこのとき自身は王猷の泉州城へは行かず、叔父の芝燕と弟の芝鳳を遣わした。彼らは老将盧毓英とともに泉州城に入り、王猷と巡道の鄧良知と会見した。そのあと盧将軍は福建省城へ赴き、巡撫熊文燦に拝謁して事の次第を報告した。熊文燦は大いに喜び

「義士鄭芝龍、海寇一官を収むるの功」をもって芝龍を海防遊撃に任じたのであった（『台湾外記』）。すなわち、鄭芝龍がこれまで鄭一官の名をもって犯した海寇を捨てて官に帰順した功を賞して、彼を「海防遊撃」という官職に任じたというのである。まさに賊から官への百八十度の大転身である。

名儒何喬遠の徳望

この鄭芝龍の官への帰順について、これを官主導による招諭ではなく、泉州の民間有力者の中から自然発生したものだとの説がある。

これは『台湾鄭氏紀事』の所説である。泉州の人たちは芝龍に好意を寄せる者が多く、同安県人中に彼の麾下に馳せ参ずる者が多数いたことをもってその論拠としている。

たしかに鄭芝龍は、富者から資産を没収する「報水《ほうすい》」を行ったが、それは漳州以南に於いてであり、彼の故郷である泉州ではこれを行わなかった。しかも彼は貧吏の家系から立身して一躍英雄となった人物であるから、泉州の有力者たちが、彼を高く評価するのは当然である。

この説によると、泉州の民間有力者は芝龍を討伐するよりも招撫して味方につけようと思い、その招撫を当時の大儒《たいじゅ》として有名で、世の尊敬を一身に集めている何喬遠《かきようえん》に依頼した。『乾隆泉州府志』巻四四の「何喬遠伝」に次のような記事がある。

「鄭氏猖獗《しようけつ》。海上の声言、〝潜兵入城、惟鏡山前後十里動く毋《なか》れ〟と。喬遠、誠を開きて暁諭す。欣然として撫に就く」

すなわち鄭芝龍は軍艦を指揮して海寇をはたらき、その勢いは猖獗をきわめたが、海上より部下に、泉州へ入っても喬遠が隠居している鏡山の付近十里四方には進出してはならないと命じた。それは鄭芝龍が何喬遠を尊敬していたからだと知って、人々は何喬遠にお願いして芝龍を説諭してもらったところ、芝龍は喜んでその招撫に応じたというのである。

何喬遠（一五五八〜一六三一）は泉州の人で、万暦十四年（一五八六）二十九歳のとき、科挙に合格して進士になった。北京で官途につき順調な出世コースを歩んでいたが、たまたま豊臣秀吉による文禄・慶長の役が起こり、明王朝は妥協策をとった。すると少壮官吏であった何喬遠はこれを論難して講和に反対したので上司の忌諱に触れ、三十七歳のとき広西省に左遷された。彼は鬱々として楽しまず、官を辞して故郷の泉州に帰り、泉州北郊の鏡山の麓で悠々自滴の生活を始め、読書と著述にふけった。『名山蔵』四十巻、『皇朝文徴』七十三巻、『閩書』百五十四巻などの大著をはじめ数々の詩作や文章をものした。だから郷党の信望が篤く、その頃福建近海を荒していた海寇たちも彼の住んでいる鏡山近くへは足を向けなかったといわれる。鄭芝龍も幼い頃からその名望を聞き、心服していたから、泉州へ進出したとき、部下に令して鏡山の付近十里には足を踏み入れさせなかった。

だから、泉州の有力者たちは第一次招諭のとき蔡善継を起用したのと同じように、この第二次招諭のときにも何喬遠の出馬を願ったわけだ。喬遠は嘉靖三十七年（一五五八）の生まれであったから、この時は七十歳を超えていた。それにもかかわらず、喬遠は郷党の要望にこたえて折衝にあたり、芝龍を招諭したところ、彼は欣然としてその撫に就いたというのである。『鏡山全書』に、

「海寇猖獗、臣父除夜登埤、推誠諭、鄭芝龍兄弟欣服就撫」

とある。これは何喬遠の子九説の筆になる「瀝血陳情疏」の一文で、臣父すなわち喬遠が、大晦日の除夜に老軀をおして芝龍が占拠した泉州の城壁にのぼり、芝龍とその弟たちを説諭したところ、兄弟は欣喜として撫に就いたと書いているのである。もし、このとき大儒何喬遠の奔走がなかったなら、あるいは鄭芝龍は官に投降することはなく、閩粤の沿海を荒しまわる逆賊のまま生を終えたかもしれない。そうなると、その子鄭成功も、後で述べるように泉州に渡って南京太学に入学し、国姓爺と仰がれるような大人物になることもなかったであろう。彼が大を成したのは、父芝龍が招諭に応じて明朝の大官になっていたからである。そうなると鏡山は間接的に英雄鄭成功を世に出した大儒ということになろう。「鏡山」とは大儒何喬遠の号である。

何喬遠はそのような大儒であったから、晩年になって再び明朝に召し出されて官途についた。芝龍を招諭して二年後の一六三〇年のことである。工部右侍郎《こうぶうじろう》として南京に赴任したが、翌年病を得て泉州にもどり、鏡山山麓の草庵で薨じた。享年七十四歳であった。

何喬遠の没後、門下生の林欲楫《りんよくしゅう》が書いた「先師何鏡山先生行略」によると、喬遠が泉州城内の雑踏を嫌って幽静な鏡山の麓に居を移したのは四十四歳のときであった。書斎を自誓斎と命名したが、これは古人の「誓墓不出」（誓って墓より出《い》でず）の意を体したものである。全くの田舎暮らしで、麦を刈り、蕃薯《ばんしょ》を掘って飯とし、客が来れば村白《そんぱく》（どぶろく）を沽《か》って共に飲み、酔う。時には田夫《でんぷ》と共に泥酔して飽きない。

文中にある蕃薯は、その頃呂宋《ルソン》島から明国の福建にもたらされた甘薯で、地味の痩せた泉州近郊では好んで栽培されていた。何喬遠はこの蕃薯を好んで食し、「食蕃薯」という長編の詩を賦している。

「東南の海島に西班牙人《スペイン》という東夷が住み、呂宋という国をたてた。ここでは水田をつくる苦労がなく野には木の実がたわわにみのり、蕃薯が自然に生えている。先年わが国で飢饉が起こって農民でさえ食べるものがなくて泣き、一斗の米が百余銭にも値上がりした。いくら耕作しても食べ物は足らなかったが、たまたまこのとき、船が入ってきて船員が切り取った芋《いも》の苗をもたらした。その苗を育ててその種がこの南国に広まると、その芋が日用の糧《かて》となった。

この蕃薯は元来痩せ地を喜び、土入れや手入れをしなくても蔓がどんどん伸びて、淡紅で紫色の花が咲き、空にかかる虹の如くである。雨が降って芋が肥えると、ぽっかりと土が盛り上がり、貧しさと飢えに泣いた農民たちの心をなごませた。たとえ長雨が降りつづいても豊年を祝わぬことはない。

わたしは、この山を開いて庵をむすんだが、丘の土地は痩せて石ころが多く、豆や麦をつくっても実《みの》ることはなく、また水芹《みずぜり》や蕪《かぶら》も育つのは無理であった。そこで使用人に命じて荒れ地を開いて芋を植えさせると、その苗はたちまち根を張り、葉を伸ばした。やがて冬になり、また畑に出て鋤をとって地面を掘り起こすと、出てくる芋の肉は白玉のようにまばゆく、外虜は朱鳳《しゅほう》をあざむくばかりであった。耕作につとめてくれた使用人に分け前を与え、自分も早速煮たり焼いたりして食べたが、その甘きこと、今までの苦労が吹き飛ぶような思いであった」

文中にもあるように、この甘薯は閩海を渡ったはるか南の呂宋にあったものが、たまたまこれを見た明国人によって閩地方にもたらされたものである。西班牙人はこの芋が蔓生《まんせい》していたので珍重することはなかったが、外来の者が島外に持ち出すことは悋《おし》んで許さなかった。しかし明国人は折から閩地方が旱魃で人々が飢えに苦しんでいるのを知っていたから、なんとかして持ち帰りたいと、密かに芋の蔓を截《き》り取り、小蓋に挟んで持ち出した。故郷に帰って小蓋を開けて見ると、幸いにその蔓は萎《しな》びていなかったので、これを地中に挿して植えると、数日にして芽をふき、青々と茂った。これが中国の閩地方に甘薯が伝来した端緒である。

清の周亮工が撰した『閩小記』という書物に、

「蕃薯は、明の万暦中、閩人これを外国に得たり。瘦土砂礫の地みな種《う》うべし。はじめ漳郡に種え、泉州に及び、漸く莆《ほ》にいたり、近くはすなわち長楽福清みなこれを種う」

とあるので、甘薯は呂宋からまず福建の漳郡（州）に入り、北上して泉州に及び、福州全域に広まったことがわかる。

鄭芝龍を招諭した泉州の大儒何喬遠の伝記から、話が横道に外れたが、甘藷伝播の経路がわかって面白い。

何喬遠が「食蕃薯」の詩（蕃薯頌）を書いたのは彼が四十四歳のとき、すなわち万暦二十九年（一六〇一）に鏡山の麓に住むようになってからであるから、その頃にはもう甘藷が呂宋島から明の福建に伝来していたことがわかる。その甘藷が福建から海を渡って台湾や琉球に伝わり、琉球で唐い《から》もと呼ばれていたものが、元禄時代（一六八八～一七〇四）になって、種子島を経て薩摩に伝わるのである。

飛黄艦隊の内部分裂

泉紳（泉州の有名人）たちが芝龍の招撫を望み、彼が部下とともに官に帰順したといっても、芝龍の率いる艦隊がこぞって泉州府に帰属したわけではない。その艦隊は依然として飛黄艦隊のままであり、彼は万余の水軍将士を支配下に置き、泉州湾に大艦隊を碇泊させていた。

というのは、飛黄艦隊が甲螺《カシラ》の鄭芝龍の命令一下すんなりと官の招撫に応じたわけではなかったからである。招撫に異を唱える頭目たちがいて、帰順した芝龍にそれぞれの分け前を要求し、銘々が軍艦と部下を率いて分派行動を取っていた。それゆえ彼らは依然として海寇のままであり、芝龍は官軍としてこれに対抗しなければならなかったのである。したがって、若《も》し芝龍が武装を解けばたちまち彼はこれら昔の仲間の攻撃目標とされることになるから、それを防禦する武力がなければ滅亡のほかない。それと、この芝龍より前に帰順している海寇の楊禄（六）や楊策（七）が武装したまま官に協力しているのだから、これとのかねあいもあった。しかも、彼らは、このあと間もなく官に叛き、海洋に出て百余艘の軍船戎克船で県鐘所や卸石湾を襲撃し、官軍の兵船と兵舎を焼き、殺戮を行っている。それゆえ、自前の軍備がなければひどい目に会うことはあきらかだ。

かくして、鄭芝龍は旧の如く艦隊と兵員を擁し、その兵員と軍備を維持するための費用調達を目的として、富豪からの物資徴発を続けていたのである。

「されど芝龍、海浜に盤踞し、近海州県、皆民を勒（抑制）し、報水故（旧）の如し」

これは、同安県の曹履泰が巡撫の熊文燦に書き送った消息文である（『明外記』同治福建通志巻二六七）。

このように芝龍は官に帰順したけれども、これに従わぬ昔の仲間がおり、それは陳衷紀、李魁奇、鐘斌、劉香老といった芝龍の先輩格の者たちであった。彼らは根っからの海寇であり、いくら芝龍が口を酸っぱく官に帰順した場合のメリットを説いても、大先輩王直の失敗を楯《たて》に取って頭ごなしに「官など信用できない」と極めつけている。

「けれどもあの場合は王大人が江南の財閥に嫉《ねた》まれ、裏切られたからだ。ところがこの度は閩粤なかんずく泉州の卿紳たちはこぞって我らの味方となっている。決して貴公たちの申すごとき前車の轍ではないのだ。それに泉州知府王猷も巡撫熊文燦も我々への良き理解者なのだ」

「なあに、それは一時的な方便だ。情勢が変わればたちまち豹変して我々を裏切る。好餌をもって我らの武装を解除させ、もはや我らに刃向かうすべがないと知ると、たちまち牙を剥いて我らを葬り去ってしまう。決して騙されてはならぬ」

と連日の会議で交わされるのは、決まってこうした言葉の応酬であった。

結局妥協の余地はなく、芝龍は彼らに、要求するだけの分け前を与え、袂を分かつしかなかった。一枚岩であった飛黄艦隊は分裂し、これからは官と賊に分かれて対立することになる。そうなると芝龍も対抗上、できるだけ多くの軍艦と兵員を擁して官軍としての職責を全うしなければならなくなった。しかも、明朝水軍の中に組み込まれたわけではないから、軍費・戦費はすべて自前で調達しなければならない。そのために富豪からの報水は依然と続けられ、得られた財を自分たちの支持者である貧民階級に施さなければならなかった。彼が徴募して編成した水軍兵士はみんなこの貧民階級の出であるから、それは必要不可欠のことだったのである。彼が富豪からの報水をやめ、軍費・戦費をすべて自分の懐から出せるようになるのは、ライバルの海寇たちをすべて征伐し、海上交易による利権を独占して、莫大な資産を手に入れることができるようになってからである。

それでは如何にして芝龍がそれを実現して行くか……以降はしばらく、この問題に紙面を割いてみよう。

前述の如く、鄭芝龍の官への帰順に反対して、最初に危惧の念を表明したのは陳衷紀であった。彼は日本甲螺の顔思斎と同郷人であり、若い頃から思斎と行動を共にし、思斎の考えていることをよく知っていた。今もしこの顔思斎が生存していたなら鄭芝龍がやろうとしているこのようなことは、決して許さないだろうと思っていた。顔思斎は五峯すなわち王直の後継者をもって任じていたからである。王直は日本の平戸や五島列島の福江島で確固不動の生活基盤を築き、倭寇の大頭目として日明両国政府から畏怖される存在であった。それが不覚にも明官憲の仕掛けた罠にはまって処刑されたので、どのようなことがあってもこれと同じ轍を踏んではならないと、肝に銘じていた筈だからである。

顔思斎は常々陳衷紀にこのことを口が酸っぱくなるほど言って聞かせていた。だから陳衷紀は鄭芝龍のやろうとしていることが、まさに王直が犯したのと同じ過ちを犯しているように思われたのだ。どうしても彼の帰順には同意できなかったのである。

それともう一人、この陳衷紀と同じ考え方をしている大先輩がいた。それは顔思斎の副将であった楊天生である。

　だが、この楊天生は、今、台南の赤嵌に居を構えて大地主となり、農耕漢族の首領となっている。もしこの楊天生がここにいれば、陳衷紀と同じように激しく論難して芝龍を諫め、彼の帰順を許さなかったであろう。

　陳衷紀は老練な海寇であり、仲間の人望が篤かったから、説得力のある彼の主張に従う者が多く、いかに芝龍が泉州の郷紳たちを味方に引き入れ、閩粤の貧民階級に人望があるといっても、彼らを自分と同一行動に誘うことはできなかった。

　鄭芝龍は慨嘆したが、それでも自分の信念を曲げることはできなかった。こうと決めたら、梃《てこ》でも動かぬのがこの男の性分である。芝龍は自分に背中を向けて泉州湾から出て行く、かつての仲間を黙って見送るしかなかった。しかもその数は半分近くにも及んでいる。わずかながら、彼にとって慰めとなったのは、出て行く彼らが口実としていた王直の孫で、旧首領顔思斎の遺児であった王信が、そのまま芝龍の手元に残っていたことであった。

　王信は、陳衷紀たち出て行く海寇たちにとっても大切な持ち駒であり誘われたが、彼はそれに肯んぜず、鄭芝龍に従うといった。彼はまだ十四歳だったし、それに日本肥前の平戸には妹王玲がいて、芝龍の妻マツの養育を受けている。それに王信は芝龍の末弟である芝豹《しひょう》の子分のように振る舞って、芝豹と一緒でなければ嫌だといった。

　結局手元に残った飛黄艦隊は、芝龍の弟芝虎、鴻逵《こうき》（芝鳳《しほう》）、芝豹たちと、鄭一族の叔父、従兄弟および古くからの芝龍の親友、同志たちばかりである。とはいっても彼にはこれまで閩粤沿海攻略のとき、募集した大勢の志願兵がいる。大部分は貧民・浮浪者出身の速成部隊だが、それが馬鹿にならない。彼らは入隊以来、ベテランの海寇たちの手元に配属されて、厳しく錬え上げられて訓練を積み、今では天下無敵の強兵団に成長しているのだ。しかも彼らには官軍としての誇りがあり、腐敗した世の中を改造しようとの希望がある。首領の鄭芝龍・飛黄将軍に従って行けば、それが実現できると確信しているのである。人間、未来に希望を抱き、自信と誇りを持つほど強いものはない。しかも、その人数は万余に達している。芝龍は残った海寇幹部たちを、それぞれ新しい部署の頭目に任じ、これらの兵士たちをその麾下に配属して、新飛黄艦隊を編成した。そして直ぐさま猛訓練を開始したのである。

訓練が終わると、芝龍は巡撫熊文燦と協議して、折から閩地方を襲った旱災《かんさい》で居所を失い、流亡している百姓たちを救済した。それは自分の戎克船を提供して、これら餓民たちを乗せ、台南へ送り込むことであった。その数は数千人に及んだが、彼はかつての上司楊天生に依頼して彼らを荒蕪地の開墾に振り向けている。

次に芝龍は崇禎二年（一六二九）の春、官軍の盧毓英将軍と協力して金門湾に出動し、かつて官に帰順しながら、背いて県鐘所や卸石湾を襲撃して乱暴狼藉をはたらいた楊六・楊七の一党を捕捉して、同年六月これを撃滅している。

そのあと台湾郷土叢書の『鄭成功伝』によると、芝龍は翌崇禎三年（一六三〇）十二月に海寇褚綵《ちよさい》老《ろう》を討伐して彼を南洋に追いやり、その手下が十二艘の大船を率いて芝龍に降伏したとあるが、その間にも、彼はこれまで共に行動して来て袂を分かった李魁奇・鐘斌・劉香老たちと血みどろの抗争を続けることになる。そのことは項を改めて述べることにしよう。

鄭芝龍の閩粤海域制覇

泉州府へ帰順した鄭芝龍と袂を分かった陳衷紀は、自分と行動を共にした海寇たちとも分かれて台湾海峡の澎湖島に渡り、ここを自分の活動拠点とした。彼とすればかつての海寇仲間を統御して、芝龍に代わる甲螺となり、王直、顔思斎に続く三代目の大頭目となることも不可能ではなかった。しかし、もうそうした負託にこたえる年齢でもなく、覇気もなくなり、澎湖本島の馬公湾でオランダ・日本・明国の商人と出合い交易を行うことを計画したのであった。そうすれば無益な血を流さずして財を稼ぎ部下を養い、これまで苦労を共にしてきた鄭芝龍とも争わなくてすむと、そんな思いで、戎克船を馬公港に碇泊させて商館の建築を始めた。

ところが、そうした彼の考えは甘かった。

かつての海寇仲間で、彼に次ぐナンバースリーの李魁奇が攻撃をかけて来たのである。全く思いがけないことだったが、考えられぬことではない。泉州府で仲間割れをしたときから、彼らはかつてのような統制のとれた軍団ではなくなっていた。銘々が勝手気儘に振る舞う無頼の集団にかえったわけで、保身のためには同僚だろうと上司だろうと平然と裏切る仁義なきヤクザ仲間である。それにこの澎湖島は南海貿易の中継地として儲けの多い垂涎《すいぜん》の島であったから、ねらわれない方がおかしい。

この澎湖島に、最初基地を置いたのはオランダ東インド会社で、馬公湾に商館を設け、馬公湾頭の蛇頭山に紅毛城《ホンモウチヤン》を築いた。彼らは明国水軍に退去を迫られて、台南へ商館を移したが、その明国水軍も鄭芝龍に追われて漳州へ逃れた。

芝龍はこの島の管理を陳衷紀に委ねたから、いわば陳衷紀の縄張りといってよい。けれどもその守備は手薄である。李魁奇はこのことをよく知っていたから、一六二九年四月、突如としてここを攻撃した。不意討ちを受けて陳衷紀は戦死し、馬公港は李魁奇に占領された（『明外記』）。

それればかりか李魁奇は鐘斌と結託して泉州厦門沖の金門島へ奇襲をかけ、この年の末この島を占領した。そこで芝龍は金門島を占領されて商権を奪われたオランダ東インド会社の軍船と協力して、先ず李魁奇を澎湖島と金門島から排除し、さらに明海軍の司令官盧毓英の助成を得て、李魁奇の船団を追跡し、これを撃滅した。

李魁奇と結託した鐘斌もまた鄭芝龍とはかつての仲間であったが、李魁奇が滅んだあと厦門島を支配して、官と結んだ芝龍に対抗したから芝龍は度々これと干戈を交えて滅ぼした。オランダ東インド会社の『バタヴィア城日誌』には、この鐘斌のことをタウツアイラクと記し、彼が四、五艘の戎克船を率いて厦門島を乗っ取ろうとしたので、明国海軍からこの近海の支配権を委ねられていた鄭芝龍が司令官となって討伐に向かい、これを討伐して敗走させ（一六三二年三月二十一日の条）、さらに同年四月末日の条には、彼がタウツアイラクの艦隊を殲滅して、タウツアイラクを溺死させたと書いている。

だが、このオランダ東インド会社の『バタヴィア城日誌』からうかがうかぎり、鄭芝龍の閩粤海域制覇にとって最も手強《てごわ》い敵対勢力は、右に述べた楊六・楊七といった昔からの仇敵や新しく対抗勢力となった陳衷紀・李魁奇・鐘斌など顔思斎の流れをくむ海寇たちではなく、オランダ海軍と提携して敵対して来たヤングラウすなわち劉香老《りゆうこうろう》だったのである。

以下『バタヴィア城日誌』によって、一六三二年五月から一六三五年六月にいたる両者の死闘の次第を史料にもとづき記述してみよう。

『明史紀事本末《みんしきじほんまつ》』によると、

「鄭芝龍は崇禎二年（一六二九）の春、海寇李魁奇等を撃った功により、明の朝廷は彼を擢升《ツオシヨン》（抜擢）して「遊撃」に推挙したが、崇禎三年（一六三〇）に、荷蘭《オランダ》人が厦門《アモイ》を侵略したので、遊撃芝龍はこれを火攻めにして破った」と書き、崇禎五年（一六三二）の条には、海盗劉香老が小埕を犯したので、芝龍がこれを撃退し、さらに崇禎六年（一六三三）になると、粤（広東）の官軍と協力して劉香老を田尾遠洋に撃ち、大いにこれを破った。この戦いで劉香老は戦死し、閩・粤の盗寇はことごとく平定されたとしている。そのため芝龍は参将になり、さらに功を積んで都督同知（補佐官）となって、大いに威を振うことになるのだが、オランダの『バタヴィア城日誌』は、これとちがった記事を掲載して、つぎのように述べている。

「中国の沿海に新たに現われた海賊にヤングラウ（Janclaew）と称する者あり。聞く所によれば、六、七十艘のジャンク船を有し、海賊ラプジホン（Lapzihon）を南方に駆逐して、その兵力を奪い、厦門の郊外を襲って家を焼き、人を殺し、また同港にありしジャンク船の最良なるものを収用したる由なり」（一六三二年五月三日の条）

「一官（鄭芝龍）はこの海賊ヤングラウと福州の川の付近において戦い、ヤングラウの部下二千人を殺し、彼を南方に逐った」（一六三三年二月七日の条）

「オランダ東インド会社は、このヤングラウを武力をもって討伐すべく、総督とインド参事会が特別訓令を発し、台湾長官プットマンスに艦隊を率いて中国沿海へ向かわせた」（一六三三年六月二日の条）

すなわち劉香老をヤングラウと記し、知能的で執拗かつ神出鬼没で長期間にわたってオランダの台湾長官ハンス・プットマンスおよび明朝遊撃鄭芝龍を苦しめたとする。その期間は後述するように一六三三年までではなく、二年後の一六三五年六月まで続いたとしているのである。

ところが、オランダはこのヤングラウの討伐を続けているうちに次第に考え方を変えた。それはいつまでたっても、このヤングラウを撃滅できないこともあったが、この討伐に従事しているうちに、明国海軍の一翼をになって活躍する鄭芝龍の飛黄艦隊が恐るべき実力を有し、このままではヤングラウなど敵対海寇を討滅したあと、今度は彼が海上の覇権を掌握して、オランダの海上権益を脅かすことになると気付いたのである。

そこで東インド会社は、台湾長官プットマンスに訓令を発し、ヤングラウと講和して、鄭一官の艦隊を討滅せよと命じた。オランダにとっては明国政府とこれに帰順した鄭芝龍とは海上交易において共通のライバルなのだ。

かくして命を奉じた台湾長官ハンス・プットマンス率いるオランダ海軍は、一六三三年十月二十二日、ヤングラウの率いる海寇艦隊と連合して、鄭芝龍指揮下の明国海軍と福建沿岸の安海付近で交戦した。一六三四年二月一日付『バタヴィア城日誌』はこのことを次のように記載している。
「台湾長官プットマンスは、ヤハト船ベルダム、ゼーブルフ、クーケルケン、デ・ザルム、ウィーリンゲン、ブルーケルハーフエン、ブライスワイクおよびスローテルダイクを率いて、海賊ヤングラウのジャンク船五、六十艘とともにエラスムス湾に碇泊中、約百五十艘の明国艦隊に襲われた。漢人は秩序正しく、非常なる勇気をもって攻撃して来た。彼らは生命およびジャンク船の損失をいとわず、第一回の攻撃においてわがヤハト船を囲みてこれに乗り移り、ヤハト船スローテルダイクを捕獲して、同船のオランダ人約百人を捕虜にした」

この記述によって鄭芝龍指揮下の漢人がいかに軍規が厳正で勇敢であったかがわかり、しかもその戦術が巧みであったことがわかる。以下の記述がよくこのことを物語っている。

「右の戦闘においてヤングラウのジャンク船は明国軍将兵の勇気および敢闘精神を見て、たちまち長官を捨てて遁走せり。予期せざる海賊等の遁走と明国艦隊の大胆とにより、長官プットマンスは大いなる危険に陥りたることを認め、勇敢な明国艦隊との決戦を避けて、ヤハト船ベルダム、ゼーブルフ、ウィーリンゲンおよびスローテルダイクを率いて、タイオワンへ向かって退却した。しかも退却の途中、数艘の火船を主力とする明艦隊に包囲され、拿捕される寸前に僚船を見捨てて台南へ逃げ帰った」

このあと台湾長官プットマンスは十二月十二日にヤハト船ウィーリンゲンと戎克船《ジャンク》一艘を福建・広東沿海へ派遣して南方へ敗走した海賊ヤングラウを捜索して資金を交付し、彼を激励した。再び同盟して鄭芝龍と戦うことを決意させたのであったが、艦隊が澎湖諸島付近までやってきたとき暴風雨に遭遇し、戦いは未遂におわった。

南方に退却したヤングラウはベドラ、ブランカおよびローフェルス湾付近に艦隊を碇泊させ、同所で大ジャンク船三十艘を拿捕し、さらに奇計を用いてヤンクシュウという町を攻撃して、莫大な戦利品を獲得した。こうして頽勢《たいせい》を立て直した劉香老ことヤングラウは、戦艦多数を率いて追討にやってきた鄭芝龍の武将アンボーイと二回戦い、二回とも勝利を得て、アンボーイを敗走させ、その戎克船を奪い取り、ふたたび大艦隊を編成した（『バタヴィア城日誌』一六三四年四月の条）。

息を吹きかえしたヤングラウはチンチウ川へ進出して戎克船を掠奪したあと澎湖島へ渡航し、タイオワンのオランダ商館へ特使を派遣して「我等と合同して連合艦隊を編成し、明国沿海とポルトガル支配下のマカオを攻略し、及ぶ限りの掠奪破壊を行うべし」と呼びかけた。すると、プットマンス長官は書翰をもって次のように回答した。

「一、目下我らは明政府と交渉中であるから、直ちに協力を約束することはできぬ。またバタビア総督及びインド参事会員の命令が下らぬ限り、我らが動けぬことを、ご承知願いたい。

二、目下行われている交渉を防げないため、貴下は澎湖島から退去していただきたい。

三、我らが発する渡航免状を有する明国のジャンク船に課税や妨害を加えてはならない。もし貴下がこれを守らざるときは我らの怒りを買うことを覚悟せられたい。しかしこれを遵守するならば、我らは貴下を良友として恩恵を与えるであろう。

四、交渉の結果、明国政府が、これまでの如く海禁政策を続けて我らとの貿易を拒絶せば、我らは貴下を一官と明国海軍の攻撃から保護し、一官に代わって貴下を正当な貿易の交渉相手としよう。またもし明国と新しい貿易協定が締結されたならば、我らは貴下を、一官の攻撃から保護して貴下が我らの庇護の下に居住するか、再び海上において冒険するかは貴下の自由撰択に委ねる」。

この回答に接して、ヤングラウはバタビア総督およびインド参事会員の意向が那辺《なへん》にあるかをたしかめ、自分の誠意を示すために書翰を持たせた使者を戎克船に乗せてバタビアへ派遣した。長官プットマンスはこれを聞くと、彼の熱意にこたえて、一人のオランダ人水先案内人を貸し与えた。

以上は『バタヴィア城日誌』一六三四年四月二十九日の記録である。

ところが、一六三四年十一月にいたって、このオランダ東インド会社と海賊ヤングラウとの関係は決裂した。同年十一月九日付『バタヴィア城日誌』はこのことを次のように記している。

「ハンス・プットマンスは海賊ヤングラウより、その捕獲品を買い受けるためと、彼の兵力を澎湖島より退去させるために、現金一千レアルを携えた商館員補と通訳を三月末日に澎湖諸島へ派遣した。しかし、ヤングラウからは何の回答もなく、しかもジャンク船八艘ないし十艘が打鼓仔《ダコチャイ》（高雄《たかお》港）または尭港《ジヤオカン》に来たり、それがヤングラウの船であることが認められた。住民は大いに不安がったので、長官はゼーランジャ城の防備を固めた。四月八日の夜、城の南方へ明国人が多数来襲し、商館員二名が殺害される騒動が起こったので、ゼーランジャ城では二門の大砲と小銃数挺をもってこれに応戦し、敵兵は十六、七人の死体を遺棄して潰走した。翌朝、城壁の下で発見した明国人負傷者を訊問したところ、その襲撃部隊は約六百人で、ヤングラウが派遣した決死隊と判明した。そして、攻撃は、先日澎湖島へ長官プットマンスが派遣した商館員補と通訳の口から、ゼーランジャ城には多額の財宝が蔵せられていることを聞いたので、それを手に入れるために、ヤングラウが自ら企画して実行したものであったことが露顕した」

すなわちヤングラウは海賊の本性をあらわして味方として盟約を結んだオランダ・ゼーランジャ城の乗っ取りを企んで、自ら墓穴を掘ったというのである。

このあと攻撃に失敗したヤングラウは約五十艘の戎克船を率いて打鼓仔および尭港へ逃走し、四日間尭港に滞在したあと南方に向かって航行して行方をくらましたとある。

その後ヤングラウは澎湖諸島の漁翁島に碇泊していたオランダ船を襲撃したり、日本へ向かうポルトガル船を襲撃したりして純然たる海賊になり下がり、一六三五年八月に広東付近で鄭芝龍の率いる艦隊に討滅されるのである。

鄭芝龍の南海貿易

紆余曲折はあったが、こうして海寇たちを官の水軍と協力してことごとく討滅した鄭芝龍は、泉州の安平に城堡を構築して、ここを根拠地として閩粤沿海の治安を確立した。安平は現在の安海鎮である。

安平城は堅固壮麗であった。外海から大船が帰って来ると、直接水路から、城の内府《ないふ》にまで入り、貨物を降ろし、また積み込むことができた。

芝龍はこの海域から発着する商船隊をもって台湾海峡を横断し、タイオワン台江内海の赤嵌港へ入り、荷蘭《オランダ》東印度会社の商館と交易した。また南海を下ってバタビア・交趾支那《コーチシナ》等と取引きを行い、東上して琉球、日本の長崎へも進出して商品の売買を行った。さらには呂宋《ルソン》島にまで交易船を派遣し、マニラのイスパニア人とも交易した。

　交易によって得られる商業利潤は莫大なものとなり、たちまち彼は大富豪にのし上がった。勿論、こうした交易船の派遣については当時の国際情勢からポルトガル・スペイン・オランダなど西欧の軍艦から襲撃される危険性があり、討滅したとはいっても、どこに海賊が潜んでいるかわからない。そのため芝龍は武装兵を商船に乗り込ませ、護衛艦を付けねばならなかった。したがって、その警固に擁する費用や兵士たちの食い扶持と給与は全部自前《じまえ》で賄《まかな》わなければならない。政府に頼めば役人の頤使《いし》に甘んじ、頭が上がらなくなってしまうから、極力これは避けた。いわゆる軍閥であって、小なりといえども南海王国の長たるの気概があった。そのための財源はかかって自らが治安を維持して行う海上交易にあった。内国はもとより海外に進出して行う通商貿易こそ、彼をして南海の覇者たらしめる要件だったのである。

「鄭芝龍討滅福建沿海海盜、是為了要控制海権、一切往来的船隻、都要向他繳納税金、才能順利通行、於是鄭芝龍的財富、與日倶増、甚至有人説他富可敵国」

(芝龍は福建沿海の海盗を討滅し、制海権を獲得した。これによって彼は往来するすべての船舶から税金を取り、航行は

泉州開元寺大雄宝殿　泉州の名士となった芝龍はこの寺を菩提寺と決め、大鉄香炉を寄進した。

順調となった。芝龍の財は日とともに増大し、これに匹敵する者は国中に誰もいなくなった）

これは前述した「一代梟雄鄭芝龍」に掲載された一文で、この間の経緯をよく説明している。さらに続けて、この書は鄭芝龍の富強と官界への躍進ぶりを、次の如く記している。

「鄭芝龍在安平（今安海）建築了一座城堡不但堅固壮麗、大船還可以直接開到内府卸貨、士兵的餉銀都由他自己発給、而不取国庫一分一毫、他並且擊敗了荷蘭的水師、保障了沿海的屛障、他的官銜世一路爬升、由遊擊而升為参将、由参将再升為副将、沒有幾年他就為総兵、海防大権全掌握在他的手中了」

（芝龍は安平城を築いて大船の寄港が出来る海城としたが、将兵への給与はすべて自前でまかない、国庫からは一分一毫も取らなかった。彼はオランダの水師を撃破し、沿海の障害を除き、官位も上昇して遊擊から参将となり、さらに昇進して副将となり、年を経ずして程なく総兵となって海防大権を掌握したのであった）

そして、一六四四年の崇禎十七年三月十九日に北京の景山《けいざん》で毅宗崇禎帝が自縊《じい》（縊死）して福王が金陵（南京）で即位して弘光帝となったとき、彼は安南伯に封じられ、唐王が福州で即位して降武帝になったときには平夷侯に封ぜられたのであった。いわゆる諸侯に列せられたのである。

それでは、このような彼の官界躍進のキーポイントとなる海外交易の実態はどのようなものであったのか……。

以下、簡単にその交易のさまをあとづけてみよう。

鄭芝龍の海外交易は晋江貿易からスタートした。これは泉州の晋江川よりバタビアへ戎克《ジャンク》船を派遣して行う南海貿易である。勿論、明は海禁政策をとっているから密貿易であるが、国内で購入した生糸・絹織物・陶磁器などをバタビアの商館で売り捌き、胡椒・檀香木《だんこうぼく》・蘇枋木《そほうぎ》など南海の特産物を銀貨をもって買い付けて持ち帰り、明国商人に高値で売却するのである。

次は台湾貿易である。これはタイオワンのオランダ商館を仲立ちとする中継貿易で、バタビア・マニラ・日本から集荷された海外の特産品を安値で買い付け、それを明の国内で高く売り付ける通商貿易である。だが、これはオランダ商館が仲に立つので利幅が少ない。そこで芝龍は、呂宋島のマニラや日本の長崎へ直接出かけてスペイン商人や長崎商人と直接取り引きをすることにした。『バタヴィア城日誌』の記載で、芝龍たち明国の貿易商が、生糸・絹織物・磁器などの貿易品を積んでマニラへ向かったのは一六三四年だが、明確に呂宋貿易に関与したことが分かるのは同年十二月四日の条である。

こうして、一官こと鄭芝龍の南海貿易は隆昌の一途をたどり、一六四〇年になると、その貿易は質量ともオランダを圧倒するにいたった。そして、自信を得た芝龍は、対日貿易についてもオランダを介せず、直接貿易船を長崎へ派遣することにした。このことは、一六四〇年十二月三十一日（明・崇禎十三年、日本・寛永十七年十一月十九日）付『バタヴィア城日誌』に記載されている。

「支那の官人一官は、本年ソーマ船即ち大型商船二艘、内一艘は自分のため、又一艘は其の兄弟のために十分の荷物を積んで、日本へ派遣せり。これに依りて彼が双方より利益を収めんとしたることを察知すべし」

そして、翌年一六四一年になって、このソーマ船派遣が、オランダを排除した芝龍の対日貿易へと発展するのである。

台湾のオランダ商館とすれば、日本人を妻にしている芝龍の対日貿易は、東インド会社にとっても利益をもたらすチャンスのように思えた。ポルトガル人がマカオの商人と協同して日本貿易を行って成功したように、オランダ人も鄭芝龍と結んで、日本貿易を推進すれば、一層対日貿易は隆盛に向かい、利益は増加するにちがいないと思われたのである。

ところが、オランダ商館のこの期待は外れた。

一六四一年になって、日本貿易がオランダの仲介なしに順調に進むという確信を得た鄭芝龍は、オランダ東インド会社に対して、自分のあつかう日本向け商品の倍増を要求し、それをオランダが拒むと、すぐさまオランダと手を切り、自前《じまえ》の対日貿易を行うと宣言したのであった。

それればかりか芝龍は、日本から台湾のオランダ商館やインドネシアのバタビア（ジャカルタ）へ輸出する商品についても、自分がその転売権を独占しようとはかった。

このことは、つとに彼がマカオのポルトガル人に対して、「日本より持ち帰る貨物については、鄭芝龍一官の所有する戎克船を使用しなければならない」と命じた先例にならったものである。勿論ポルトガル商人は、このことによって大打撃を受けている。今、鄭芝龍は、これと同じことを台湾のオランダ商館に対しても行おうとしているのである。

このことを通告されると、台湾オランダ商館の参事会は激怒し、長崎出島のオランダ商館長に命じて、長崎奉行の同意を得て、長崎港に碇泊中の一官船を襲撃させようとした。さすがにこれは当時の一官鄭芝龍の実力と、日本人のオランダに対する悪感情もあって実施には踏み切れなかった。

それほどに鄭芝龍一官船の南海貿易における覇権はオランダやポルトガル・スペイン両国をも凌ぐ

ほどに強大となっていたのである。

　されば当時長崎に在住していたオランダ商館員のペンになる『出島蘭館日誌』の一六四四年八月二十六日（明・崇禎十七年、日本・寛永二十一年七月二十四日）付記録には、次のような文章が書かれている。

「官人一官が戦闘戎克船の大艦隊を出し、これを数隊に分けて、バタビア・暹羅《シャム》・東京《トンキン》その他より日本へ渡航するオランダ船を襲撃させ、また澎湖諸島に於て積荷をする船をも襲う意図を有している。厳に警戒を要する」

　鄭芝龍配下の貿易船が台湾、澎湖島だけでなく、印度支那、ジャワ島方面とも交易して、南海貿易の覇権を掌握していたことをうかがわせる一文である。

　さらに記録によると、一六四一年（寛永十八）から一六四六年（正保三）までの六年間に彼自身が日本へ派遣した貿易船は二十回にわたり四十余艘であったことがわかる。これと、彼の兄弟や部下たちが派遣した戎克船と合わせれば数十艘にも及ぶ。たしかにこれは、ライバルであったオランダ東インド会社にとっては驚異的な船数であり、彼らが鄭芝龍に対して敵愾心を抱くのは理の当然であった。


　ところで、こうしているうちにも、漢民族明の本土では、北方から、異民族である女真人《じょしんじん》の侵入が始まり、それに便乗した農民一揆が国内各地で起こり、国の全土に緊迫した情勢が続いた。しかもそれに対処しなければならない明王朝は党争を事として為すすべがなく、もはや王朝の衰退を食い止めるてだてはどこにも見出せなかった。

長年続いた明王朝の弊政に、民衆はそっぽを向き、官憲の横暴と、そのことへの怨嗟から、愛国心・忠誠心など微塵《みじん》もなくなっている。人々は国益よりも私欲を優先し、君臣の義とか、大義名分といった考え方をもっている者といえば、少数の儒学者・朱子学者に過ぎない。

その点では、明政府の招撫に応じて海寇から官に帰順した鄭芝龍だとて、決して例外ではない。むしろ彼は、そうした民衆の最先端を行く、典型的な実利主義者の一人だったといって過言ではない。

時代は、そんな彼のために、今、大きく活躍の門戸を開きつつあった。

空の巻　国姓爺鄭成功の登場

鄭成功明国へ渡る

この物語の主人公鄭成功が生母マツと幼い弟次郎左衛門および幼な友達王玲と別れて単身明国へ渡海したのは寛永七年（一六三〇）、明の崇禎三年、彼が七歳のときであった。この年、父の芝龍はオランダ東インド会社のバタビア総督と航行安全協定を結び、南海貿易業者として絶頂期にあった。

この鄭成功の離日渡明について、台湾郷土叢書の『傳奇性的一生鄭成功』は次のように記述している。

「鄭芝龍掌控福建沿海的海權以後、財富與日俱增、這時候開始想起遠居日本的妻兒、崇禎三年他派人、到日本去接田川氏母子回国、但是当時的日本実行〝鎖国令〟禁止本国人出国。鄭芝龍運用了很多的関係、在徳川幕府的同意下、才得把鄭成功接回中国、田川氏就和幼子継続留在日本」

（鄭芝龍は福建省沿海の制海権を掌握して以後、財富は日毎に増大した。ここにいたって日本に残した妻子のことがしのばれ、崇禎三年、人を日本に遣わし、田川母子に面会させて母子を明国へ呼び寄せようとした。しかるに、当時の日本には鎖国令が発せられて、日本人が海外へ出国することは禁じられ、それは叶わなかった。だが鄭芝龍は通商上、日本と特別な関係にあったから、徳川幕府は特別に配慮して鄭成功の出国を許した。けれども、芝龍の妻である田川氏は日本人であるから出国は許可されず、成功の弟である幼児とともに引き続き日本に残留させられた）

さらに明国側の史料には次のように記載されたものもある。

「芝龍は幾度か使者を日本へ派遣し、幕府に対して妻子の出国許可を要請していたが、幕府は鎖国令を理由に許そうとしなかった。そこで芝龍は、弟の芝燕（芝龍の代理楊耿との説もある）に命じて兵船四十艘に沢山の財宝・美術品を積み込ませて出発させた。崇禎二年のことである。長崎奉行は驚き慌てて来意を聞いたところ、田川母子の出国要請だったので、奉行は鎖国令の手前、自分の一存では処理できないと、芝燕に江戸へ行って将軍の許可を得るよう勧めた。そこで芝燕は江戸へ航行して将軍家光に謁見して用件を述べ、持参の財宝と美術品を献上した。将軍家光は鎖国令と献上品のジレンマに陥ったが、現実的な妥協策を見出して、特例として福松（成功）の出国は許すが、母の翁氏（田川氏）と幼い次郎左衛門の出国は許可しないと決定した。芝燕は主張が受け入れられなかったことに大いに不満であったが、これ以上の折衝は無駄だと悟り、嫂《あによめ》翁氏の出国は後日必ずやってくるにちがいないと思って、これを受諾し、平戸に引き返して、七歳の福松だけを連れて明国へ帰ってきた」

だが、右の両記とも、事実に誤認がある。

出国不許可の理由を鎖国令としていることである。鎖国令が完成するのは寛永十六年（一六三九）のことであり、日本人の海外渡航と海外からの帰国が禁止されるのは寛永十二年（一六三五）だからである。したがって崇禎三年（一六三〇）当時、幕府がこの法令を盾に取って、母子の帰国を阻むことはあり得ない。

今一つ、芝龍には芝燕という弟はいないし、彼が財宝と美術品を満載した乗船四十艘で江戸へ向かうことなど荒唐無稽な話である。四十艘もの兵船の江戸回航を幕府が認める筈がない。文禄・慶長の役が終わって間もないこの時期にそんな大艦隊が江戸湾に入れば大騒動である。

有り様は、兄芝龍の意を受けた末弟の芝豹が、商船で平戸へやってきて、藩主の松浦隆信に兄芝龍の希望意見を伝えたところ、隆信は重臣たちと相談して、このように決定したというのが真相である。今のところオランダ商館は平戸にあり、明国人の平戸来住は続いているが、幕府の雲行きは直轄領である長崎へ貿易の中心地を移す意向であるから、なんとかして明国人を領内にとどめて置きたいという意図で、明国最大の貿易商鄭芝龍の妻子を平戸に留めたと考えれば納得ができる。今芝龍の縁故者をすべて明国へ帰国させれば、彼とは無縁になり、明国から貿易船は一切平戸に来航しなくなると危惧したからである。だから長男で、世子である福松は帰国させるが、その母と次男の次郎左衛門は平戸に留め置いたのである。

ちなみに福松の弟次郎左衛門は寛永六年（一六二九）の生まれで、芝龍が一六二八年の浜田弥兵衛事件の際、彼の朱印船を護衛して長崎へ行き、平戸島の川内浦へ滞在したとき、マツを妊娠させて誕生した男児である。

それはともかく、芝龍の末弟鄭芝豹が、福松を連れて平戸島から明国の泉州へ帰る日がやってきた。

「済みませぬ、福松、妾《わたし》の力が足りぬばかりに、こんなことになってしまって……」

いよいよ出航の日が数日後に迫ったある日、マツは息子の福松を誘い、裏山の媽祖《まそ》堂に参詣した。その媽祖堂に祀ってある媽祖像に手を合わせたあと、マツは福松にしんみりと語りかけた。

「はい、母上とお別れするのが悲しゅうございます」

「そう……」

マツは涙ぐんで、福松をひしと抱きしめた。福松はまだ七歳である。聡明な顔立ちだが、母親のマツにとっては頑是《がんぜ》無い嬰児《みどりご》に過ぎぬ。

媽祖堂は喜相院屋敷の裏門を出て左折し、長い石段を登った段丘の上にあった。三間方形の小さなお堂が建てられ、中に祭壇があり、千里眼《せんりがん》、順風耳《じゅんぷうじ》という眷属《けんぞく》を従えた媽祖様《まそ》が祀られている。媽祖は天后《てんごう》様とも称される航海安全の女神である。お堂の外では女中が幼い次郎左衛門を背負って、八歳の王玲とともに、二人の出て来るのを待っている。

「でも、お前は御父上にお会いできるのですから……」

「母上がご一緒なら、もっとようございました」

「案じることはありませぬ。きっとそのときがやって来ます。それまでの辛抱です」

「いつまで待てばよいのでしょうか？」

「二、三年のうちです」

「きっとですか？」

「ええ、きっとです」

とマツはいってはみたが、それは当てにはならぬ。そんな予感がするのか、福松は涙で潤んだ顔を上げてマツの顔を凝視した。

「これ、福松、男がめそめそとするものではありませぬ。みっともない。外で待っている王玲に笑われます。さあ、これで眼を拭きなさい」

マツは帯に挟んだ手拭いを出して与えた。

「この媽祖様はね、御父上が明国の泉州の天后様から頂戴して、ここにお祀りしたのです。海の女神

鄭成功住居跡と記念樹（平戸市川内町）

様で、航海の安全を守ってくださいますから、間もなく旅立つお前の航海の無事をお願いするためにお参りしたのです。何事もなく御父上のみもとへ行き着くことができるよう、心をこめて、もう一度お願いしなさい」

　マツは、夫の芝龍から聞いたという媽祖神の由来を話し、渡航に際して遵守すべき注意事項を細々《こまごま》と教えた。このときマツが福松に語った媽祖様の由緒は次のようなものであった。

　天后として泉州府に祀られている媽祖は林《リン》氏の黙娘《モウニャン》（ものが言えない娘）で、莆田県湄洲島の民女であった。宋の太祖建隆元年（九六〇）に生まれ、雍熙四年（九八七）に他界した。彼女は医術を学び、秘法を悟得していた。事を処するに予知能力があり、郷民たちを診て、たちどころに病を言いあて、これを治すことができた。居ながらにして海を渡り、雲に乗って諸島を遊行して患者を治療したので、人々から感謝・尊敬され、神女・龍女としてあがめられた。したがってその没後、彼女は恩恵を受けた人々から海上の女神として廟に祀られたのである。

　話しながらもマツは、福松の今度の明国への渡海には、この媽祖神の御加護がなくても危険なことはないと思った。というのは、渡航の船長は夫芝龍の末弟である芝豹で、自分に代わって福松に同行するのは、門館先生すなわち黄仙遊だったからである。黄仙遊は福松が五歳のとき、舅の紹祖（象庭）が泉州から寄越してくれた家庭教師であり、この二年間、朝な夕な福松を訓育して、その気質と性癖を知り尽くしている。

「お前ね、福松、渡海の途上、何事も黄先生のおっしゃることに従い、泉州へ着くまで、先生を妾《わたし》だと思ってお仕えしなさい。泉州へ着いてからは御父上が万事御指図《さしず》くださるでしょう。お爺様はお前が科挙の試験に合格することを望んでおられるようですから、しっかりと勉強するのですよ」

マツは媽祖堂から出ると、女中の背中から次郎左衛門を抱き取って、そう福松に諭した。だが、福松は、そんなマツの話など耳に入らないように、幼な友達の王玲と何事かを話しこんでいた。

このあと、福松は祖父の松庵に連れられて、剣術の師範であった花房権右衛門の道場へ離日の挨拶に行った。

老剣士の権右衛門は目を潤ませながら松庵の口上を聞いたが、かつてこの福松と一緒に剣の指南をしたことのある王信の消息を尋ねた。あれから二年が経つ。王信が飛黄艦隊の一員となって平戸を出たのは十五歳の時であったから、今は十七歳になっている筈である。

「さよう。立派な船乗りになっているようです。実はこのたび、芝龍の弟芝豹のお供で、この平戸に来る予定だったのですが、別の任務で、来られなかったようでござる」

と七左衛門松庵は答えた。

帰ってくると、福松は出発を明日にひかえて、今度は祖父と母と三人で、喜相院屋敷の庭に、離日の記念樹を植えた。

椎《しい》の木である。

「この松庵、生きてある限り、毎日この椎の木を見て、お前のことを偲ぶことにしよう。椎の木を選んだのは、この木のように真っ直ぐ、どんな苦難にもめげず、天に向かって伸びて欲しいからだ。どうか、明国へ行っても真っ正直に生きておくれ。決して、天道に背くようなことをしてはならぬ。反面、これが正しいと思ったことは、どんなに迫害があろうとも、屈せず、信念をもって貫くのじゃ」

松庵は、植えたばかりの小さな苗木を見下ろしながら、そういって七歳の孫を励ました。福松は、素直《すなお》に頷いて、祖父の教訓に耳を傾けていたが、松庵の言葉が終わると、きっと眉を上げて祖父の顔を仰ぎ見た。

「陽気発するところ、金石《きんせき》また透《とお》る。精神一到、何事か成らざらん……」

なんと、福松は、いきなり空んじている漢詩の一節を高々と唱えはじめた。そして、驚く祖父と母マツを尻目に、あとを続けた。

「これは、朱熹《しゅき》先生の詩の一部です。僕は門館先生から朱子学を教わりましたが、この詩が大好きです。精神一到何事か成らざらんというところです」

「…………」

「また朱熹先生は通鑑綱目《つがんこうもく》という本の中で大義名分論を唱えておられます。そして、そのことを身をもって実践なさった義士岳飛《がくひ》将軍を称《たた》えておられます。僕は、この岳飛将軍のような人間になりたいのです」

「ふん、宋岳鄂王《そうがくがくおう》のような人間にのう……」

松庵は、複雑な表情で瞑目し、独りごちた。宋岳鄂王とは、明の杭州にある岳飛将軍の墓碑銘である。朱子学のことなどチンプンカンプンのマツは物言いたげに父の表情をうかがったが、いち早く福松が松庵の言葉を引き取って、

「はい、宋の宰相秦檜《シンカイ》のために獄死した、あの鄂王岳飛将軍です」

驚いたことに福松はこのあと、その岳飛の難解な千古の絶唱「満江《まんこう》の紅《くれない》」を大声で誦《しょう》じはじめた。

「靖康《せいこう》の恥、猶未だ雪《そそ》がず、
臣子の恨み、何れの時にか滅びん。
長軍《ちょうぐん》に駕《が》して、賀蘭山欠《がらんさんけつ》を踏破《とうは》せん
壮士飢えて胡虜《こりょ》の肉を餐《くら》わんとし
笑談渇《かつ》して匈奴《きょうど》の血を飲まんとす
……………」

(なんと、これが本当に七歳の少年だろうか？)

と松庵は仰天して、ようやく物言いたげなマツの顔をかえりみた。マツは聞いた。

「どなたですの、その岳飛というのは？」

「うん、南宋の義士じゃ。北狄《ほくてき》の金の侵略に抗して祖国を守ろうとしたが奸臣に讒訴されて非業《ひごう》の死を遂《と》げた。背中に尽忠報国の四文字を入墨《いれずみ》していたという……」

「困るわ、そんな入墨をした人など…」

朱子学も大義名分もご存知ないマツは、そういって唇を噛んだ。

鄭成功像　平戸市川内町丸山には鄭成功廟があり、そこに鄭成功像が祀られている。

その尽忠報国を理想とする田川福松が祖父と母はじめ大勢の村人たちに見送られて、平戸島の川内浦を出たのは、その翌日であった。それは二度と帰らぬ異国への旅立ちであった。

「一路平安《イールーピンアン》、再見了《ツアイチエンラ》！」

こうした見送りには馴れっこになっている村人たちは、そう言いながら、出航して行く戎克《ジヤンク》船に向かって手を振った。

泉州安平鎮

一六三〇庚午《かのえうま》年（明崇禎三年、日本寛永七年）、田川福松は明国福建省南安県安平《アンピン》鎮に降り立った。波静かな航海で、取り立てて書くこともない船旅であった。

平戸港を出て東シナ海を南下し、台湾海峡を北西へ。眼の前に金門《きんもん》島が見えたところで、面舵《おもかじ》を切り、北に針路を取れば、右舷前方に囲頭《ウエイトオ》角を望みながら囲頭湾に入る。そのまま湾岸に沿って侵入すれば水頭《シユイトオ》鎮へと続く入江だが、その入江の入口が石井《シージン》鎮で、奥に安海《アンハイ》の集落があった。芝龍はここに城郭を築いて、安平鎮と称している。

安平鎮は要害堅固な水軍城で、城内の本丸まで戎克船を入れることができる。船長の芝豹が囲頭湾に入ったとき合図の号砲を空に向けて撃ったので、安平城の埠頭《ふとう》には大勢の人々が出迎えに来ていた。待ちかねたのか、都督の芝龍将軍が王信を従えて群衆の先頭に立ち、目敏く森の小さな身体を見付けると、大きく両手をあげた。これが二年ぶりに見《まみ》える父子の対面であった。

積もる話のあと、森（福松）は父と幼馴染みの王信に案内されて、城内を歩いた。城頭は平坦な台地になっており、そこには十門余りの大砲が、東西南北に配置されてあった。これなら、いくら外敵が攻めかけても容易に陥落することはあるまいと思われた。城郭の内部が住民の集落で、大井戸があり、外敵に城が包囲されても、兵士たちは城壁内でいつもと変わらぬ生活を営み、長期間の籠城に耐えることができる。

だが、それよりも驚いたのは、彼が父の芝龍から、ここでの新しい家族を紹介されたことであった。祖父や叔父叔母たちは勿論だが、なんと、父はこの安平鎮に三人の妻と、その妻たちとの間につくった子女を住まわせていたのである。日本でも富豪や大名たちに、そのようなしきたりがあるとは聞いていたが、平戸島の川内浦では、ついぞそんな光景は目撃したことがなかった。

父の芝龍はそれらの義母・義弟たちの居る四合院《スーホーユアン》に長男の森を連れて行き、院の中庭にすべての眷属を並べて、森に初対面のお辞儀をさせ、一人一人を紹介した。正妻は日本の田川マツ翁氏であり、嫡子は森であるから、自分の跡を継ぐ家長として当然の所遇である。

それでも森には何か割り切れぬ思いがある。門館の黄仙遊から程朱《ていしゅ》の学を学び、君臣父子の義と夫婦道の正しいあり方を教わっていたからである。もっとも門館先生は、支配階級である貴族と被支配階級である庶民とは峻別して考えねばならぬと言ってはいたが、それでもなお釈然としない。

紹介されたのは、第二夫人の顔《ガン》氏、第三夫人の陳《チン》氏、第四夫人の李《リ》氏と、各夫人が生んだ男児たちである。彼らは森の義弟であり、上から次男の焱《えん》、三男の垚《ぎょう》で、第四夫人李氏のふくらんだおなかの子が、もし男児であれば鑫《きん》ということになる。これは中国の伝統的陰陽道《おんみょうどう》・五行相生《そうせい》の思想に由来し、万物組成の元素である木から火を、火から土、土から金を生ずるという相生の考え方にしたがったものである。金のあとは水で、水のあとが木にかえる。すなわち長男の福松が森だから、次が焱、三男が垚となり、その次が鑫となるわけだ。

こうして新しい義母と弟妹たちに囲まれた森は、ひたすら祖父象庭の教えを守り、安平城内で勉学にいそしんだ。門館先生は依然として黄仙遊であり、彼は森の学問が進むと、自分の老師である何喬遠の寓居へ連れて行ってくれた。

これは祖父象庭（紹祖）の希望でもあり、彼は若くして地方の県試・府試に合格して生員となった読書人であったが、科挙に合格することが出来なかったので、その夢をこの孫の森に託しているのであった。芝龍も官の招撫に応じたのち総兵官となり、都督に進んだが、科挙に合格しない以上、武官どまりで、その上の士大夫に列することはできない。芝龍もやっとそのことに気づき、今では森の科挙合格に期待をかけている。

森が何喬遠先生に入門して間もなく、祖父の紹祖が孫の部屋へやって来た。見ると壁に見事な書体の字が躍っている。

偶成

少年老い易く、学成り難し
一寸《いっすん》の光陰《こういん》、軽《かろ》んず可《べ》からず
未だ覚めず、池塘《ちとう》春草の夢
階前《かいぜん》の悟葉《ごよう》、すでに秋声

朱熹の詩で、少年の怠惰を覚醒し、勉学の気風を作興《さっこう》する金言として人口に膾炙している。紹祖が見入っていると、森は「何喬遠老師に書いていただいたのです」と胸を張った。

「そうか、良い文言だ。少年時代はあっという間に過ぎ去ってしまう。悔いのないよう、今のうちにしっかりと勉学に励むことじゃ。ほかの弟たちはあまり学問には向いていないようじゃから、わが鄭家の興亡は、かかってお前の双肩にある。頼むぞ、森よ」

と老紹祖は、孫を激励した。

この祖父が望みをかけるように、森の頭脳は明晰で、胆力は衆に抜きんでている。そのうえ美男子、所作に気品があったので、大勢の少年たちの中に居ても、直ぐに目立つ。まさに群鶏《ぐんけい》の一鶴《いっかく》である。学問だけではなく、森は父芝龍の素質を受けて衆の統御にも非凡の才能を発揮した。こんなエピソードがある。

森が泉州にやって来て数年がたったある日、町へ散歩に出かけて、軍隊の屯営所の前を通りかかったところ、衛兵詰所の中で、兵士たちの喧騒が聞こえた。何だろうと覗いて見ると、若い兵と中年の兵士とが言い争っている。二人の間に剣が置かれて、その剣の所有権を主張し合っているのである。

「この剣は僕の家に先祖代々伝来して来た名刀です。それを僕が軍隊に入るので、入営の餞《はなむけ》に父が持たせてくれたものです。君のではない」

若い兵士が顔を真っ赤にして主張している。すると年嵩の方が居丈高《いたけだか》に怒鳴った。

「何をいうか、その剣は俺のものだ。俺が先日大金を叩《はた》いて買って来たものだ。なんでお前のものなんかであろうか。お前のはそっちのボロの剣じゃ。それを俺様の名刀とすりかえようなどと、太え了見《りようけん》だ」

と、今にも摑《つか》み掛からんばかりの見幕《けんまく》である。

そこで、見兼ねた森が仲裁に入った。

このときたまたま道を通りかかった芝龍と弟の鴻逵《こうき》（芝鳳）とが、面白がって見物している群衆の後に立って、そっと事の成り行を眺めていた。

「さて、森の奴、この喧嘩の仲裁どうつけるか、面白い、見てやろうではないか」

二人はニヤニヤと笑いながら顔を見合わせた。そうとは知らぬ森、諍《いさかい》の当事者双方へ呼びかけて、その言い分を聞いた。

「この剣に何か目印《めじるし》はつけていないのか？」

「ございません。けれどもこの剣はたしかに僕のものです。間違いありません」

若い兵士が答えた。

「いや俺のものです。奴が嘘をついているのです」

と年嵩の兵士も譲らない。

「ふむ困ったのう。お前たち二人ともそう言い張るなら、この剣はお前たち両人のものに間違いないだろう。だが、この通り剣は一本しかない。ではこうしようではないか。鉄床《かなとこ》と金槌《かなづち》を持って来なさい。私がこの剣を折って公平に二等分しよう。それをお前たち二人が持てば文句はないであろう。剣として役立たぬというのであれば、私の家に来なさい。粗末な剣だが、それを君たちに進呈しよう。あとで取りに来なさい」

森がそういうと、意地になった年嵩の兵士の方は合点して頷いたが、若い方は顔を歪《ゆが》めて、今にも泣き出しそうな顔をした。

「若様、それはあんまりです。それだけは勘弁してください。その剣が可哀想です。先祖代々僕の家に伝わって来た、その剣が泣きます。この人がどうしてもというのであれば、僕はあきらめます。あの人に渡してください」

すると、森はにんまり笑って頷いた。そして、くだんの剣を鞘ごとその若い兵士に手渡しながら、こういった。

「これは君のものだ。持って行くがよい」

年嵩の兵士が納得できぬと、怒りもあらわにくってかかると、森はその兵士に向かって、

「あの剣がもし本当にお前のものなら、どうして黙って剣が折られるのを見過ごすことができようか。惜しくてたまらないはずです。それをお前は、平気で私に剣を折らせようとした。お前のものでない

証拠です」

といった。期せずして見物の中から拍手が起こり、くだんの男は恥じ入ってすごすごと退散して行った。一部始終《いちぶしじゅう》を見ていた芝龍と鴻逵は感心して頷き合った。

「あいつ、まことに千里《せんり》の駒《こま》とも申すべき、大器《たいき》でござりまするなア」

「うむ、わが子ながら行く末が楽しみじゃ」

その言葉通り、森は崇禎十一年（一六三八）、十五歳になったとき、見事に科挙の登龍門ともいうべき生員の試験に合格して、「秀才」の資格を得た。


崇禎十四年（一六四一）の正月、李自成《りじせい》が河南で反乱を起こして福王常洵を弑逆《しいぎゃく》し、次いで十一月に南陽を陥として、唐王聿鍈を殺したとの報が天下を震撼させた。

そのような明朝の末期的症状の中で、翌年の崇禎十五年（一六四二）、鄭森は父芝龍の命ずるまま妻を娶った。十九歳であった。夫人は明政府の進士董颺先《とうようせん》の姪女で、「賢慧又知書達理」（賢くて智恵があり、書を読み道理を知る）と噂された賢明な女性だった。いうまでもなく、これは父芝龍の差し金である。芝龍が行く末士大夫となって出世するであろう息子にふさわしい伴侶としてこの娘を選んだのである。見合いをさせたところ、森もまたこの董女を一目見て気に入ったので、結婚ということになったのであった。

したがって、まだ書生の身ではあったけれども、娶ってからは、琴瑟相和《きんしつあい》し、早くもこの年十月二日に男子（錦舎）をもうけた。森はその子に経《けい》という名をつけた。字が式天、後に賢之と号する快男児である。

こうして、好伴侶と子宝に恵まれた鄭森ではあったが、彼はそんな小成《しょうせい》と愉悦《ゆえつ》に安んずることなく、なおも孜々として勉学につとめ、二年後の崇禎十七年には妻子を泉州に残して、副都の南京《ナンキン》へ出て、南京太学（国子監）に入学した。明崇禎十八年乙酉《きのととり》の年に行われる科挙に備えるためである。そして、伝手《つて》を求めて当代の碩学銭謙益《せきがくせんけんえき》の直弟子《じきでし》となり、親しくその薫陶を受けることになった。

師の謙益は一目で森の非凡な才能と志を見抜き、彼に大木《タームー》という号を与えた。森が将来必ずや大器になるにちがいないと判断したからである。

英傑鄭森の面相（泉州福建省海外交通史博物館架蔵）

ある日、その鄭大木こと森が、南京の町を散歩していると、街道で通行人の人相を観ていた易者が、通り過ぎようとする彼を呼びとめた。易者はこういった。

「これこれ、そこな書生さん、ここに御座《ご ざ》れ。お見受けしたところ、そなたの人相は尋常でない。もう一度近寄って、見せてくださらんか」

と、天眼鏡《てんがんきょう》で、森の面相《めんそう》を凝視した。

「うむ、これは驚いた。お前さんは奇男子にして、まことに非凡な面相をしてござる。小生長年観相《かんそう》をしているが、これほどの大器にお目にかかったことはござらぬ。この先、お前さんは科挙に合格するばかりか、一世を風靡する英傑になることは疑いござらぬ」

と天眼鏡を置いて驚嘆した。

かくして、彼の士大夫への道は順調に開けるかに見えた。

明王朝の滅亡

その頃、広大な明本土の朔北《さくほく》の地で、動乱が渦巻いていた。塞外《さいがい》の遼東《りょうとう》で女真族《じょしんぞく》の英傑愛新覚羅《アイシンギョロ》奴爾哈赤《ヌルハチ》が近隣諸部族を征服して一六一六年に後金を建国し、遼陽を首都としたからである。南下して明の寧遠城に迫ったが、戦いに敗れて逃亡の途中奴爾哈赤は病死した。これが清の始祖と仰がれる太祖である。太祖奴爾哈赤を継承したのはホンタイジである。彼は一六三六年、国号を後金から清に改め、正式に皇帝に即位した。彼もしばしば明の領土へ侵入をこころみたが、どうしても、山海関を抜くことができなかった。五十一歳で亡くなり、太宗という諡号《しごう》を贈られた。太宗ホンタイジを継ぎ、万里《ばんり》の長城《ちょうじょう》山海関を突破したのは、第三代皇帝順治である。世祖順治は明国領内への侵入を果たし、北京を占領した。少年の彼を支えたのは、叔父のドルゴンと父ホンタイジの従兄弟ジルガランである。ドルゴンが外征、ジルガランが内政を担当し、この順治帝のとき、明王朝は滅亡するのである。

清の大軍が山海関に迫ったとき、明の皇帝であったのは毅宗《きそう》である。毅宗は将軍呉三桂《ごさんけい》を派遣して清軍の侵入を阻止しようとしたが、外敵の侵入に呼応して国内で内乱が勃発し、叛将李自成に北京城を占領されてしまった。時に一六四四年三月十九日、ここに十七代約二百九十五年間継続した明王朝は滅亡したのである。

北京城が占領されたと聞くと、将軍呉三桂は清軍への抗戦をやめ、降伏して山海関から清軍を案内し、北京城を攻撃して李自成を追放した。敗れた李自成は陝西省西安《シーアン》へ逃亡した。

鄭大木森が科挙を目指して勉学すべく、副都南京の太学国子監に入学したのは、実はこの年だったのである。

国子監で鄭森が師事した祭酒《さいしゅ》銭謙益（一五八二〜一六六四）は、江蘇省の出身で、節義の士として聞こえた朱子学者であった。北京城が陥落して明王朝が滅んだあと、南京で残明復興第一王朝（福王弘光帝の政権）ができたとき、彼は大臣礼部尚書に登用されるのだが、この碩学銭謙益は悲憤慷慨しながら学生たちに、明王朝滅亡の模様を次のように語った。

「逆賊李自成が、西安で王を僭称し、北京へ進撃して来たとき、明軍の主力は将軍呉三桂に率いられて山海関に迫った清の大軍を討伐すべく出陣していた。したがって、北京の王宮を守備すべき禁衛軍《きんえいぐん》は僅かで、李自成の反乱軍に抗する術《すべ》はなく、毅宗皇帝は北京を蒙塵《もうじん》して、この南京へ遷都されるいとまもなかった。詔を発して近郷に勤王の軍を募っても、誰も応ずる者はいなかった。

三月十七日、北京城は完全に包囲されて、もはや城外に逃れるすべはなくなった。このとき李自成は、策謀をめぐらして、宮廷内の廷臣たちを味方につけ、その叛臣たちによって宮廷内の模様は敵軍に筒抜けとなった。翌三月十八日、李自成は使者を毅宗に送って、皇帝の譲位を要求した。勿論皇帝はこれを拒否なされ、皇子を城下へ落とされたあと、皇后と別離の杯を酌み交わされた。そのあと間もなく、皇后は自ら首を縊《くく》って薨《こう》ぜられた。

このあと、皇帝は十五歳に達せられたばかりの皇女を召し、そちはなんの因果《いんが》で王室になど生まれたのか……と仰せられ、御手ずから皇女の御首《みしるし》を剣でお刎《は》ねなされた」

銭謙益はしばらく涙を流して、慨嘆したあと、再び話を続けた。

「その夜が過ぎて十九日未明、皇帝は御自らお立ちになって、非常用の鐘を撞《つ》かれて廷内に残る近衛《このえ》の者を召されたが、駈けつける者は一人としてなく、やむなく皇帝は紫禁城北の景山にお登りになり、寿皇亭《じゆこうてい》にて縊死《いし》されたのであった。このとき皇帝に扈従していたのは太監の王承思ただ一人であったという。諸君、驚くべきではないか、一天万乗の君にしてかくあらんとは……崩御なされた皇帝の御衣《ぎよい》の襟には、次のような遺詔が書かれていたということです。諸君、心して拝聴しなさい」

と彼は懐から紙片を取り出して読み上げた。

「朕《ちん》、即位してより十七年、今、逆賊は京師に迫った。朕は徳に乏しきとはいえ、一身をかえりみることなく統治につとめた。しかるに、ここにいたって上天の咎《とが》を蒙る。これ偏《ひとえ》に諸臣が朕を誤らせし所以《ゆえん》なり。何の面目があって泉下の祖宗にまみえんや……願わくば賊よ、朕の屍を斬り刻むとも、朕が統治下の百姓共を一人たりとも傷つけることのなからんことを」

学問淵博《えんぱく》にして遠近《えんきん》詩文をもって名を馳せたこの碩学の演説は、音吐《おんと》朗々《ろうろう》として、聞く者を感奮興起せしめた。

かくして崇禎十七年（一六四四）、明王朝は滅亡したが、鄭森は思った。たしかに皇帝毅宗は無能であったけれども、民を慈む心は歴代皇帝の誰よりも強かった。されば自分たち学生は学業半ばにして書物を抛《ほう》ってでも、北狄《ほくてき》を討ち、明朝を復活させなければならないと。そして、これが恩師銭謙益先生の信奉される朱子学の大義名分論を実践することなのだと確信するにいたった。

北狄は女真族清である。そして、その北狄清の将軍ドルゴンに山海関を明け渡し、清軍を北京城に導いたのは叛将呉三桂である。呉三桂は今、紫禁城に火を放って城内の金銀財宝を奪って逃走中の李自成を追って陝西省の西安に向かって進軍中だという。これらを討伐せずして明朝の復活は実現しない。しかも清軍主力は大挙この副都南京に向かって進撃中だというのだ。さればこの来寇する夷狄女真族清を討たずしてなんの朱子学ぞや、大義名分ぞや。明王朝あっての科挙ではないか……そう思うと大木森《タームーシン》は居ても立ってもいられないような気持になった。

聞くところによると、南京では今、史可法と策士《さくし》馬士英らに擁立されて、万暦帝の孫福王が監国《かんごく》から転じて即位し、弘光帝となったという。だが、この弘光帝は暗君であり、即位早々淑女選びに現《うつつ》を抜かし、廷臣たちは党争を事としている。これでは国家非常の際、王朝の挽回は覚束ない。やがてはこの副都南京も、ドルゴン率いる清軍に落とされ、福王は廃されるにちがいない。ここは捲土重来、賢君を奉戴して討清の軍を興すに如《し》くはないと、森は福州への帰郷を決意した。

「帰りなんいざ、福州に帰って筆を剣に変え、国土防衛の第一線に立とうではないか」

と福建省の泉州安平鎮に帰った森は、父芝龍の率いる飛黄軍に投じ、帷幕《いばく》に参じた。

「成功目睹奸臣乱政、主上昏庸、憤歸故里」

（成功は奸臣の乱政を目撃し、国王の昏庸《こんよう》暗愚に憤慨して、故里に帰る）

これは『傳奇性的一生鄭成功』の断章である。

だが帰郷してみて、鄭森は驚いた。父の芝龍が、その暗君である南京の福王弘光帝にとり入って、この年八月安南伯に封ぜられていたのである。

芝龍は科挙を目前にして学問を放棄し、帰ってきた森にあまり良い顔をしなかった。だが、事情を聞いて納得し、南下来寇する清軍を撃退しなければ科挙も士大夫もないことが分かり、彼の参陣を許した。そして森の側近に昔馴染みの王信をつけたほか、甘輝《かんき》という有能な武将を参謀とした。このあとこの両人は森の股肱として生死を共にすることになるが、当面の戦陣指南役は叔父の芝豹が担当した。

このとき明朝を滅亡させた清軍は江南の副都南京と閩の福州へ向かって進撃していたが、各地に復明抗清の旌旗《せいき》を掲げる王族たちがいて、その旌旗の下に郷軍が集結しつつあった。一六四五年に即位した唐王隆武帝、一六四七年に即位した桂王永暦帝などである。このうち唐王は明の太祖洪武帝十世の孫で、桂王は神宗万暦帝の孫である。ほかに紹興《しょうこう》（浙江《せっこう》）で擁立された魯王以海《いかい》や建昌（江西）で擁立された益王由本《えきおうゆうほん》らがいるが、彼らは監国にとどまり、皇帝には即位しなかった。したがって当面清軍が攻撃目標としたのは、南京の福王弘光帝と福州の唐王隆武帝である。

勿論、本命は南京の攻略にあったから、清軍は英親王アジゲを総司令官とする主力軍を江南の南京へ向けた。この清軍の攻撃に対してひとり史可法だけが楊州に拠り抵抗していたが、翌順治二年（弘光二年、一六四五）四月に楊州を陥とされ八十万人が虐殺されたといわれる（楊州の大虐殺）。

同年五月、福王は馬士英に伴われて南京から逃亡したが、ほどなく叛将の田雄《でんゆう》に捕えられて殺された。

　このとき、鄭芝龍は福王弘光帝から安南伯に封ぜられていた手前、召しに応じて弟の鴻逵《こうき》と甥の鄭彩《ていさい》を総兵官に任じ五千の援軍を率いて南京へ派遣したが、途中の揚子江南岸の鎮江まで進軍してきたとき、南京が陥落したことを聞いて退却した。ところが浙江省の杭州までやってくると、同じく南京から側近たちとともに脱出して来た唐王朱聿鍵《しゆりつけん》の一行と遭遇した。このとき、鴻逵と唐王朱聿鍵とのあいだで交わされた会話は次の通りであった。

　唐王がいった。

「鎮海将軍と申したな、そなた。汝は戦わずして鎮江から退却した鄭軍団の者か？」

「はい」

「余も南京に愛想をつかして出て参った。以前の任地であった広西の平楽府へ向かう途中じゃ」

「広西はあまりに遠うございます。福建の省都福州へ参られませぬか。殿下が福州で帝位にお即《つ》きになれば、南京から脱出した文武百官こぞって帝を慕い、足下に馳せ参ずることは疑いありませぬ」

「ほう、汝は余に帝位に即けと申すか」

「はい、恐れながら……」

　すると、唐王側近の戸部侍郎《こぶじろう》（内務次官）何楷《かかい》が助言して、

「唐王様は、明の太祖洪武帝の第二十三子唐王桱八世の子孫にあられます。九年前李自成の乱が起こったとき、数千の私兵を募ってこの叛乱を鎮圧なされたとき、私兵を許可なくして集めた罪に問われ、長らく鳳陽の獄に投じられて呻吟なさいましたが、御勇名は天下にあまねく知れ渡っております。されば殿下が決起なさって帝位にお即きになれば、文武百官こぞって、帝をお助けすることは火を見る

よりも明らかでございます」

「ふむ、さようか。しからば、この者の申すごとく、福州へ参ろう」

と唐王は鴻逵と鄭彩に案内されて、福州へ行き、帝位に即くことを決意したのであった。

泉州で、南京派遣軍の鴻逵と彩の帰還するのを待っていた芝龍は、この知らせを聞き、急遽麾下将軍たちを召集して、会議を開き、このことを伝えた。一六四五年五月である。今は芝龍の帷幕《いばく》に参じている森もこの会議に加わって諮問にあずかった。芝龍も諸将も唐王朱聿鍵が如何なる人物かを知らなかったからである。彼は国子監太学の秀才であった森の説明によって唐王の素性を知り納得した。

芝龍は唐王朱聿鍵が洪武帝二十三子楔の八世の孫と聞いて、その迂遠《うえん》さに難色を示したが、森が、

「唐王朱聿鍵殿下は、崇禎四年に李自成が最初の反乱を起こしたとき、河南の南陽にいて反乱軍を鎮定しましたが、北京の皇帝はこれを私兵を募って許可なく用いた罪で処罰なさいました。逮捕・投獄されて、八年間も鳳陽の獄中にあったのですが節を曲げず、なお唐王朝に殉ずるお覚悟を捨てぬ悲憤慷慨のお方です」

と弁護したので、感銘して同意した。

唐王隆武帝の即位

こうして、唐王朱聿鍵の政権が福建省福州で誕生することとなった。

息子の鄭森が父の芝龍に、

「そのような硬骨漢として聞こえの高いお方ですが、古書典籍にも通じた高名な読書人でもあられます」

と唐王の紹介を補足すると、芝龍は、

「ふん、読書人とな？　お前と馬が合いそうな御仁じゃな」

と笑った。その読書人朱聿鍵を復明王朝の皇帝に推戴するため、鄭芝龍が麾下の鄭軍団を率いて福州へ向かったのは、一六四五年閏《うるう》六月の初旬であった。

その頃ではもう鎮海将軍の鴻逵は唐王朱聿鍵を擁して福建の省都福州に入り、その噂を聞いた南京脱出の明王朝の高官たちが続々と唐王の名を慕って福州へ参集していた。その中には北京王宮で礼部尚《れいぶしよう》書《しよ》（文部大臣）の重職にあった黄道周、巡按御使《じゆんあんぎよし》の張春枝や前述した戸部侍郎（内務次官）の何楷、北京から福建に派遣されていた巡撫の張肯堂など錚々たる人物がいた。

だが鄭森は、一行と共に福州に到着して、そこに期待していた南京国士監太学の老師銭謙益がいなかったことに失望した。たしか銭謙益は、森が彼に暇乞いを告げたあと、福王弘光帝の新王朝で、礼部尚書に抜擢されていたはずである。そこで森は、南京から脱出して来た旧知の士大夫から師の消息を聞いたところ、その消息通は、南京陥落の次第を細々《こまごま》と語ったあと、こう答えた。

「南京の陥落は弘光元年（一六四五）の五月十五日であった。ここでは史可法が清軍に抵抗して全滅した楊州とはちがい、一切清軍に抵抗することなく、重臣たちは入城して来る女真族の清国軍に城門を開き、うやうやしく出迎えたのだ」

「で、わが師銭謙益先生は、如何《いかが》なされたのですか？　老師は朱子学者で、いつも我々に大義名分論を説いておられましたが……」

「さよう、その銭謙益だが、彼は礼部尚書だったから、率先降伏文書を作成し、それを降表として東閣大学士の王鐸はじめ諸大臣に渡した。すると彼らが清朝の南征大将軍・予親王ドドへ捧呈し、忠誠を誓ったのだ」

「なんと……」

鄭森は啞然として絶句した。聞けばこのようにして全く無抵抗で降伏したため、清軍も楊州城で行ったような暴行殺戮を行うことがなく、死者はわずか八名にとどまったというのだ。

「皇統二百九十五年にも及ぶ一国の都である南京が、わずか八名の死者だけで落城するとは……国の恥ではござりませぬか」

「そうです。だからわれら降伏に肯んぜぬ憂国の士は、こうして新皇帝を奉戴し、光輝ある明王朝を再興しようと、来たり集《つど》っているのだ」

と、その南京から来た士大夫は憤懣やるかたないふうで、拳を振り上げた。

だが、事情を聞けば、無理からぬこともあった。首都防衛軍が清国軍と長江を挟んで戦い、大敗したのは五月十日であったが、その日の深夜、皇帝福王は、お気に入りの宦官と官女だけを連れて股肱の諸大官を置き去りにしたまま城外へ逃亡してしまったのである。宰相の馬士英も翌朝大慌てで脱出したから、南京城には皇帝も宰相もいなかったのである。だから命を賭けてまで首都を防衛しようとする者は一人もなく銭謙益と王鐸とはやむなく意を決して、南京都内七万人の人命を救助しようと、このような措置をとったというのである。

一六四五年閏六月二十七日、唐王朱聿鍵は復明王朝福州政権の皇帝に即位した。彼は鄭芝龍とその麾下の諸将および諸所から来たり参集した士大夫に擁立されて、福建省の省都福州で盛大な推戴式を挙行した。

これにより福州は明国の首都となり、福州の町は元興府と呼ばれるようになった。宰相は黄道周で、何楷が戸部尚書（内務大臣）となり、工部尚書が曽桜《そうおう》、内閣大学士は蔣徳璟であった。王朝は弘光元年を改めて隆武元年とした。唐王朱聿鍵はこのときから隆武帝を称することとなったのである。

次いで二か月後の隆武元年八月、隆武帝は廷臣中最大の実力者である鄭芝龍とその一族を招いて詔《しょう》賜《し》し、彼に国家最高の爵位である公爵を授けて平夷侯《へいいこう》とし、平国公《へいこくこう》に封じた。また芝龍の三弟鴻逵を帝位推戴の功労者として侯爵の定夷《ていい》侯とし、定国公に封じた。また芝龍は森の助言により鄭氏一族の者すべてに爵位を申請したので、彼らはみんな貴族に列せられた。芝豹が澄済伯となり、鄭彩が永勝伯となったことが記録されているが、芝龍の次弟芝虎の名が見当たらない。このあとも芝虎の名が記録に出てこないところを見ると、彼はこのときまでに他界したと推定される。

それはともかく、とりわけ人々の耳目を驚かせたのは、こうしたお膳立てをした陰の功労者鄭森への破天荒な叙位・叙爵のことである。何の軍事的貢献もない二十二歳の彼が忠孝伯に封ぜられたことはまだしも、御営中軍都督《ごえいちゅうぐんととく》、招討《しょうとう》大将軍に任ぜられ、明の国姓《こくせい》である朱姓《しゅせい》を賜わったのである。御営中軍都督とは、近衛師団長のことである。

これは隆武帝が鄭森と対面したとき、一目でその人品骨柄が気に入り、対話を交わすうちにその学識の豊富かつ高邁な見識に感嘆してこのような措置に出たのであった。決して隆武帝の気紛《きまぐ》れや、実力者飛黄将軍鄭芝龍に媚び諂《へつら》ってのことではない。帝自身が古書典籍に通じた高名な読書人であったから、南京太学で銭謙益が森を一目見て、彼の大器なることを見抜き、大木の名を与えたのと同じように、森と話しているうちに彼の非凡な天才を見抜いたからにほかならぬ。帝はこのときの謁見の場で森の背を撫で、溜め息をつきながら呟いたという。

「惜哉！　朕未有女以配卿、卿可盡忠吾家、毋忘故国！」

（なんと無念なことよ。もし朕に娘がいたなら、迷うことなく、娘をこの者に嫁がせ、朕の養子としたであろうものを……どうか吾家に忠節を尽くし、故国を忘れないでもらいたい）

それゆえ、隆武帝はこの森に明の国姓である朱姓を賜い、駙馬《ふば》（皇帝の女婿）の待遇を与えたのである。

そこで人々は彼を国姓爺《こくせんや》と呼んだが、この爺というのは敬称であって、日本語の文字通りの意味である老爺と解してはならない。

かくして森はこれを機に、これまで父から与えられていた名を改めて成功《せいこう》と名乗り、正式に朱成功になったわけであるが、彼は朱という姓を恐れ多いとして使用せず、生涯鄭成功という名を用いた。また字《あざな》を明儼《めいげん》と唱え、鄭成功明儼と称したのである。号は国姓爺鄭成功である。

こうして思いがけない面目をほどこした鄭成功であったが、これは決して彼にとって喜んでばかりいられることではなかった。というのは、右の鄭氏一族への爵位授与に見られるように、この隆武帝の福州政権はすべて泉州安平城の都督鄭芝龍とその一族に依存した政権だったからである。皇帝隆武には自前の軍隊がなく、実力によってかち取った政権ではなかったから、経済的な裏付けがなかった。何もかもが借り物で、北と南の帝都を追われて、朱聿鍵の名を慕って集まって来た士大夫たちが組閣した形ばかりの政府である。国家財政と軍事権はすべて飛黄将軍の率いる鄭氏一族が掌握しており、皇帝隆武には何の力もない。いわば高等文官たちが理想で描いた空中楼閣のような政権だったのである。

だが、それにもかかわらず、皇帝隆武とその取り巻きである閣僚たちの気位は高い。彼らは政権運営のノウハウを心得ているので、それをそのまま隆武政権で実現しようとした。したがって、この隆武政権には二つの潮流が生じて対立するようになった。

一つは旧明王朝の高官士大夫たちの流れで、もう一つは鄭芝龍麾下の武将たちの流れである。しかも、奇妙なことに、この二つの流れで、外征を強く主張したのは、なんの武力も持たぬ文官たちであり、これに反対して内政を重視し、外征に慎重であったのは軍事力を掌握している鄭芝龍麾下の将軍たちであった。

隆武帝取り巻きの文官たちが外征を強く主張したのは、その頃国内各地に旧王族たちが復明討清を唱えて新王朝を相次いで創立する動きを見せており、まごまごしていると、それに先を越され、福建天興府の隆武政権は有名無実におわるおそれがあったからである。一日も早く、強力な軍事力をもって迫り来る清国軍を阻止撃退して北方へ追い返さなければ民衆の支持を得られない。たしかに理論的には当を得た主張ではあるが、長年の実践経験を有する将軍たちとすれば外征にはそれにともなう実力がなければならず、兵員、食糧、軍資金を確保しなければ、おいそれと外征には踏み切れないのであった。

かくして福建新政権は、成立の当初から分裂と対立の危機をはらみ、互いに自分たちの主張に固執して譲らず、激しい論争をくりかえして、文武両官の対立と軋轢は深刻となった。

このとき鄭成功は心情的に隆武帝と文官たちと同じ意見であり、その主張に同意していたが、立場上は父芝龍に従わねばならず、その板挟みで心を痛めていた。このままでは、遠からず隆武政権は瓦解してしまう。何とかしなければならない。

と、そんな危惧とジレンマに悩み、懊悩の日々を過ごしているところに、思いがけない知らせが、泉州安平鎮から届いた。日本の平戸島川内浦で別れたままの母マツが幼友達《おさなともだち》の王玲を連れて、渡海して来たというのだ。

それは、十五年ぶりに見る母の顔であり、同時に悲しい父芝龍との相克《そうこく》の始まりであった。

母子再会

第二（顔）第三（陳）第四（李）第五（黄《こう》）夫人と、四人もの妻妾を娶って燚《えん》、垚《ぎょう》、鑫《きん》、淼《ひょう》という男子および多くの娘たちに囲まれて、何一つ不自由のない家庭生活を営んでいる芝龍ではあったが、日本の平戸に残した第一正夫人と次郎左衛門という子供のことが気にかかり、度々使者を日本へ派遣し、平戸侯松浦氏と長崎奉行にその妻子の渡航のことを願い出ていた。それがやっとこのほど正妻田川マツだけの出国が認められた。成功の弟次郎左衛門の方は、すでに成人に達し、田川七左衛門松庵の跡目を継いで七左衛門を襲名していたので、渡航は認められなかった。後述するように平国公鄭芝龍は対日貿易と日本乞師《きつし》のための足がかりが日本に必要であり、その支店若《も》しくは出張所の所長としてこの次男を残しておくことの方が好都合であった。マツとしても年老いた父松庵の介護をこの子に託するほかないと思ったのである。その代わり、これまで養女として育ててきた王玲がマツに従って明国へ渡ることとなった。

この王玲は何を思ったのか、十五年前に福松が一人で明国へ渡ったあと、二刀流の剣術師範花房権右衛門の武道場に入門し、武芸の習得を始めた。そして、一通り剣術の習得が終わると、今度は権右衛門の紹介で、平戸藩士の妻女が武家の子女のために教授している長刀《なぎなた》と小太刀の道場に通ってこれをマスターした。さらに、どこで聞いたのか、今度は、どこからか流れて来た武芸者に弟子入りして忍術の修行をしている。もっとも、昼は松庵の診療所で医療助手として働いているので、そうした武芸の習得は宵のうちである。そんなわけで、もうとっくに婚期が過ぎているのに、彼女は結婚しようとしない。

今年王玲は数え二十三歳になっていた。養母の田川マツ（中国名翁氏）は四十五歳である。

明国人鄭氏に嫁いだマツではあったが、その夫芝龍の生国を見るのは、このときが初めてであった。戎克船が台湾海峡を過ぎて囲頭湾《ウエイトオワン》に入り、陸地部の安海《アンハイ》の山々に目をやったとき、嫁いで早々夫の芝龍から聞かされた明大陸の索漠たる大地とは異なり、ここにも日本と同じような山紫水明の住みよい山河があった。空にはゆったりと浮雲が流れ、紫の連山の麓に薄靄《うすもや》がかかり、入江の両岸の野は青々とした樹木に覆われていた。だが、船が入江の奥に近づき左右両舷の前方に密集した土造の民家が見えはじめたとき、突然その中に巨大な堡塁が出現したのには驚いた。

一見、石材を積み重ねた城壁のように思われたが、船員の解説によると、あれはトーピーズという粘土を天日で乾燥させた煉瓦だということであった。その城壁は水中から直角に屹立し、南の城壁の中央に大門があった。上に屋根付きの回廊があって、その下の水門から戎克船が城郭の中に入って行った。

「一路平安、長い船旅でございましたが翁太太《タイタイ》、やっと到着いたしました。ここが飛黄将軍平国公の居城安平鎮でございます」

戎克船が城郭内の埠頭に着岸して錨《いかり》を下ろすと、船長が側に来て、この安平鎮の説明を始めた。広大で堅固な城郭だから、福建省内のどこへ行ってもこのように立派な城堡はないということであった。

船から埠頭に降り立つと、侍女の王玲が出迎えの群衆の中で手を上げている兄王信の姿をいちはやく見つけて、「哎呀哥哥麼《アイヤコーコーマ》（ああ、お兄さんね）、あなたは王信ですか？」と叫びながら駈け寄って行った。

だが、王信はそんな妹の姿には眼もやらず、真っ直ぐ前方に歩み、翁太太田川マツの方に進み出て、深々とお辞儀をした。

「奥様、お久しぶりです。ようこそお出《い》でなさいました。私は王信《ワンシン》でございます。長い年月にわたって妹の王玲《ワンリン》がお世話になりました。有難く御礼申し上げます。飛黄将軍のお言い付けでお迎えに参りました」

「おお王《ワン》さん、あなた王信さんね。お元気だったのね。随分とご立派になって……」

マツも十五年ぶりに見る凜々しい王信の姿を上から下まで眺めた。そして、

「あの娘《こ》が王玲よ。どんなに兄のお前に会いたかったことか……直ぐに行って言葉をかけておやりなさい」

と言葉をついだ。

ここでようやく王信は妹の王玲と抱擁し合って、積もる話に夢中となるのである。

マツは夫の芝龍はもとより、会いたい一心で楽しみにしていた福松が出迎えに来ていないのが不審で、前に立って案内する家人に聞くと、

「旦那様は今福州の天興府へお出かけになってお留守でございます。若様の成功様もご一緒です」

と答えた。

「そうですか？」

と呆然としていると、もう一人の家女の方が、丁寧に解説した。

「福州の天興府はこのたび隆武皇帝陛下が御即位なされた福建の首都でございます。目下《もっか》清の軍勢と皇帝陛下の軍勢とは対峙していますので、飛黄将軍様は総司令官として福建から離れることができないのです。成功様も御営中軍都督の任に即いておられます。帝の御身辺を護衛しなければなりませぬから、お側を離れることができないのでございます。したがいまして翁太太様には当分の間、この泉州安平城内にて御両所がお帰りになるまでお待ちいただかねばなりません。それまで、私どもがお世話を申し上げますから、ゆっくりと御静養くださいませ」

ここでようやくマツは、南京の明王朝が滅亡して唐王隆武帝が福州で即位し、夫の芝龍がその隆武

帝から平国公に封ぜられ、わが子の福松が国姓の朱姓を賜って成功明儼と呼ばれていることを知った。

鄭氏の邸宅は安平城内の集合住宅四合院《スーホーユアン》であった。広い中庭を囲んで、何世帯もの妻子が同居している。その中央に家長夫人である翁氏の住居が、いつ日本から来住しても困らないように仕度されてあった。

鄭氏の家長夫人である翁氏マツが日本からやって来たと知って、芝龍の第二夫人以下第五夫人の妻たちが次々と挨拶に来た。第五夫人というのは黄氏で、福松が泉州に来てからあと芝龍が娶った女性で、若くて綺麗であった。

彼女たちはマツが和服の着物姿であるのを見て奇異な感情を抱いたようであったが、マツは引け目を感じることなく平然と応対した。そのあと、マツは同じ四合院に居住している芝龍の継母の住居へ自分から来住の挨拶に出かけた。マツは舅の紹祖象庭には多大の敬愛の情を抱いていた。彼が五歳になった福松のために泉州から黄仙遊を門館先生として遣わし、マツに情愛のこもった親書を託したからでもあるが、その黄仙遊から紹祖の人柄を嫌というほど聞かされていたからである。そして彼女は今度の渡航に際しては何よりもこの舅紹祖に会えることを、密かな楽しみにしていた。だが、この四合院へ入って、その紹祖が数年前に他界したことを知らされて落胆した。今は、その紹祖が後妻にしていた黄氏が、芝龍の継母として鄭氏一族の女どもを束ねていることを知った。

落胆しながらも、マツは故人に敬意を表して仏壇の位牌の前にぬかずいて手を合わせ、黄夫人の前へ行って鄭重に挨拶すると、義母の黄氏は尊大にかまえて椅子に腰を掛けたまま頷いただけであった。

中国には昔から中華思想がある。宇宙の中心は中国であり、周辺の国々は東夷・北狄・西戎・南蛮といった野蛮人であり、その東夷である倭国からやって来た女など、対等な挨拶には値しないというのが、この老女の考え方のようであった。彼女には生《な》さぬ仲とはいえ、息子の芝龍が、蛮族の女を嫁に娶ったこと自体が気に入らぬのである。

だが、平戸で嫁入り前に平戸藩主の松東夫人から薫陶を受けたマツは、そんなことなど少しも意に介さなかった。敬虔なカトリック信者であったドナ・メンシア松東夫人はその信仰にもとづく独自の解釈によって、日本古来の武士道の真髄をみっちりとマツに教育してくれたからであった。

さすがに、そうしたマツの気魄に圧倒されたのか、黄夫人もマツが辞去して部屋を出るときには、門口まで丁寧に見送ってくれた。

翁氏マツが福州の飛黄将軍陣営から総司令官芝龍の特命を受けてやって来た使者に案内されて、天興府を訪れたのは、平戸から泉州へやって来て二か月も経ったあとであった。それほどに夫の芝龍と息子の成功は多忙だったのである。隆武帝の即位とそれに続く組閣と軍事編成および浙江省から南下して来た清国軍との戦闘準備に忙殺されていたからである。

とはいえ、そうした多忙の中でも翁氏が天興府の按察司《あんさつし》に到着したことを聞くと、夫と子は喜び、直ぐさま飛んで来た。とりわけ成功は駈け寄るなり母に抱きついて、何時までたっても離れようとはしなかった。あれから十五年にもなるのだ。無理もないと、父の芝龍は滂沱《ぼうだ》と涙を流しながらじっと見つめていた。

その夜、母と子は夜もすがら語り明かして朝を迎えたが、翌日翁氏マツは夫と子に伴われて天興府御殿に参上し、隆武帝に拝謁した。

　このとき、マツは思ってもみない光栄に浴した。忠孝伯成功に付き添われて帝の御前に進み出て跪拝し、平国公芝龍が隆武帝に「妻の翁氏に御座います」と奏上すると、帝は彼女の物怖じしない毅然とした態度に感動したようであった。そのため、彼女が御前から退出して、そのあと按察司（平国公の公邸）で、鄭氏一門による翁氏歓迎の宴が催されていたとき、隆武帝の勅使がやって来て、彼女を国夫人として遇するという勅諚を伝えたのであった。

　それは、国姓爺朱成功の母であるゆえ、マツを国夫人すなわち母后とするという詔勅で、女性の身としてこれ以上の名誉なことはない。マツは感激した。女の冥利に尽きることであり、渡明以来鬱々として楽しまなかった気持がいっぺんに吹き飛んだ。とりわけ成功は感涙にむせんで、改めて、隆武帝への忠節を誓った。

　さすがに、政治体験の豊富な鄭芝龍は、この詔勅を下した隆武帝の裏側の意図を読み取って、皮肉な微笑を浮かべ、それほどの感動を表情には現わさなかったが、それでも一族は挙げて、この所遇を武門の名誉と喜びあった。

「御母上、私はこの皇帝の御為にはこの一命を投げ出しても惜しくはありませぬ」

といえば、母のマツも「そうです。それが日本武士《やまとものの ふ》の心意気というものです」と成功を激励し、二人はひしと相擁した。

鄭芝龍の日本乞師

　隆武政権の組閣が終わり、抗清軍の編成が整うと、南京を陥《お》とし、閩沿海の福州めざして進軍して来る清国軍へ如何《いか》に抗争するかが真剣に協議された。

　抗清対策は立場上二つに分かれた。

　一つは積極論で、直ぐさま出撃して、来襲する清の軍勢を撃退し、隆武政権を唯一の復明政権として内外に闡明《せんめい》することである。

　一つは慎重論で、来襲するのは女真族の騎馬軍団であるから、これに対抗できる必勝の陸上部隊を急遽養成しなければならないという主張である。すなわち、隆武政権の武力は鄭芝龍の率いる飛黄軍であるが、これは水軍の飛黄艦隊が主力であるから、優秀な韃靼《ダッタン》騎馬軍には抗する術《すべ》がない。したがって、新しく軍隊を編成替えして、猛訓練を施し、優勢な水軍部隊をもって、これを支援補強しなければならない。そのためには相当の日時を要するというのがこの慎重論である。

　前にも述べたように、積極論は滅亡した明王朝から逃れて来た文官たちが主張し、慎重論は実戦経験を積んだ将軍たちの主張である。

　一見無謀かと思える文官たちの主張にも無理からぬ事情がある。北京王朝が滅亡したあと南京に福王の弘光政権が樹立されたが、不評でたちまちにして崩壊してしまった。そこで明の遺臣たちは歴代皇帝の末裔たちの中からこれはと思う王族を選んで、後継新政権の旗印としようとした。福州の隆武政権もその一つだが、ほかにも浙江省の紹興に太祖十五世の孫魯王《ろおう》以海《いかい》が兵部尚書であった張国維《ちょうこくい》らに擁立されており、江西省の建昌には益王由本《ゆうほん》がいた。また同じ広西省の肇慶《ちょうけい》には瞿式耜《くしきし》らに擁立された明王朝神宗の孫桂王（永明王）もいたので、これら諸王が虎視眈々と南京で失脚した福王の後釜《あとがま》をねらって名乗りを上げようとしている。だから愚図愚図しておれば、先を越されてしまうというのだ。

　だが、隆武帝には自前の軍勢がいない。新政権の軍事権はすべて平国公鄭芝龍が掌握しているので、心は逸《はや》っても、如何《いかん》ともなしがたい。わずかに動員できる可能性といえば御営中軍都督《ごえいちゅうぐんととく》で招討大将軍に任じている朱成功麾下の軍勢である。けれどもその軍勢にしても、総司令官の芝龍が息子のためにつけてやった軍隊であるから、総帥鄭芝龍の同意がなければ動かせない。それに兵糧も武器もすべて芝龍から提供されたものだ。

　それでも隆武帝は一縷の望みを嘱して、来襲する韃靼軍に対処するため成功に仙霞関《せんかかん》への出陣を命じた。仙霞関は浙江省江山県に位置するが、浙江から福建へ侵入する関門である。もし清軍にここを抜かれれば福建省は韃靼軍に蹂躙されてしまうのだ。

　もとより鄭芝龍もこの隆武帝の命令には反対ではなかった。彼の戦略はここを防衛の第一線として守備し、敵の来襲をくいとめて、そのあいだに清軍に対抗できる騎馬軍を養成する考えであったからである。したがって彼は隆武帝は勿論、成功にも、この仙霞関から一歩も前進せず、ひたすら守備に徹するよう確約させて、出陣を承認した。時に一六四六年（隆武二）三月、清軍は南京を陥としたあと、当面の攻撃目標を旧明王朝の監国で浙江省の紹興《しょうこう》に拠る魯王を討つべく、銭塘江《せんとうこう》に進撃中であった。

そこで鄭芝龍は浙江と福建の境界線を固める一方で、福建新政権の恒久的な防衛ラインを構築するため、種々の対策を講じた。何よりも大切なのは財政経済力の強化充実である。国力なくして軍備も兵員もまた兵糧も確保できない。この確保がなくして強大な清国軍には到底対抗できないからである。

このとき、鄭芝龍が新政権の軍事力と国力強化のために考え出したてだてが、次に述べる日本乞師《きっし》という方策であった。

鄭芝龍が、福州で隆武帝を擁立し、平国公に封ぜられて、抗清のための軍事力を得ようと、日本に請援を求めたのは、一六四五年（隆武元年）十一月のことであった。すなわち『出島蘭館日誌』一六四五年十一月の条に、

「支那人一官（芝龍）より韃靼（清国）に対抗するため、日本に援兵を請い、奉行《ぶぎょう》権八殿（長崎奉行山崎権八郎）が長崎より江戸に通報したが、少しも効果がなかった」とあるのがこれだ。

この鄭芝龍の乞師要請に対して、長崎奉行は、自分の一存で処理出来ないと、江戸幕府へこの旨を報告したが、幕府からは何の返事もなかったというのである。

この乞師という語は、請援すなわち、清国と戦うために明国を援けてくれということだが、この言葉を最初に用いたのが、明末初清の有名な儒学者黄宗羲《こうそうぎ》であった。それからこの語が慣用語となり、現在でも踏襲されているのである。明の遺臣が日本に復明抗清のため、援助を求めたのは、この鄭氏父子だけでなく、鄭氏一門の鄭彩、鄭泰や、成功の子鄭経もそうだし、他にも崔芝《さいし》、周鶴之《しゅうかくし》、馮京《ひょうけい》

第《てい》、兪図南《ゆとなん》、朱舜水《しゅしゅんすい》、張斐《ちょうはい》などがおり、黄宗義もその一人であった。

日本の江戸幕府から何の応答もないことを知ると、鄭芝龍は明の皇帝自ら日本国王である将軍家光に対して直接親書をもって依願すべきだと考え、この旨を芝龍は隆武帝に奏上した。そこで隆武帝は、朝議を経て、翰林院《かんりんいん》出身の英才に「檄を伝えて賊を討つ」の案文を起草させ、これを日本へ送ることを命じた。この草案は大明国建国の由来から、今日の北狄韃靼による国家の危急存亡の次第を説き、日本の武威を讃美して三千人の将兵を救援に派遣せられたい旨を切々と訴えたものであった。皇帝は一読して、「たしかにこれは肺腑を抉るような切々たる願望の思いが紙面に横溢している」と誉めたが、もしこれを大明国皇帝から東夷である倭国の王に送る国書にすると、「朕の矜持《きょうじ》を損うことになる」と難色を示し、皇帝の御璽を使用することを許さなかった。中華の対面を重んじたのである。

そこで、皇帝からでなく、水師都督崔芝から日本国へ送る公文書として、案文の内容を次のように改めた。

「皇帝は臣崔芝をこのたび粛虜《しゅくりょ》将軍に任じ、隣邦の援を呼んで北狄を討伐することを命ぜられた。されば水師都督たる崔芝は命を奉じて参将の林高《リンコウ》を貴国に遣わし、この書を捧呈して謹んで閣下の奏聞に具す」

すると鄭芝龍はその対面をつくろう形式主義に苦笑しながらも、師（軍勢）三千に加えて日本製の堅甲（鎧）二百領を送付して貰いたい旨を副書として記載し、この二通を十二月に崔芝の参将林高に持たせて日本へ派遣した。

林高はくだんの上書と副書を携えて、長崎へ行き、長崎奉行山崎権八郎へ提出し、奉行は急飛脚でこれを江戸表へ送った。ところが、翌年正保三年（一六四六）一月、幕府はこれを拒絶した。拒絶の理由は、書状の差出人崔芝を船奉行と解釈し、月番老中の稲葉正勝・堀田正盛の両人が、これを無礼として閣議（評定）にもかけることなく却下したからである。これは日本を東夷の蛮族として見下し、徳川の将軍を明の皇帝に臣従する封建諸侯の一人としてあつかおうとした当然の報いであった。

そこで鄭芝龍は方針を転じた。本来の南海貿易の立場にもどり、台湾・呂宋・バタビアへ商船を派遣して貿易の利鞘をかせぐ一方で、日本に対しては朝貢貿易のかたちをとって請援のことを実現させようとしたのである。

すなわち、一六四六年（正保三年・隆武二年）二月に、鄭芝龍は泉州船一艘に白ペリング・ギレム・パンシー・繻珍《しゅちん》・緞子《どんす》・キムトワン・麻布《まふ》など価格二百五十貫目に相当する貨物を積み込んで、日本の長崎港へ派遣して対日貿易を復活させ、日本の好印象をかちとった。そして六月に自分名義の日本乞師の文書を作成し、それを正使黄徴明、副使康永寧、陳元京、曽少吾らに持たせて、福州から日本へ向けて出航させた。

ところが不運にも、その船団が台風のため激浪に舵を取られて漂流を始め、副使曽少吾が乗船した戎克船は清軍占領下の浙江に漂着して韃人《たつじん》に捕えられてしまった。韃人とは清国軍将士のことである。しかも、その戎克船の乗組員の口から正使黄徴明の乗船が沿海を漂流していることが明らかとなり、黄徴明も清国軍の捕虜となった。

かくして鄭芝龍の目論見は不調に終わったが、なおも芝龍はあきらめなかった。

八月になって、今度は前に隆武帝に上申して作成してもらった請援勅書に加えて、さらに新たな勅書などの上書五通と呈書三通を使節黄徴蘭、陣必勝に奉戴させ、長崎へ向けて出航させた。勿論前車の轍を踏まず、日本への朝貢の形式をとらせた上で、徳川将軍の喜びそうな献上品を数多く持参することを忘れなかった。

この第二次の乞師船は難破することなく、無事に長崎港へ到着した。上陸した使節一行は、事前にこのことあるを知らされて待機していた芝龍配下駐在員の手で、持参した請援書と献上品を長崎奉行所へ提出し、素早く来訪目的を伝えることができた。したがって長崎奉行馬場三郎左衛門は、この請援書と献上品を自ら作成した添書とともに江戸表へ急送した。

このとき、田川マツの次男七左衛門（次郎左衛門）も父芝龍から一官商社日本駐在員の頭領に任ぜられていたから、父から書状による指示を受けて多額の運動資金を根回しに使用した。こうした万全の態勢で望んだから、このたびの日本請援交渉は順調に進むかに見えた。

それでは、このときの日本側の対応はどうであったか？

正保三年（一六四六）九月、長崎奉行所から送られて来た隆武帝宸筆の日本請援上書と、高価な献上品を前にして、閣老（阿部重次・阿部忠秋・松平信綱などの老中）は直ぐさまこの次第を徳川三代将軍家光に言上し、林羅山が飜訳した上書の趣旨をめぐって評定を重ねた。九月から十月にかけて幕閣はこの明国からの請援要望に応ずるかどうかで頭を悩ましたが、大凡のことをいえば、生まれながらの将軍である徳川家光は請援書の差出し人が明国皇帝隆武であり、莫大な献上品に添えて呈上された請願書の上申者が、日本婦人を妻にした海商の鄭芝龍であることを知って、大いに心を動かした。老中たちも、請援の主旨が乞師すなわち救援軍の派遣であったから乗り気になっていた。というのは、当時国内には関ヶ原と大坂の陣で大勢のあぶれ牢人が生じており、その対策に手を焼いていたからである。すなわち彼らをこの乞師の救援軍として明国へ送り込めば問題は一挙に解決するからだ。

だが、一方では、やっと徳川政権の基礎が固まりかけたこの時期に、海外遠征などを行えば、たちまち土台がゆるんで、国内に再び動乱が兆《きざ》すのではなかろうかという危惧《きぐ》があり、そのジレンマを彼此検討の結果、落ち着いたところは慎重意見であった。すなわち老中たちは逸《はや》る将軍家光を宥《なだ》めてこのたびの明国からの乞師要請を却下することとし、長崎奉行に次の如く下知した。

「正保三年八月八日付書簡到来、大明国よりの使者黄徴蘭奉呈の書状二通並びに献上品及び其の方より提出せる別紙覚書は御前に達せらるも、彼等の軽々しく書簡を捧げて、加勢を申し越す儀は、卒爾のことにて、江戸に言上の由なきことを言い聞かせ、早々に帰帆致すべく申し付けられたし」

この下知状は直ぐさま豊後府内城主日根野織部正《ひねのおりべのかみ》が上使となって江戸から九州へ下向し、長崎奉行に手渡された。

だが、これは表面的なことで、その裏面では日本在住の一官党が活動したため、その効果があらわれ、幕府は却下したけれども、国内ではこの請援要請に応じて渡明の気運が盛り上がり個人的に討清軍に加わる者が生じた。また幕府内部でも、密かに将軍家光の意を受けて、出兵の準備を進めていたということである（『華夷変態《かいへんたい》』）。

これは、徳川御三家の尾張・紀伊両大納言および水戸権中納言からの申し出があり、また在日華僑たちから、たっての要望があったからで、保守的な老中たちも、その要望を無視することができなかったからである。そして、そんな気運に便乗した日本国内の有志が、一官党の戎克船で明国へ密航し、鉄騎兵と呼ばれる日本人部隊を結成して活躍をすることになるのだが、そのことはこのあと述べる国姓爺鄭成功の日本乞師のところで、くわしく述べることにする。

鄭芝龍の変節

こうした日本国内の明朝救援気運の盛り上がりにより、江戸幕府の明国への出兵計画は実現されるかに見えた。だが、正保三年（一六四六）霜月の初め、幕府の出兵計画は突如として中止されてしまった。予想に反して、明国内の事態が急変したからである。明国から新しい情報がもたらされ、乞師を要請していた隆武帝が、韃靼軍によって首都の天興府を陥とされ、汀州《ていしゅう》へ逃亡の途中、逮捕されて死去したことが分かったからである。

そればかりか、福建王朝の担い手であり、軍事権を掌握していた鄭芝龍が率先して清国軍に降伏したとの思いがけない知らせがもたらされたのだ。有為転変《ういてんぺん》とでもいおうか、全く思いがけない急転回である。

隆武二年（一六四六）四月、銭塘江《せんとうこう》を渡った清国軍は、江岸で抵抗した監国魯王《かんごくろおう》の武将張国維《ちょうこくい》の軍勢を破ると、江南へ進撃した。魯王は福建省の厦門《アモイ》へ逃れたが、清国軍はこれを追撃せず、鉾先を東に転じて福州に迫った。雲霞の如き大軍である。前述したごとく隆武帝は御営中軍都督・詔討大将軍に任じた鄭成功を、その進撃路の関門仙霞関《せんかかん》へ派遣して、これを要撃させようとした。

ところが鄭芝龍は密かに清国軍の洪承疇《こうしょうちゅう》と連絡をとり、彼らの福州進撃をくいとめようとした。

洪承疇は福建省南安の産で、芝龍とは旧知の中である。彼は北京で官途につき、崇禎帝の信寵を受けていた高官であったが、明朝が滅び、崇禎帝が自害すると、たちまち変節して清朝に降った変節漢《へんせつかん》である。彼が降伏しようとしたとき、母と妻子および弟妹たちはみんなその投降に反対して彼を不忠不孝の義理知らずと罵ったが、彼は馬耳東風と聞き流し、一六四六年（清の順治三年）清朝の命を奉じて杭州を攻めたのであった。折しも清朝は、自分たち女真族の風俗である弁髪《べんぱつ》の強制が漢族の激しい抵抗を受けて手を焼いており、何とかして漢人を手なずけ、明朝の旧将軍たちを招撫《しょうぶ》しようと考えていた矢先だったから、巧みにこの洪承疇を利用して福建省の最大の軍閥である鄭芝龍を懐柔して抱き込もうとしたのであった。だから密かにこの洪承疇を福建に潜入させ、鄭芝龍と互いに連絡をとらせていたのである。

鄭芝龍は息子鄭成功のような朱子学者で大義名分論を信奉する人物ではなく、海寇として難局を切り抜けてきただけあって、こうした時代の変わり目に敏感であった。政治の転換期にどう対処すべきか、そのノウハウを心得ている。ねらいは、自己の保身と蓄財とである。彼にとって隆武帝はただの飾り物にしか過ぎず、利用価値がなくなれば、弊履に等しい。だから、今、彼が採択すべき選択肢は次の三つの方針に要約される。

一つは皇帝隆武を奉じて清国軍に徹底抗戦することである。但し、これは日本からの請援が達成できた場合で、福州と延平《えんぺい》を結ぶ閩江《びんこう》を防衛ラインとして、貿易によって財をたくわえ、民力を養い、出兵して来た日本軍の助成を得て、徹底抗戦することである。

二つ目は、中国大陸から離脱して海洋に出、澎湖《ほうこ》島・台湾および南海の島々を含む一大海洋国家を樹立することである。この場合も南海貿易によって財を蓄積し、台湾やジャワのオランダ海軍と提携して強力な軍事同盟を結成する。進んで中国本土を攻撃して沿海地方を勢力下に入れるのである。

三つ目は清朝の招撫に応じて浙江・福建・広州の三省の王に封じて貰い、領内を統治して善政を敷き、これによって江西《こうせい》・安徽《あんき》両省にも勢力を広げて江南自治政府を樹立することである。そのためには海軍力のない清国に代わって強大な海軍を編成し、通商と漁業権を一手に掌握しなければならない。

そして、この三つの選択肢のうち、今、鄭芝龍は最後の清朝の招撫に応じて江南に自治政府を樹立する構想に心が動きつつある。というのは、旧知の洪承疇が清朝の内命を受けて、彼を三省の王に封ずるという好餌を提示してきていたからである。

勿論、鄭芝龍は日本へ要請していた乞師の回答を待っていた。だが、いつまでも待てない。未だに返事がこないところをみると、望み薄しとみなければならないと思いつつも、なお一縷の期待をもって、隆武帝から仙霞関への出陣を命ぜられた息子の成功に軍勢を与えてこれを見送った。日本から援軍が到着すれば、成功を支援して直ぐさま清国軍攻撃に自ら出陣する硬軟両様の構えだ。

こうして、しばらく様子を見ていると、仙霞関へ出陣した成功から「敵軍が眼前に迫っています。何時間もなく決戦が始まると思いますので、すぐさま援軍を派遣していただきたい」と要請が来た。何時までたっても態度を鮮明にしない鄭芝龍に、その決定を迫るための清国軍司令官貝勒博洛《ペイロポロ》将軍の戦略と思える。もし芝龍が息子成功の要請にこたえて、自分の本隊を救援軍として派遣しようものなら、貝勒《ペイロ》将軍は先日洪承疇を通じて伝えた帰順の好餌を撤回して福州へ総攻撃をかけてくるにちがいな

い。そうなってては一大事である。もはや日本乞師の援軍など待ってはおれぬ。そう判断した芝龍は即刻洪承疇に密使を走らせ、

「先日、仙霞関に出陣したわが軍は、関門より二百里（一里は〇・五七六キロ）後方に陣地を撤退する。これによってわが真意を諒《りよう》とせられたい」

と伝えた。一方仙霞関の成功に対しては、

「直ちに軍を撤退して、泉州の安平城に帰れ。命に背いて仙霞関に留まっても、今後は一切兵糧は輸送しない」

と通告した。

芝龍将軍の意を受けて、この通告をもたらしたのは祭輔《さいほ》であった。彼は芝龍の腹心で、その意を体しているから、成功はこの祭輔から初めて父の芝龍が清朝の貝勒博洛将軍から招撫されて、帰順の密約を結ぼうとしていることを探り出した。そして祭輔は成功に向かって、清国軍が仙霞関にやって来たら、戦わずして撤退し、安平城に帰り飛黄将軍の次なる指示を待つようにといった。

聞いていて成功は暗澹たる気持になり激怒した。だがどうすることもできない。自分には御営中軍都督・詔討大将軍の名が与えられているが、それは名目だけで実体がない。部下の将兵はみんな借り物で、父芝龍の命令で動いているからである。やむを得ず成功は兵に福州への撤退を命じた。父は泉州へ帰るように命じたが、彼は御営中軍都督として福州天興府の隆武帝を守護する責任があったからである。

福州へ撤退すると天興府は物情騒然たる有様であった。すでに父芝龍投降の噂が府内に流れ、清国

軍侵入の時期が迫っていると、住民たちは不安に脅え、戦々恐々としているのである。

天興府の宮殿では隆武帝が噂を聞き、高官たちと相談して福州を放棄し、江西省《こうせい》へ脱出して、江南に新府を建てようと計画していたが、その方途が見当たらぬ。如何せん、兵権はすべて平国公飛黄将軍が掌握していて動きようがないのである。そこへ、御営中軍都督の鄭成功が帰還して来たものだから、帝はやっと安堵の胸を撫で降ろし、いかに対処すべきかを下問した。

鄭成功は恐懼《きようく》して答えた。原因はすべて父芝龍にあったからである。

「陛下、間もなく福州は韃靼軍に攻囲されて、外部への脱出は不可能となりましょう。恐れながら直ぐさまこの天興府から出て、他所へ蒙塵あそばされて、再起を図るべきかと存じます。もはやこの成功の力では、父の飛黄軍を陛下の御役に立てることはできませぬ。したがってこれに頼ることなく、陛下御自身活路をお開きくださいませ。不肖この成功、御供仕ります」

そこで隆武帝は自ら近衛兵を率い、政府高官たちの手勢と合わせて防衛軍を編成し、延平へ向かって蒙塵を開始した。先鋒大将軍に任ぜられたのは鄭成功である。時に隆武二年（清・順治三年・一六四六）六月、延平に先着した成功は、清国軍の来襲に備えて、軍勢の一部を福建・江西両省境の要衝分水関（福建省崇安県）に分駐させた。

この成功の判断は正しかった。このときすでに清国軍は南下して江西省を席巻中であったからである。隆武帝一行が進もうとする南昌・建昌のあたりは清軍に包囲され、その先鋒は福建省崇安県の分水関に迫りつつあった。そこで成功は隆武帝親征軍の進路を確保すべく自ら軍勢を率いて清国軍と戦ったが、多勢に無勢、進路を開拓することはできなかった。それでも隆武帝は八月末にいたり、親征軍を率い福建から省境を超えて江西省に入った。ところが江西省を席巻中の清国軍が途中で待ち伏せしているとの情報が入ったので、やむなく引き返して、福建省の汀州《ていしゅう》に入った。急ぎ一行が汀州城に入ろうとしたところを、早くも追尾して来た清国軍につけこまれ、敵軍は城内に殺到した。城内で激しい攻防戦が展開され、隆武帝麾下の軍勢は次々と討ち取られ、もはや絶望状態となった。

隆武帝は大臣たちと城内の忠孝殿に入り、なお脱出の方途を模索していたが、そこへ乱入して来た清兵によって遂に逮捕された。護衛の近衛兵はことごとく斃され、帝自身も佩剣を抜いて戦ったが、アッという間にその剣を叩き落とされてしまったのである。

捕虜となった隆武帝と皇后とは、二人の官女と共に馬車に乗せられ、二千余人からの清兵たちに看視されながら護送され、福建の天興府へ連れもどされた。途中、福建省中部にある名勝九竜渓まで来たとき突如皇后が立ち上がり、馬車の上から身をひるがえして、橋の下の渓流に身を投じた。蛮族韃靼虜囚の恥辱に耐えかねた覚悟の自殺であった。そして隆武帝自身も、福州天興府に着き、牢獄に投じられて監禁されたが、いくらすすめられても食をとることなく、自ら食を断ち餓えて死んだ。このときはまだ福州の天興府にいて、その気さえあれば清国軍司令官貝勒博洛将軍へ進言して、隆武帝を王族として処遇することも可能であったのに、平国公鄭芝龍は全くそのようなことはしなかった。このときから芝龍は明朝の逆臣となったのである。

福建省の延平で、隆武帝が汀州から来駕するのを心待ちにしていた鄭成功は、帝が清兵たちに捕えられたことを聞いて愕然とした。急遽軍勢を派遣して、帝の一行を救出しようとしたが、如何せん、僅かばかりの兵ではどうすることもできない。もはやこれまでと、旌旗を巻いて生母マツの居る泉州安平城めざして撤退した。

一方福州天興府で、日本乞師にわずかな望みを嘱していた鄭芝龍も、これを断念し、一族を挙げて清朝に帰順すべく、説得のため福州から泉州へ帰ってきた。この間の経緯を説明すれば、次の如くである。

芝龍と洪承疇の密約によって防衛軍のいなくなった仙霞関へ進駐して来た清国軍は、福州へ向かって総攻撃をかける態勢を整えた。だが、今ここで攻撃をかければ、未だ向背が明確とはいえない鄭芝龍を怒らせて敵対してくる危険性が多分にあったので、清国軍司令官貝勒博洛《ベイロボロ》将軍は、軍をこの州境に留めて、進撃をさせなかった。貝勒博洛が福州天興府へ派遣したのは、わずかな清兵を率いた清朝の特命使節黄熙允《こうきいん》であった。彼は清国皇帝の勅書を奉じた招撫特使《しようぶとくし》である。彼は天興府に進駐して布陣を終えると、芝龍に皇帝から飛黄将軍に与えた勅書を手渡した。その勅書には次のような文言が認《したた》められてあった。

「朕《ちん》、鴻業を承《う》けてより、天下応諾帰順せざるはなし。而して閩・越二省には古《いにしえ》より豪傑あり、未だに其の綏を詰策する及ばざるは、朕の深く恨む所以《ゆえん》なり。其の名鄭芝龍は、武略斌全《ひんぜん》にして、機業久しく積み、海辺の草寇《そうこう》を撲《う》ち収め、今や既に民の堵《と》を安んじて、業を楽しみ、生を経《へ》ぬることを得させたり。甚だ朕の意に称《かな》えること也。三省の王に開封して其の鴻業課績を念《おも》い、願わくば面《おもて》を見ることを欲せり」

前半は皇帝の威徳を宣揚《せんよう》し、鄭芝龍の功業を称《たた》えたものだが、要は末尾の「三省の王に開封する」というところにある。すなわち、芝龍を浙江・福建・広州三省の王に封ずるという聖旨である。芝龍はこの詔勅を得て、もはや迷うことなく清朝に帰順して皇帝に忠節を尽くすことを決意した。そして即刻福州を貝勒博洛《ペイロボロ》将軍に引き渡して泉州へ退去し、安平城へ引き揚げて、成功と部下の諸将に、この詔勅の内容を伝達しようと思ったのである。

すると、招撫特使の黄熙允《こうきいん》も芝龍に同行して泉州安平城へ赴くと申し出た。なおその帰順に一縷の不安があったのであろうが、そのことは芝龍にとっても有難いことであった。彼の麾下諸将への説得を彼が側面から援助してくれることになるからである。

かくして、芝龍が麾下の飛黄軍を率いて福州から退去すると、そのあと待機していた清国軍が司令官貝勒博洛の命令一下、一斉に行動を開始して、福州全土への進駐を完了したのであった。

無情の訣別

鄭芝龍が部下とともに安平城に帰って、鄭一家は父と母と子が一堂に会した。

父は子に、清朝の招撫に応ずることの利益を説き、子も父と共に清に投降するよう命じた。子は父にその不義なる所以を説き、それが天道に悖《もと》ることであるから翻意するよう懇願した。母も子の意見に同調して、それがいかに君臣の義と武士道に背き、大義名分に外《はず》れた行為であるかということを、懇々として諭した。だが、父の決意は変わらなかった。

成功は南京の国子監で学んだ朱子学の理論を駆使して、整然と大義名分論を説き、古来青史に名を残した人物に、変節して敵に寝返ったようなものは誰一人としていないことを力説した。そして南宋の義人鄂王岳飛《がくおうがくひ》と佞人姦臣秦檜《ねいじんかんしんしんかい》の故事を例にひいて、岳飛将軍は最後まで節を変えず北狄金《ほくてききん》への抗戦の志を貫き処刑されたけれども、その骸《むくろ》は王廟《おうびょう》に祀られて神としてあがめられ、彼を陥れて処刑した宰相秦檜は売国奴《ばいこくど》として、後世の人々から痛烈に指弾されていることを強調した。実際に秦檜とその妻王《ワン》氏の半裸の像は、鄂王廟の側で後手《うしろで》に縛られ、参詣人から痰唾《たんつば》を吐きかけられ、尿《ゆばり》まで浴びせかけられて、辱しめを受けているのだ。

　勿論、芝龍とてもそのことを知らぬわけではない。だが海千山千《うみせんやません》の海寇《かいこう》であったこの飛黄将軍には、そんな世間の子供じみたお説教など、どこ吹く風と聞き流し、いささかも動ずる気配がない。彼は平然として、こういってのけた。

「しかし、その秦檜だが、宰相としてその後も国政を左右《さゆう》し、宋の皇帝高宗は、彼の進言によって金と和を結び、その封冊《ほうさく》を受けて百四十年間もの長きにわたって皇統《こうとう》を保つことができた。宋が祥興二年二月元に滅ぼされるまで、連綿《れんめん》として続いたのは、秦檜が岳飛を処刑することによって、危険な金への武力対抗策を封じたからにほかならぬ。それに、お前に、そうした尽忠報国の精神を植えつけた朱子学者の銭謙益《せんけんえき》だとても、清の大軍が南京城に迫ると、ご自慢の大義名分論などどこへやら、たちまち豹変《ひょうへん》して、率先降伏してしまったではないか……」

　とにんまり笑い、

「じゃから森よ、人は上辺《うわべ》でどんな綺麗事をいおうとも、一皮むけばみんなそんなものさ。お前も、もう少し大人になれ。青臭いことはいわず、この父のいう通りにすれば間違いはないのじゃ」

　と今度は父親の権威をもって頭ごなしにおさえつけようとした。これを聞くと、成功は号泣した。

「これは御父上のお言葉とも思えませぬ。古来の金言に、従来父教子以忠、未聞教子以二（従来、父が子に教えるには忠義を尽くせよと。未だかって聞かず君に二心を抱けとは）というのがありますが、御父上は私に君に二心を抱けと仰せられるのですか？　また、どうして北朝の清などに信が置けましょうや。今御父上が子である私の申すことをお聞きにならなければ、不測のことが起こって後悔なさることは疑いありませぬ。その時、私は白い喪服《もふく》を着て、御父上の仇を報ずることになりましょう。どうか思いとどまって下さいませ」

こうして、遂に父と子は義絶し、永遠の別れをすることになってしまうのである。

このとき、芝龍も、身を切られるような成功の言葉に対して、天を仰ぎ、次のように嘆じたという。

「他日為清之患者、必成功也！（ああ他日、清国に災い（大患）をもたらす者は、きっとこの成功にちがいない）」と。

そこで芝龍は、そのようなことにならないため、成功がかねてより慕い尊敬していた芝鳳《しほう》こと弟の鴻逵《こうき》に、成功を説得させて翻意させようとした。この鴻逵が話して聞かせれば、あるいは納得して自分について来てくれるだろうからと思ったからだ。

だが、意外や鴻逵は、彼が清朝への帰順のことを打ち明けると、色をなして反対した。

「何という馬鹿なことを！　兄者は本気でそんなことを考えているのですか？　やめなさい。あの初代日本甲螺《かしら》であった五峯王直《ごほうおうちょく》のことを思い出してください。みすみす敵の仕掛けた罠の中に飛び込んで、処刑されてしまったではありませんか…現に孫の王信や王玲が、肩身の狭い思いをしていますぞ。兄上、あなたはどうかしています。今直ぐ、あの招撫使の黄熙允を逮捕しなさい。奴を人質にとり、

芝龍は清軍に投降したが鄭艦隊はそのまま温存されていた。

清の将軍貝勒博洛と有利な取引をすべきです」

こういって、弟は兄を諫めたが、芝龍の決意は変わらなかった。それどころか芝龍が反対する自分の息子の成功を無理にも拘束して強制連行するつもりだと知ると、密かに彼は甥の成功を連れ出して、自分の支配地である金門島へ逃がした。

このように、芝龍の思惑は大きく外れた。鴻逵・芝豹の両弟と叔父の黄道周《こうどうしゅう》、甥の鄭彩《さい》・鄭聯《れん》たち、近親たちが、みんな反対意見を唱えて、彼に従わなかったからである。結局、彼に従ったのは、古くからの腹心の将軍たちと、第二夫人以下の妻とその子息たちだけであった。それでも、これら将軍たちの率いる軍隊は飛黄軍団の主力なので、芝龍がこれら将軍たちとともに清朝に投降すれば、残る鄭軍団の弱体は否めなかった。そして後述するごとく、この投降した芝龍と将軍たちは詭計によってほとんどの者が抹殺されてしまうので、歴史の表舞台に再び出てくることはなくなるのだ。

それはともかく、こうして飛黄将軍鄭芝龍の大部隊は、清王朝招撫特使黄熙允の先導で、安平城から威風堂々旌旗をひるがえし、福州へ向かって行進して去った。けれども、これを見送る正妻翁氏マツの心境は悲嘆の極にあった。

　芝龍の継母黄氏や第二夫人顔氏以下の妻妾たちは、みんな芝龍に従って行動を共にし、家族で残ったのは、マツと成功の妻子および芝龍の弟たちと、その家族などわずかな親族縁者に過ぎなかったからだ。

「一体私は何のためにこの異郷の泉州などへ渡って来たのでしょうか……私があれほど情理を尽くしてかきくどいても、あの人は私のいうことなどに耳を傾けてくださらなかった」

　そして、その彼女と同じ思いで安平城の楼上に並び立つ芝龍の旧友たち―安昌侯王楳《おうきょう》、吏部尚書張肯堂《ちょうこうどう》、侍郎朱永佑《しゅえいゆう》、数少ない残留将軍である顧乃徳《こだいとく》、周崔芝《しゅうさいし》らは、自分たちの意見が聞いてもらえなかった口惜しさを表情に浮かべて、いつまでもじっと立ち尽くしていた。中でも最長老で、これまで芝龍の相談役をつとめていた平海将軍の周崔芝は、芝龍の姿が門外へ出て見えなくなると、感極まって大声で叫んだ。

「誠惜明公二十年威望（真に惜しむべし、明公二十年の威望を）！」と。そして、その無念の思いをかみしめながら、この老雄は滂沱《ぼうだ》として涙を流した。もとより金門島にいた国姓爺鄭成功は、この涙の惜別のことを知らない。

　鄭成功は叔父鴻逵《こうき》の配慮で金門島に渡って来て、思いがけない発見をした。そこに鄭一族の艦隊が飛黄将軍の副将定夷侯鄭鴻逵の支配下で全艦温存されていることを知ったのである。鄭鴻逵は今は亡き唐王朱聿鍵を福州へ迎えて帝位に即けた功労者として隆武帝から定国公に封ぜられている。そして、彼と行動を共にしていた建国公の鄭彩《ていさい》とその弟定遠侯鄭聯《ていれん》が厦門島にあり鄭艦隊の一半を支配下に置いている。さらに鴻逵の弟澄済伯芝豹も泉州湾の鄭艦隊を掌握して、これらが閩粤《びんえつ》全海域を制圧しているのである。

すなわち飛黄将軍鄭芝龍が全軍挙げて清国軍に投降したといっても、それは飛黄軍団の陸上部隊であって、水軍は除外されていた。しかも、これまで見て来たように、鄭一族は海寇であり、その軍事力の本命は水軍であったから、鄭芝龍が麾下の軍団を率いて福州へ行き清国軍に加わったといっても、それはなにほどのことでもなかったのである。

そう思うと国姓爺鄭成功は父が企んだ鄭一族の対清帰順工作には大きな抜け穴があることを知った。そして、自分がこの金門島へ連れてこられたことについても、本当は父芝龍が弟の鴻逵と示し合わせて、清朝の招撫特使黄熙允の眼を欺くために仕組んだ芝居とさえ思えてくるのであった。

実は、ここに、これからあと鄭成功が反清復明の旌旗を掲げて、清朝をゆるがすような大攻勢を展開する鍵が秘められていたのであった。

父の監禁と母の自害

隆武二年すなわち清の順治三年の八月から九月にかけて鄭芝龍の清朝帰順騒動があったが、十月には何事もなく、そのまま過ぎた。ところが十一月になると、福建省泉州界隈は不穏な雲行となった。清国軍が進駐して来る噂が流れたからである。やがて十一月下旬、それが現実のものとなった。清国軍司令官貝勒《ベイロ》博洛《ボロ》麾下の部隊長李成棟《りせいとう》と韓国山《かんこくさん》の軍勢が一斉に泉州全土に進軍を開始したからである。

鄭芝龍の飛黄軍団が福州から撤退して、そのあと仙霞関に屯営していた清国軍が大挙進駐して来て福州を占領したが、さらに清国軍は興《こう》州・汀《てい》州・漳《しょう》州を席捲した。だが当面泉州は飛黄将軍の本拠地であるから、進出を見合わせていたのだった。

投降を決意した芝龍は部下の軍勢を率いて再び北上して福州へ入った。そして福州を占領した清国軍と対峙しながら、しばらく貝勒博洛将軍と交渉を続けた。たしかに招撫特使の黄氏は順治帝の勅書を芝龍に示したが、これは招撫の好餌であって領地保障の御墨付ではない。清朝の意を受けて芝龍に帰順を最初に勧めてきた文官の洪承疇《こうしょうちゅう》からは、その後何の連絡もない。あるいは、弟の鴻逵・芝豹や息子成功たちのいうように、彼らの騙しの罠にかかったかと、そのまま北上して清国軍と合流することを見合わせていたのである。

司令官貝勒博洛は、この芝龍の動きを見て、さぐりを入れてきた。泉州の有力者で清国軍に帰順していた郭必昌《かくひつしょう》という人物を芝龍の許へ派遣したのである。そして、芝龍の危惧が、身分と領国の保障にあることを聞き出すと、自ら順治帝の宸翰と称する親書を捧持して芝龍の本営へやって来た。見ると、その親書には「汝の所有する領地の領有を認め、さらに福建・広東総督の地位を保障する」と書かれてあった。これによって、ようやく芝龍も愁眉を開き、貝勒博洛将軍と一緒に北上を再開して、福建の天興府に入ったのであった。

ところが、部隊を天興府の清国軍に合流させて、三日間にわたる合同の歓迎祝賀会に出席して痛飲し、宿所に帰って就寝していると、夜半、夜明け真近になって戸外で騒音が聞こえた。酔眼朦朧《すいがんもうろう》として戸を開けようとすると、ドアが開かない。外からロックされているのだ。ハッと気が付くと今まで身につけていた佩剣がない。慌ててドアを叩くと、衛兵が戸口の小窓から顔をのぞけた。

「なんだ、外から錠を下ろしているではないか。直ぐ俺を出せ」

「済みません閣下、貝勒《ベイロ》将軍の命令でお出しできないことになっております」

「なに、そんなら将軍を呼べ」

といったが、衛兵は立ち去ったきり、なんの連絡もない。

朝になって、ようやく貝勒《ベイロ》将軍がやって来て小窓から顔を見せた。

「将軍、これは一体どういうことでござるか」

「…………」

「拙者の剣は？　部下を呼んでもらいたい」

「済まぬが、これは皇帝陛下の御命令なのだ。剣は拙者がお預りしている。貴殿の部下は勅令により、すでに北京に向かって出発させた。もうここにはおりませぬ」

「なんと……それでは約束が違うではござらぬか……」

と地団太踏んだが、もうあとの祭り。いくらわめこうと、怒鳴ろうと、どうにもならなかった。ようやく鄭芝龍は、自分が、あの海寇の大先輩五峯王直が犯したのと同じ前車の轍を踏んだのを知った。芝龍だとて、海千山千のテクニシャンだ。騙しのテクニックは知っている。だが、この場合、草原の遊牧民韃族《たつぞく》の方が一枚上手《うわて》のようだった。

こうして飛黄将軍を監禁し、障害を除いた清国軍は、司令官貝勒博洛将軍の命令一下、一斉に泉州の鄭氏領内へ侵入を開始した。またたく間に州内諸鎮を占領して、鄭一族の本拠安平鎮に迫ったのは十一月二十九日であった。攻略軍部隊長は韓国山。

このとき安平城を芝龍から委ねられていたのは鴻逵であったが、彼は甥の成功を連れて金門島の所領に帰っていたので、代わって弟の芝豹が城将をつとめていた。芝豹は麾下の軍勢と兄の芝龍が自分のために残してくれていた将兵を加えて籠城し、清国軍と対峙した。このとき、芝豹の片腕となって城兵を指揮し、かたわら、金門島へ去った成功の母マツを擁護していたのは王信であった。だが兵力の不足する安平城内で、彼は正面攻撃をして来る清国軍に備えて東門の守備に任じていたので、搦手《からめて》西門近くに居住する翁氏マツの警護はもっぱら妹の王玲に委ねた。王玲は女性ながら日本の平戸で武術を修行した武芸の達人であったから、侍女たちを率いて西門の護りを固めた。

王玲は明国へ渡来して日も浅いが、城将芝豹から護衛隊長に任じられ、侍女たちの中から強壮な者を選んで女人部隊を結成し、自分が修得していた武芸を伝授していたのだ。

来襲した清国軍は数を誇って、安平城を完全に包囲した。対する安平城の将兵は数こそ少なかったが、士気は旺盛であった。韃靼軍の猛攻にひるむことなく防戦につとめたので、清国軍は初日の力攻めで城を陥とすことができず、日没をむかえた。

その夜、翁氏田川マツは、あらためて、自分に下された運命の過酷さを嘆き、眠れぬ一夜を過ごした。父と子の相剋、夫婦の絆の切断……日本の平戸で、あれほど愛し合い、二世を契った夫婦の仲が、かくも脆く儚いものであったのか……マツの情理を尽くした説得にも、彼は耳を傾けることなく、自分の後継者たる成功のためには、こうしてゆるがぬ財と領国を確保しておかねばならぬのだと、少しも主張を曲げることはなかった。そして、あれほど鄭氏一族のために心のこもった破天荒な待遇を授与してくださった隆武帝を、この夫の芝龍は弊履の如く捨て去った。これは天理に悖《もと》る非道な所行であり、到底許されることではない。このような冷酷さが、あんなに暖かく包容力のあった夫の身体のどこに潜んでいるのだろうかと、マツの心は輾転千々に乱れた。

マツは、娘の頃、平戸藩主夫人松東メンシアから、日本古来の武士道と君臣父子の道を伝授されていただけに、利害のために平然と自分の信念を変える夫芝龍の生き方が、どうしても納得できなかった。息子の成功が南京の国子監で学んだ宋学でも、忠君報国が最高の美徳とされている。幼い頃福松が平戸島で門館先生から理想の人物として教え込まれた鄂王岳飛も尽忠報国の自分の信念に殉じた。さればこのマツも息子の成功が尊敬する岳飛将軍と同じように、尽忠報国を貫き、信念に殉じて生を終えねばならぬのか……と、そう思い到ったとき、夜が明けて第二日目の清国軍の総攻撃が再開された。

安平城の城頭には十数門の大砲がある。

城兵たちはこの大砲を命の綱と、韃靼軍に砲撃を加えながら、防衛に死力を尽くし、容易に敵を城壁に近づけなかった。だが数に勝る清国軍は安平城の弱点を見出し、遂に防備の手薄な西門を突破し、城内に乱入して来た。その西門の近くはマツの居住する館があったのだ。館の警備に任じていたのは女丈夫王玲の指揮する娘子《じょうし》軍であった。

前述の如く国姓爺鄭成功から、その母マツの警護を依頼されていたのは王玲の兄王信であったが、彼は折悪しくこのとき、清国軍が正面の東門を突破すべく総攻撃をかけてきたので、それを阻止すべくそちらへ出向いていた。城兵たちの眼もすべてその東門へ集中していた。猛攻を加え、乱入しようとする敵兵と死闘を演じて他をかえりみる余地などなかった。その盲点を衝かれたのだ。西門から城内に入った清国軍は翁氏マツの住む居館をたちまち包囲してしまった。王玲は娘子軍を督励しながら必死に清兵の居館闖入《ちんにゅう》を阻止しようとするが多勢に無勢、どうにも阻止しきれない。女人兵士は次々と殪《たお》されてゆく。

　ここにいたって翁氏マツもこれが最期と覚悟を決めた。もはや救助の望みはないであろう。たとえ生命をとりとめたとしても、蛮族韃靼兵の陵辱は免れぬ。すでに彼女はこのことあるを予期して、昨夜から衣服を着替え、死出の旅装束であった。戸外では敵兵に斬り殺される女たちの悲鳴が聞こえる。

烈女田川マツの位牌（台湾市中区開山路・延平郡王祠）

　彼女は帯に挟んだ懐剣を鞘ごと取り出すと、静かに鞘を払った。キラリと光る九寸五分は、彼女が平戸を立つとき、父の松庵が持たせてくれた形見の短刀である。

　もとより、武家の娘ではないマツは自害の作法などは心得ぬ。松東夫人メンシア様も、キリシタンなるがゆえに、そこまでは教えてくださらなかった。でも、医術の心得のあるマツは心臓のありかはよく知っている。短刀を右手で握りしめ、左手を添えて、左乳房の下に突き刺し、力をこめ、そのまま前に突っ伏した。そして今際《いまわ》の際《きわ》の苦しい息の下で、

「福松よ、どうかお前は、私や父芝龍のことにはかまわず、己れの信念のままに生きておくれ」

と呟いた。時に隆武二年（一六四六）十一月三十日巳時《みのとき》（午前十時）。享年四十五歳であった。

されば台湾郷土叢書『鄭成功』に記す、

「清兵入南安県安平鎮。成功母田川氏、未及出、見清兵大至乃自剖腹死」（清兵南安県安平鎮に入る。成功の母田川氏脱出するに及ばずして、清兵の城内に大挙して至るを見る。すなわち自ら腹を割いて死す）と。

成功青衣を焼く

南安県の安平鎮と金門島とは一衣帯水の間にある。安平城が清国軍によって攻撃されたという知らせは、瞬時にして金門島へ伝わり、この城を兄芝龍から託されていた鴻逵は驚き、直ぐさま甥の成功を連れ、手勢を率いて救援に駆けつけた。

だが、時すでに遅く、安平城は半ば清兵に占拠され、鄭軍の最長老であった芝鵬将軍と財務長官の周文とが戦死していた。この両名は、芝龍が安平城をあとにするとき、せめてもの倅への置き土産として残しておいてくれた、かけがえのない文武の指南役であった。

それでも城将の芝豹は城兵たちを指揮して果敢な抵抗を続けており、鴻逵はこの芝豹と内外呼応し

て、たちまち清兵を城から追い落とした。援軍を得て安平城兵の士気は頓《とみ》に高まり、それに引きかえ、清兵の気力は衰えて、攻撃に失敗した攻囲軍の大将韓国山は部下に退却命令を発し、泉州鎮から退去した。鄭軍将兵は軍鼓を鳴らし、万歳を叫んだ。

国姓爺成功は清国軍が撤退したあと、叔父の鴻逵とともに城内に入ったが、そこに累々たる鄭軍将兵の屍を見て不吉な予感に胸騒ぎがした。

「もしや、御母上は？」

と、すぐさま西門近くにある翁氏の居館に駆けつけた。

見ると、居館の扉は固く閉ざされて、戸外に娘子軍兵士の骸が累々と転がっている。居館の戸を開けようとしたが扉が動かない。激しく戸を叩き、

「母上、私です。福松です」

と大声を上げると、やっと、内側で掛け金を外す音がした。中に入ると、シーンと静まりかえっている。暗がりに眼を凝らすと、寝台に母が寝ており、その枕元で王玲が佇み、しょんぼりとうなだれている。

「どうなされた母上、起きてください。ただいま福松、金門島から帰って参りました」

呼びかけたが、なんの応《いら》えもない。

「どうしたのだ、王玲！」

と叱りつけたが、王玲も泣くばかりだ。

ハッと胸打たれて、やっと成功は事情が呑みこめた。母の着衣がおびただしい鮮血で染まっていた

からだ。

「お方様は御自害なさいました。わたしたちが戸外で韃族の侵入をくいとめているうちに……」

と、あとの王玲の言葉は、成功には聞こえなかった。

「なんと早まったことをなされた。敵は撃退されてしまったというのに……」

成功は母の死体にすがりついて、滂沱《ぼうだ》として涙を流した。


安平鎮の鄭家四合院に人影はなかった。家長の芝龍はもとより、継母黄氏も第二夫人顔氏、第三夫人陳氏、第四夫人李氏、第五夫人黄氏も、みんな夫の芝龍に従って福州へ去っていたし、成人した第二・第三夫人の子焱《えん》（渡）と垚《ぎょう》（恩）とは軍人となって従軍している。未成年の男子鑫《きん》（蔭）と淼《びょう》（襲）の二人もそれぞれの母に従って妹たちとともに行動している。そして、成功の妻董氏と長男の経とは成功と一緒に金門島へ渡って鴻逵の邸宅に居住していたからである。

叔父の鴻逵・芝豹をはじめ鄭家の一門が心を込めた、しめやかな葬儀を済ませ、マツの遺骸を囲頭湾で水葬にしたあと、成功は安平鎮の天帝廟へ行き、母の遺骸に刺さった短刀を清水に浄めて奉納した。間もなく境内に、母の墓碑を建立するつもりである。

終わると、その足で成功は郊外の南安文廟《ぶんびょう》（孔子廟）へ参って跪拝し、着用していた儒巾（頭巾）と儒服（青衣）を脱いで、両手に捧げ持ち、正殿前に進み出た。一礼して右段の下に跪き、再拝して涙ながらに告白した。

「不肖成功、先師の御教導に従い、良き文官たらんとしましたが、今やそれは許されざる仕儀と相成りました。私はここに表衣《ひょうい》を脱して戎衣《じゅうい》に着換え、北狄清を伐って明を再興することを決意しました。謹んで先師に、これまで着用した我が表衣を御返上申し上げます」

（仰天欷歔与曰、昔為孺子、今為孤臣、向背去留、各行其是、謹謝儒衣、祈先師昭鑒）

そのあと、廟前の庭に退去して、捧持したその青衣（儒巾・儒服）に火をかけて焼き、天を仰いで復讐を誓った。

この鄭成功が青衣を焼いた孔子廟の庭跡は、泉州豊経区北峰鎮招聯村（現晋江市）文廟跡で、そこに「鄭成功焚青衣處」と刻んだ石碑が建てられている。

翌十二月一日、儒服を戎衣に替えた鄭成功は、安平城に帰ると、同志を集めて自分の志を披瀝し、皆の賛同を得た。そのとき参集した同志は成功の親しい友である陳輝《ちんき》、張進、施郎《しろう》、施顕《しけん》、陳覇《ちんは》、洪《こう》旭《きょく》及び彼と志を共にして行動することを誓った九十有余人であった。

そして、巨艦三艘に分乗して、囲頭湾沖に漕ぎ出し、南澳《なんおう》（広東省饒平県東南の海島）へ赴き、兵を募ったところ、数千人の将兵を得た。この島はかつて海寇鄭芝龍の根拠地だったからである。そのあと広州沿岸を北上して、漳州の厦門《アモイ》に帰り、厦門湾南西の離島鼓浪嶼《クーランユー》（コロンス）に上陸して、ここを本拠と定めた。時に一六四七年、清の順治四年、鄭成功数え二十四歳であった。

それでは、このとき、四散した鄭氏一門の動静はどうなっていたのか……。

まず芝龍の弟鴻逵である。彼は芝龍が去ったあと一門中最大の実力者として金門島に拠り、芝龍の監禁騒動が起こったあと清国軍に編入された飛黄軍から抜け出して泉州へ帰ってきた将兵たちを収容してその軍勢は三万にも達した。

次なる実力者は鄭彩と鄭聯の兄弟である。この両名は漳州厦門島に本拠を置いて実力を保持し、その軍勢は一万を超える。この厦門、現在は二本の橋が架かって陸続きとなっているが、当時は離島だったのである。

この鄭彩・鄭聯兄弟は成功の叔父芝虎の遺児で、成功の従兄であった。鄭彩は鴻逵とともに隆武帝を擁立した功により永勝伯に封ぜられていたが、隆武帝の亡きあと、魯王以海を奉じて建国公となり、定遠侯に封ぜられた弟の鄭聯とともに厦門島に拠っていたのである。

そしてもう一人の実力者が鄭芝龍の末弟澄済伯鄭芝豹である。

鼓浪嶼日光岩、鄭艦隊司令部跡（厦門市）

芝豹は長兄芝龍から安平城を委ねられた次兄鴻逵に代わって安平城の城将となっていたが、来襲した清国軍を撃退して城を守り抜いた功績が認められ、正式に安平城主となった。彼は芝龍とは腹ちがいの弟で、その母は象庭紹祖（芝龍兄弟たちの父）の後妻黄氏であったから、その城主就任には黄氏の意向が強くはたらいている。黄氏は芝龍が清に帰順するとき行を共にしたが、芝龍が監禁されて北京へ連行されると、脱出して泉州へ帰って来ていた。したがって、この芝豹は飛黄将軍芝龍が残した泉州湾の艦隊を、そのまま受け継いでいる。

鼓浪嶼、鄭艦隊の膽練

鼓浪嶼は弾丸黒子の小島である。周囲は一里（四キロ）しかない。厦門港とは狭い鷺江《ルジャン》を隔て、大声を出せば島の東岸に届きそうな距離である。この島が鼓浪嶼と呼ばれるのは、島の西岸の海洋に面した磯辺に大きな岩があり、それが大風で荒波が打ち寄せると太鼓が鳴るような音を出すからである。島には巨岩が重なる岩山が散在し、その中心は島央の日光岩《にっこういわ》（晃岩《こうがん》）である。

その狭隘な海島に数千人もの将兵が上陸して生活を始めたので、鼓浪嶼はたちまち軍事要塞と化した。国姓爺鄭成功は日光山を軍司令部とし、山腹の巨大な岩石の下空洞を司令長官室とした。そこは今でも、寨門故地として観光の目玉となっている。岩山の頂上が司令塔で、そこからの展望は絶景である。周囲三百六十度遮るものは何もない。成功は毎日この司令塔に上がって周囲の海上を展望をしながら、将士の海事訓練を指揮した。今も鼓浪嶼の厦門市鄭成功記念館を訪れると、館内に「膽練」と題する写真パネルがあって、鷺江に多数の戎克船を配列して行うその演練の模様が、勇壮に描写展示されてある。膽練の軍規はきわめて厳正で、少しでも怠けたり、軍律に反する者がいると、容赦なく処罰された。

とはいっても、島内には耕地はないから食料の自給はできない。加えて衣料・家具などの日用品もすべて外部から購入しなければならないので、成功は海外との交易に乗り出した。

海外交易・海商は鄭家本来の家業である。彼は南澳から徴発して麾下に加えた戎克船を次々と海外に派遣して通商交易を行わせた。本音をいえば、彼は広い面積で、農地がある隣りの厦門島に本拠を置きたかったのだが、ここには従兄の鄭彩・鄭聯兄弟が蟠踞して全島を領有しているので、どうにもならない。これは父の芝龍と叔父の芝虎の取り決めであった。芝虎の没後、その子息である両人が相続しているのだ。しかも、この兄弟は金門島の鴻逵や泉州安平城の芝豹とはちがって、成功に好感を持たず、非協力的で対抗意識をむき出しにしている。成功が日明の混血児だというところが気に入らぬのである。

こうして、国姓爺鄭成功が討清復明の立場を鮮明にして広州の南澳で挙兵し、漳州鼓浪嶼に本拠を置いていたとき、このほかの明朝遺臣たちは、どのような働きをしていたであろうか？

先ず元明朝の広西巡撫であった瞿式耜《くしきし》と両広（広西・広東）総督の丁魁楚《ていかいそ》だが、この両人は明朝滅亡後、肇慶《ちょうけい》（広東省）にいて動かなかった。彼らは隆武帝の福州が失陥したと聞くと、梧州（広西省）で桂王の子永明王（万暦帝の孫）を擁立した。永明王は一六四七年に即位して永暦帝と称した。したがってこの年が明の永暦元年である。

次に隆武帝が福州の天興府で自殺したことを知ると、隆武帝の弟が唐王を称し、隆武帝の遺臣たちに護られて広東へ逃げて来た。唐王は広東の有力者蘇観生《そかんせい》や元政府の布政使であった顧元敬《こげんけい》らに擁立され、紹武帝と称して隆武三年を紹武元年と改元した。行宮《あんぐう》を広東に置いたが、広西の永暦帝を認めようとはせず、永暦帝もまた紹武帝を無視した。この国家非常の際、相協力して強大な清と対抗して明朝を復活しなければならないのに、愚かというほかかない。

案の定、清の遠征軍司令官貝勒博洛《ペイロボロ》が潮州を落とし、恵州から広州へ迫ったとき、両帝とも驚愕して為すすべを知らず、紹武王朝は壊滅し、永暦帝は瞿式耜の奮戦によって辛うじて死地を脱し、桂林（広東省）へ脱出した。鄭成功は後にこの永暦帝を奉ずることになる。

このあと国姓爺鄭成功は、一六四八年十月、福建省詔安湾内の銅山島へ行き、新兵を募り、漳浦《しょうら》を攻撃した。すると漳浦守将の王起鳳《おうきほう》が降伏したので、詔安から分水関へ進駐した。分水関は福建省の南部にある省境の要塞だ。

こうして広東省内へ進出したとき、彼は初めて唐王が殺されて、永暦帝が桂林に逃れたことを知った。そこで成功は永暦帝の許に使者を派遣し、翌年春に返書を得て、永暦帝への臣従を誓った。すると永暦帝は成功を威遠侯に封じ、成功も隆武を改め、永暦の年号を用い始めた。

前にもちょっとふれたが、もう一人魯王以海という監国がいる。彼は明朝福王の南京が陥落したあと、台州（江蘇省）から海上に逃れて石浦（浙江省）の守将張名振《ちょうめいしん》を頼った。張名振は魯王を奉じ、麾下の水軍を率いて東シナ海の沿岸に根拠地を求めてさまよったが、舟山列島、厦門島などがいずれも黄氏、鄭一族の領有に帰していたので、南澳に到った。すると浙江の明朝遺臣たちが来たり投じたが、その勢力は微弱で新王朝を形成するにはいたらなかった。

鄭成功はこの魯王を擁護して、配下の武将張煌言、張名振らと誼《よしみ》を結んだが、魯王を皇帝に擁立することには躊躇した。だが厦門島の鄭彩・鄭聯の兄弟は、この魯王以海を皇帝として奉じ、鄭彩は帝から建国公、鄭聯は定遠侯に封ぜられた。

鄭成功の日本乞師

『出島蘭館日記』の一六四七年五月十四日（正保四年四月十日）の条に、次のような記事がある。
「福州船らしきジャンク船が三艘、色とりどりの旗と小旗を掲げてやって来た。彼らは福州付近の未だ韃靼（清）人に服せざる地より来たと言い、もう一艘が正式の使者を乗せて近日当地（長崎）へ来る筈であるといった。そこで、彼らを船に留め、番船が付けられた。彼らの舶載品は、ほとんど価値のない物であった」

文中にある正式の使者がやって来たのは、この予告通りの五月十八日（旧暦四月十四日）であった。
「待ち受けていたジャンク船が使者を乗せて到着した。使者は福州の城主の弟であるといい、随分と尊大に振る舞っていたが、長崎奉行はこれを無視した。彼は婦人数人を同伴し、明国風の車と驢馬三頭とを載せてやって来た。長崎奉行の通詞が船に行ったとき、彼はジャンク船上の安楽椅子に坐し、二人の男に天蓋を持たせて頭上に捧げさせ、ジャンク船の船頭を介して通詞と会話した。これは通詞の身分が賤しいから直接話すと体面にかかわると思ったからである。彼らは日に三度もマスケット銃を発射し、楽器を奏した。朝、船上に旗を上げるときと、夕方、これを下す時の二回、このような儀式を行っていた。けれども、今、明国には韃靼人が全土に侵入しており、日本の幕府は、その強い方を支持するであろうから、結局彼らは何事もなし得ずして、目的を果たすことなく帰るであろう」

オランダ人が記すこの文中の使者の素性については、福州の城主の弟とあるばかりで、その名は不明である。ところが、このあとの五月二十七日（正保四年四月二十三日）の条に「前記の使節は一官（鄭芝龍）の子（鄭成功）の許《もと》より来たったと聞いた。彼（鄭成功）は船約三百艘を率いて南澳付近に逃れた由である」と記載しているので、この使者が鄭成功によって派遣された請援の使者だったことが分かる。

しかし、この国姓爺が派遣した日本請援の使者は、尊大に構えて長崎奉行との交渉に臨んでいたけれども、いたずらに冷笑されるばかりで、相手にはされなかったようである。このことは、彼と長崎奉行との交渉が決裂したと思える五月十九日・二十日（四月十五日・十六日）の条に記載されている次の文言で推定できる。

「前記の福州のジャンク船四艘は、一歩も陸上に足を踏み入れることを得ずして、再び出帆の準備を始めた。彼らは船に積んできた砂糖を米八十俵その他の食料品と交換したに過ぎなかったが、それでも尊大な態度を改めることなく、交渉相手の日本人に弱みを見せなかった。仮に渡来の目的が希望通りに達成されたとしてもその喜びを表情にあらわすことはなかったであろう。そのため、日本人には理解されず、冷笑されていたのである」

そして、彼らの戎克《ジャンク》船は翌日の五月二十一日の夕刻に長崎港を出帆したが、湾口まで行ったところ、どうしたことか湾外に出ることができず、四艘とも碇泊してしまった。（『出島蘭館日誌』一六四七年五月二十一日の条）

以上が、オランダ出島蘭館日誌に記載されている鄭成功による初回の日本請援使節派遣の記録である。これを当時の情況により判断して解説すると次のようになる。

先ず、四艘の戎克船を率いて来航した正式の使節というのは、福州の城主の弟とあるから芝豹と思える。福州の城主というのは鄭芝龍と考えられるからである。

次に色とりどりの旗を掲げて最初にやって来た使者というのは当時鄭成功と鄭芝豹とのつなぎ役となっていた王信と思える。彼は成功の腹心だし、鄭軍団に入ってからは絶えず芝豹と行動を共にしていた弟分だったからである。それに王信は少年時代、平戸のオランダ商館に勤務していて、長崎の事情に通じており、鄭成功の意を受けて日本請援の任務を果たすにはうってつけの部下である。

だが、この両人による日本請援のこころみは失敗におわった。それでも国姓爺鄭成功は日本への働きかけを断念しない。史料により、成功が行った日本請援は次の通りである。

慶安元年（一六四八）永暦二年、清・順治五年
慶安四年（一六五一）永暦五年、清・順治八年
万治元年（一六五八）永暦十二年、清・順治十五年
万治二年（一六五九）永暦十三年、清・順治十六年
万治三年（一六六〇）永暦十四年、清・順治十七年

国姓爺鄭成功が、台湾の安平城で死去するのは一六六二年五月八日であるから、終生、彼は日本乞師（請援）に執着していたことが分かる。

「大明龍興三百年、治平日に久しく、人は乱を忘る。韃靼（清）虚に乗じて両京（北京と南京）を破る。神州悉く腥羶《せいせん》（異狄の獣）に汚る。成功、深く国恩を荷《おも》う。故に血を流して讐に報ぜんとし、浙閩《せつびん》（浙江・福建）の間に徘徊す。義に感じ、すこぶる随従する者あり。しかれども、孤軍懸絶し、千苦万辛、

忠心未だ遂げず。日月空しく過ぐ。成功、貴国（日本）に生まれる。故に深く貴国を慕う。今や艱難の時、貴国、我を憐れみ、数百の兵を仮《か》さば、義に感ずること限りなし」

この書状は成功が慶安元年（一六四八）の十月に乞師の使節を日本へ送って、幕府に清軍打倒の救援軍をこの成功に貸して欲しいと要請した書状の文面である。

内容は、解説するまでもないが、「明国は今、夷狄清の侵略を受けて滅亡の危機に瀕している。私は国恩に報ぜんと浙江省と福建省の間で戦っているが、未だに忠心を遂げることはできない。私は日本に生を受けて、深く貴国を慕っているので、なにとぞ私を憐れみ、数百の兵をお貸しいただきたい。望みを叶えていただければ、これに過ぎる喜びはござらぬ。永久に感謝する次第です」と述べているのである。

長崎奉行はこの書状を受け取ると、直ちに江戸へ転送し、受理した幕閣で老中たちが協議を重ねたようだが、返書を出した形跡はない。

国姓爺鄭成功に限らず、日本請援をはたらきかけたのは、他の抗清復明の将軍たちの中にもいた。たとえば一六四九年（慶安二）に成功の従兄で建国公の鄭彩が琉球を経由して日本へ請援の使節を送り、同年十月に兵部侍郎馮京第《ひょうきょうだい》と左副御史黄宗義が、また同年冬には御史の兪図南《ゆとなん》らが、それぞれ乞師を要請した。だが、この要請はみんな失敗に終わっている。

そこで一六五一年（慶安四）十二月になると、なおもあきらめきれぬ鄭成功は、日本に救援軍を要請する乞師ではなく、資金援助の乞資を要請することにした。

後述するように成功は、この年、失陥した厦門島を奪還して海澄を占領し、さらに進んで福建省の漳浦を攻略して大いに気勢を上げたが、投降して来る敵兵が増えてこれを養う食糧が不足したからである。日本へ乞資することによって得た物産を呂宋・暹羅《シャム》（タイ）・交趾《コーチ》（インドシナ）などへ転売して、その利益で食糧を調達しようと思ったのである。これは参事馮澄世《ひょうちょうせい》の献策である。

この日本乞資は成功し、さらにこのとき国姓爺は、日本から銅や鉛を輸入して、大砲・永暦銭・甲冑・機械などを鋳造している。このことを史料『台湾外記』巻六でうかがうと、次のようなことがわかる。

「十二月、成功勝ちに乗じて諸県を旁掠《ぼうりやく》す。漳浦の守将楊世徳・陳尭策、成功の旧将なり。城を献じ投降す。世徳に英兵鎮、尭策に護衛前鎮を授け、林其昌《りんきしょう》を漳浦知県となす。成功、士卒の繁多にして地方窄狭《さくきょう》、器械未だ備わらず。糧餉《りょうしょう》（食糧）為すに足らざるを見て、遂に是れを参軍（潘庚・馮澄世・蔡鳴雷・林兪卿ら）と会議す。澄世曰く、方今（現在）糧餉充足し、鉛銅広多なるは日本に如《し》くはなし。故に日本、常に中国に垂涎《すいぜん》す（交易を強く望んでいる）。前《さき》に翁太夫人（田川氏）を国王（平戸侯）は既に認め、鄭芝龍の女（妻）となす。すなわちその意厚く、これ（日本）と通好せば、彼は必ず従わん。藩主（成功）何ぞ書を修めざる。意に甥《つい》（外孫）の礼をもって自らを侍せば、国王大いに喜ばん。且つ彼の地に彼の糧を借り、以て我が用を済し、しかるのち呂宋《ルソン》・暹羅《シャム》・交趾《コーチ》等の国に下《げ》販《はん》（売りさばき）、源々絶たざれば、すなわち糧餉足りて進取易からん」

かくして成功は、鄭泰に大艦を造らせ、洪旭をしてこれを助けさせ、外孫の礼をもって使者を遣わし、日本と通好させた。すると、果たして国王（徳川将軍）は大いに悦び、鉛銅を援助してくれた。そこで成功はその鉛銅をもって銅砲・永暦銭・甲冑・器械等を鋳造させたというのである。

さて、その次の国姓爺鄭成功の日本請援は、一六五八年（万治元年、明・永暦十二年、清・順治十五年）で、この年六月二十四日に成功は、使船一艘に百四十七人の部下を乗せて、長崎へ派遣し、徳川将軍あての書状と進物を江戸の幕府へ献上させた。

ところが、これは不調に終わった。成功が将軍にあてた書状は、『華夷変態』に「朱成功献日本書」として掲載されているが、これによると、この上書は一行が長崎へ着いて十六日後の七月十日に江戸幕府へ到達したけれども、

「此書簡、和解《わげ》に及ばず、殿中において役人たちが事前にこれを読み、相当慎重に協議せるも、御返書に及ばず、しかも使者並びに進物等御受けなされず」

という結果になったと書かれているからである。

請援交渉に失敗した使船は、九月十二日に帰帆した。このことを知った成功の心情は如何ばかりであったことであろう。

『長崎夜話草』の「塔伽沙谷《タカサゴ》之事並国姓爺物語」によると、

「福州に於ける国姓爺城中の有様、男女の風俗、四季折節の優式、城内正朔元三《せいさくがんざん》、門戸に松竹を飾り立てる事、日本の如くに祝いしたぐい、鄭成功日本恋慕の情切々たるものありし」

とあるので、彼が日本に対して強い懐旧の情を抱いていたことがわかる。その日本が彼に冷たい仕打ちをしたことは彼にとって、やりきれぬ思いであったことであろう。なお右の『長崎夜話草』の文章は、鄭芝龍の旧友五島一官の子が福州へ行き、成功と三年ばかり一緒に暮らしたときの回想記である。

鄭成功日本請援の最後の記録は一六六〇年（万治三年、明・永暦十四年、清・順治十七年）である。この年七月、成功は部下の兵官張光啓に命じて日本へ借兵（乞師）に行かせた。このとき張光啓が持参した乞師状は長崎奉行へ提出されたが、奉行が握りつぶしたため江戸の将軍へは届かなかった。中国の文書『海上見聞録』の順治十七年七月の条に「七月、兵官張光啓に命じ、倭国へ行きて兵を借らしむ。船を以て黄檗《おうばく》寺の僧隠元《いんげん》および其の徒五十衆を載す。時に倭人、敦《あつ》く隠元を請う。故に載せてともに往かしむ。賜姓（成功）の書、倭国王（長崎奉行）に与えられしも、上将軍国政を主《つかさど》る者に及ばず。故に兵は発せず」とあることによって、このことがわかる。

但し、この文中に隠元が一緒に行ったと記されていることは間違いである。隠元の来日は一六五四年（承応三）だからである。また、このときの乞師交渉は失敗したが、乞資には成功したようである。別の史料『台湾外記』の「台湾鄭氏始末」に「日本上将軍兵を発するを允（許）さず、僅かに銅熕《どうこう》（銅砲）・鹿銃・倭刀を助けしのみ」とあるからだ。

ところでもう一つ、確証はないが、万治二年（一六五九）に行われたと思える日本請援がある。万治二年といえば明の永暦十三年で、国姓爺鄭成功が南京を攻略して大敗を喫した年だ。敗退して厦門島へ帰って来た成功がかねてから日本へ渡航したいと希望していた朱舜水《しゅしゅんすい》に託して日本へ乞師を要請したというものである。このことは鄭成功から朱舜水にあてた「鄭成功、帰化舜水に贈る書」によって推定されることで、この書の中に次のような文言があることをもって論拠とする。

「いま遠く日本諸国侯に憑《よ》り、多少の兵を仮らんと欲す。恭しく望むらくは、台下（舜水）森（成功）に代りて之れを諸国侯に乞わんことを。便《すなわ》ち是れ台下と曽《か》って謀《はか》りし処なり」

国姓爺鄭成功は南京攻略に従軍して来ていた朱子学者舜水とかねてより話し合い、日本へ乞師を要請することを謀っていたが、いよいよ彼が日本へ渡航するにあたって、「どうかこの成功に代わって日本で救援要請をして欲しい。日本の諸侯に説いて多少の兵を派遣するようはからってもらいたい。今貴殿は伯夷・叔斉の故事にならって日本に隠れんとするが、決して国恩に報ずることを忘れないで欲しい。もし復明のことが成れば、その功は貴下の尽力によるものと、決して余は忘れぬ」といって、彼を見送ったというのである。

無敵鄭軍団の再興

話が幾分前後したが、舞台を明国の福建省にもどして、国姓爺の復明抗清の戦歴をあとづけよう。

一六四八年（明・永暦二年、清・順治五年）漳州鼓浪嶼に拠る鄭成功は、突如として対岸の厦門島を奪い、従兄の鄭聯を暗殺し、その兄鄭彩を追放した。事の起こりはこうである。

この年二十五歳の成功は、杜輝《とき》・林習山《りんしゅうざん》の両将を従えて福建省泉州の西に位置する同安城を攻めてこれを落とした。清軍の城将を敗走させると、成功はその夜部下の諸将を集めて訓辞した。

「我らは首尾よくこの同安城を奪取したが、油断してはならぬ。敵は必ず大挙して反撃して来るであろうから、余は先手を打ち、定国公の鴻逵《こうき》と協力して泉州城を攻めることにする。定国公とは泉州城外の桃花山付近で会見することになっているので明朝早々出発する」

こうして、桃花山付近で叔父の鴻逵と会見した成功は、早速軍議を交わして、泉州進駐の清軍主力が拠る桃花山陣地を攻め、泉州城との連絡を遮断することにした。攻撃は翌日の早朝から始まった。

まず成功軍が桃花山の東から攻め、少し遅れて鴻逵の率いる軍勢が山の西側から攻めることにしたが、成功は麾下の軍勢を二手に分け、三方から同時に桃花山の清国軍陣地へ突入した。このとき清軍は朝食にとりかかるところだったので、吃驚仰天《びっくりぎようてん》、食事を放り出して、右往左往するばかりで敗走した。

三日後、清国軍は精鋭を繰り出して桃花山陣地の奪回に押し寄せた。敵の大軍に対して味方は小勢であったからやむなく撤退することとし、追撃されては一大事だと各陣所で大篝火《かがりび》を焚かせて、その周囲に藁人形《わらにんぎよう》を置き、将士が暖を取っているように見せかけた。こうして、夜半、闇に乗じて撤退に成功し、金門・鼓浪嶼の両島に引き揚げることができた。

勢いを得た清国軍は、八月に入ると同安城の奪回に乗り出してきた。成功軍の城将丘縉《きゆうしん》は城内の老幼婦女子を三キロほど離れた森の中へ避難させることにした。夕刻になって城門を出ようとしたところで、一足早く敵が城門に迫ったのでやむなく城内へ引き返した。しかるに敵は夜明けとともに猛攻を始め、怒濤の如く城内に乱入して来た。城内で激しい白兵戦が始まり、城兵は果敢に抵抗したが多勢に無勢、次々と斬り死にして、遂に全員玉砕した。それればかりではなく、避難しようとして叶わず城内へ引き返していた老幼婦女子までがことごとく虐殺の憂き目をみてしまった。

鄭成功はこのとき、鴻逵とともに金門島に残留していた。清国軍の同安城攻撃を知って、直ぐさま救援に赴こうとしたが、いかんせん桃花山から撤退してきたばかりで陣容が調えられない。そこで厦門島へ急使を走らせ、無傷の大兵力を擁する鄭彩・鄭聯兄弟に急遽救援軍を派遣してもらいたいと要請した。ところが兄弟はそしらぬ顔で、返事さえしない。成功は地団太踏んで口惜しがったが、どうすることもできない。やむなく彼は泉州同安城の同族の将士と罪なき老幼婦女子を悪鬼の如き韃賊の陵辱虐殺に委ねるしかなかった。

「嗚呼、あの厦門島に屯営する鄭軍さえ自分の手元にあったら彼らを救えたのに！」

と、成功は悔し涙を流し、密かにこれを自分の手に取りかえそうと決意した。

というのは、この厦門の大兵力は父芝龍の軍勢であり、それを芝龍が息子の成功のために残して置いてくれていたものであった。それを鄭兄弟が実力で接収し、己れの麾下に抱え込み、その一部を泉州の安平城と金門島に配分しているのであった。したがって、国姓爺鄭成功の現在の軍団といえば、彼が各所で募兵したものたちで、その主力は南澳で応募して来た芝龍の旧部下たちであった。一日も早く、彼は鄭家軍団のすべてを正統な鄭一族の総領として自分の手中に納め、父芝龍の時代と同じような大軍団に再編成しなければならないのである。そこで、彼は、虎視眈々とその時機をねらっていたところ、その時が意外にも早く到来したのであった。

夏になって、鄭兄弟は無道にも、大学士の熊汝霖《ゆうじょりん》と義興侯鄭連謙《ていれんけん》を殺害した。そのため、人々から土地の名士として尊敬されていた儒者銭粛楽《せんしゅくらく》が憂憤のあまり血を吐いて死ぬという事件が起こった。心ある人士は眉をひそめたが、そうした時、たまたま広東省潮州の有力者陳斌《ちんひん》が成功の令名を慕って鼓浪嶼へやって来た。

「清軍が侵入してこない前に広州を制圧していただきたい。ついては広東へ手引きをいたしたい」

というのである。そこで成功は彼を厦門島へ案内して、鄭彩・鄭聯の兄弟を紹介した。広東へ軍を進めるとなると、どうしてもこの鄭家軍団主力の協力が必要だったからだ。このとき、鄭彩は病床にあり、弟の鄭聯だけが出て来て、陳斌と会見することになったが、成功はこのときが、鄭兄弟を討つ絶好の機会だと判断した。

会談は厦門の名勝万石巌の洞窟内にある料亭で行われた。酒肴で珍客を歓待しながらの会談であったが、案の定、鄭聯は言を左右して、鄭軍の広東派遣を諾《うべな》わなかった。厦門は鄭聯の地元である。そのため安心していたのか、彼は酩酊していた。そこをねらって、会談を終えての帰るさ、成功は忍ばせていた伏兵に彼とその従者を襲わせて、暗殺したのであった。たしかにこの行為は人倫に悖《もと》ることで、情においてしのびないことであった。鄭聯の父は芝龍の次弟であり、成功にとっては従兄弟《いとこ》にあたるからである。だが大義親を滅し、大事を成すにはやむを得ないことであった。

弟聯を殺されて気弱になった鄭彩は、少数の部下を連れて金門島へ行き叔父（父芝虎の弟鴻逵）を頼ったあと、成功の追及を恐れて戎克船で南海へ逃れた。かくして、国姓爺鄭成功は、念願の鄭軍団主力を手中に納めたのであった。このあと成功は陳斌の手引きで広東省の潮州へ進軍し、潮陽（広東省東部）に屯営する清兵を撃滅している。これによって、下火になっていた反満抗清の勢力は、再び勢いを盛り返した。

道義的に多少の非難はあったが、厦門島を手中に納め鄭家の全軍団を掌握した国姓爺は、海上貿易に乗り出した。前述した日本乞師もそのあらわれだが、彼は明国内で仕入れた生糸・絹織物・陶磁器などを日本で売り、日本で買い付けた商品を台湾・呂宋・ジャワなどへ転売した。したがって、長崎には明の寧波《ニンポー》からやってくる戎克船のほかに、国姓爺船と呼ばれる戎克船の来航があいついだ。

こうして、国姓爺の経済的基盤は徐々に確立されていったが、もう一つ、彼は江南の商工業者との結び付きをはかった。明代末期父芝龍が海商として活躍していた頃、江南の手工業は大いに発展し、増大する製品の販路を海外に求めたが、明の政府が海禁政策をとっていたため、芝龍のような密貿易業者に頼らざるを得なかった。ところが政変によってそれが不可能となった反面、国内市場も狭まったので、商品の捌《は》け口を一層海外へ求めなければならない。そうした輸出依存度の増大にこたえて、海外貿易の担い手となったのが、外ならぬ鄭成功の率いる国姓爺船だったわけである。ここに国内の商工業者と鄭軍団との結び付きが生じ、彼はこうした富豪たちから直接間接大きな資金援助を受けることができるようになった。

明王朝を倒して中国全土に支配権を伸ばして来た清も、明の鎖国政策を踏襲していたので、発展する商工業者の商品の捌け口は密貿易に依存することになり、その密貿易業者である国姓爺は莫大な富を得た。そして、その富がその後の抗清軍事行動の資金源となったのである。

さて厦門島を手に入れ、余勢をかって金門島へも支配権を及ぼした国姓爺鄭成功の眼は、広東・広西両省へ向けられるようになった。ここへはまだ清の軍事力がそれほど強くのびてはいなかったからである。

そこで国姓爺は、この両広攻略の準備として、領内の官制・軍政を整備し、領内各地に武将を駐屯させて堡塁を構築させた。また、鄭軍団の主力は海上貿易を兼ねた水軍にあったから、さらにこれを強化するため次々と大船を建造させた。目指すところは、父芝龍の遺志を継承した一大海洋国家の樹立である。

こうなると、鄭軍団を見る世間の眼も変わった。寄らば大樹の陰と、国姓爺を頼ってくる明の遺臣たちが次第に増えた。その頃（一六四八年九月）、明の遺臣たちは福建・浙江の沿海で、なお果敢な復明反清の活動を続けていた。彼らはこれまで度々清兵と戦ったものの勝利を得ること能わず、みんなこのあと鄭軍団に参入することになるのである。

けれども、金門・厦門両島だけでは、抗清・復明の基地としては狭きに失する。これでは強大な清国軍に攻撃されてはひとたまりもない。それゆえ国姓爺は浙江・福建・広東三省のすべてを制圧しようと決意した。当面の攻略目標は広東省である。

厦門島の失陥と奪回

一六五〇年（永暦四年、清・順治七年）、西寧王の李定国が厦門の鄭成功に救援を求めてきた。清軍の司令官平南王と靖南王が数万の大軍を率いて広州へ攻め込んできたからだ。

そこで成功は同年十一月、水軍を率いて南下し、十二月に広東省の掲陽《けいよう》に入った。ここで越年し、翌永暦五年正月、南澳へ行き、二月白沙湖に進出した。ところがこの白沙湖を航行中、突如暴風に見舞われ、兵糧船と飲料水を積んだ戎克船が遠方へ流されてしまった。そのため船団は足留をくって航行が不可能となったが、屈せず、三月に大星所へ進出した。ここで思いがけず厦門が留守中馬得功《マトイコン》の率いる清国軍によって占領されたことを知らされた。

国姓爺鄭成功はこのたびの広州出陣にあたり気がかりなことが一つあった。それは留守中泉州まで南下していた清国軍が厦門島を攻撃するのではないかという懸念であった。しかも留守中厦門城の守備に任じている鄭芝莞《しかん》は凡庸な人物で頼りないことおびただしい。そのため成功は出陣にあたり金門島の叔父鴻逵《こうき》に戦さ上手として知られる施郎《しろう》を付けて、若《も》し清軍が来襲するようなことがあれば直ぐさま救援に赴くよう依頼していた。

危惧は当たった。鄭軍団の動向をさぐっていた清の福建巡撫張学聖《ちょうがくせい》が、鄭艦隊主力の広州出陣を知ると、直ぐさま厦門島奪取をねらって泉州守軍（提督）の馬得功および漳州守軍の王邦俊《おうほうしゅん》に厦門城の攻略を命じた。

このとき厦門城の鄭芝莞と同じく、泉州安平城の守備に任じていたのは鄭芝豹であった。芝莞が成功とどのような続柄の人物であったか今一つはっきりしないが、芝豹は父芝龍の末弟である。ところがこの芝豹は清の大軍が安平城に迫って来ると、戦意を喪失して、清将馬得功のいうがままに泉州港から厦門港へ渡航する戎克船とその漕ぎ手を差し出した。馬得功が兄の鴻逵の旧部下で、長兄の芝龍の武将となって福建で清軍に投降した旧知の仲だったからでもある。恐らく馬得功が芝豹に、清軍中にいる芝龍の意向を伝えたからであろう。

かくして二月二十九日の夜、馬得功麾下の清軍は泉州港から輸送船二十余艘に分乗して厦門島へ漕ぎ寄せ、厦門城めがけて艦砲射撃を始めた。砲撃によって城兵の士気を挫くと、今度は敵前上陸を敢行し、弓矢を射かけながら城外に布陣した鄭軍を城内に追い込み、そのあとにつけ込んで一斉に厦門城内へ殺到した。城内で市民を巻き込んだ白兵戦が展開され、前文淵閣《ぶんえんかく》大学士部尚書の曽桜《そうおう》が自決した。鄭軍は次第に清軍に追いつめられて形勢不利となった。

　すると城将の芝莞は城兵主力を城北に集結させて、城外への脱出路を確保させ、城内の金銀財宝を戎克船に積み込むよう命じた。彼は城内の民衆と兵士を見捨てて、軍艦で海上への逃亡を企てたのである。そして、今まさにその芝莞が乗船した戎克船が城門内の河岸《かし》から纜《ともづな》を解こうとしたとき、城内で鄭成功の留守をあずかっていた董《とう》夫人が侍女の王玲に警護されて駈けつけてきた。見ると彼女は貴重品など一切持たず、亡き翁氏の位牌だけを抱えている。この位牌は夫の成功が自分の居館の仏壇に祀って朝夕礼拝しているものである。董夫人は、部下と市民を置き去りにして脱出しようとする芝莞将軍に非難の眼を向けた。

「わたしも城から出ます。この位牌を韃族の兵士に汚されたくないからです。船に乗せてください」

　すると、芝莞将軍は答えた。

「いいえ、それはなりません。この戎克船は軍艦ですから、敵軍と港外で戦火を交えることになります。したがって非戦闘員は乗船できないのです。どうか奥方は急ぎ城北の乾門《いぬいもん》へお進みください。そこに城外への脱出路があり、部下に命じて軍勢を配置してあります。そこから城外へ出て、しばらく難をお避けください。拙者はこの軍艦で敵艦を撃ち払い、金門島の定国公鴻逵の援軍をむかえ入れて、追っつけ御方様をお迎えに参上いたします」

　それなら、なぜ軍艦に多量の金銀財宝を積んであるのか……董夫人もさるもの、その手はくわずに言いかえした。

「私は鄭軍総司令官国姓爺成功の妻です。艦上で戦死するのは本望です。国姓爺成功に代わって命じます。直ぐ私を乗船させなさい」

少しもたじろがず、凜として命じたので、芝莞もやむなく、この董夫人と王玲を軍艦に乗せた。だが狡猾な芝莞は、巧みにこの董夫人乗船を利用した。これを口実として、

「本艦は国姓爺夫人の御召し艦である。されば敵艦と戦い、夫人に万一のことでもあれば国姓爺に申し訳が立たぬ。これより本艦は清艦隊との接触を回避して、針路を南方海上へ向けよ」

と部下に命じたのであった。

城将鄭芝莞が城外に脱出したため、清将馬得功は難なく廈門城を占拠し、国姓爺船が海外貿易によって蓄積していた城内の十万斤の米、十万両の黄金、幾百箱の財宝すべてを手中に納めた。これは思いがけない、僥倖ともいうべき戦利品であった。となると、当然これを奪いかえそうと、鄭軍団の猛烈な反撃が懸念される。

そこで司令官馬得功はこの戦利品を残らず戎克船に積んで急ぎ泉州港へ引き返そうとした。この莫大な兵糧米と財宝を持ち帰れば、鄭軍団の戦争継続は不可能となるし、福建巡撫の張学聖もその功績を高く評価してくれることは疑いなかったからである。

だが、この措置は遅きに失した。急を聞き、麾下の軍勢を率いて奪回に航行して来た定国公鴻逵によって泉州への進路を遮断されてしまったからである。金門島から出航してきた鴻逵は自ら陣頭に立って廈門港を封鎖するとともに、鄭成功がこうしたときに備えて残しておいた海将施郎を金門廈門両島の海峡に出動させて、完全に清軍の退路を遮断したのであった。

「南無三、遅かったか……」

と馬得功は狼狽しながらも、占領した廈門城の砲台から、大砲を発射して、砲弾を鴻逵艦隊めがけ

て浴びせかけたが、歴戦の海将鴻逵は少しもたじろがない。しかも相手は自分の旧部下であったから、その手の内を読み、攻撃の裏をかいて、厦門城清軍将兵の殲滅作戦を展開した。厦門城は厦門島東南隅に突出した胡里山《こりさん》の城砦で、現在は一八九一年（光緒十七）に厦門港に向けて設置された砲台が偉容を誇っているが、当時はそれほど堅固ではない。鴻逵の鄭軍団が、上陸して胡里山の裏手から攻撃してくれれば、たちまち清軍は全滅してしまう。そうなれば戦利品も何もあったものではない。糠喜《ぬか》びに終わって、すっかり意気消沈した馬得功は、密かに厦門城からの脱出計画をめぐらした。忍びの者に書翰を持たせて泉州安平城にいる黄平国太夫人（鄭芝龍の継母）に命乞いをするとともに、自ら小舟に乗じて鄭艦隊の旗艦に乗りつけ、鴻逵将軍に面会して自分と部下将兵の助命を懇願した。黄氏平国太夫人は安平城主鄭芝豹の生母であり、馬得功も若い頃から面識があったから見殺しにはしないだろうという一縷の望みがあった。また鴻逵はかつての上司であり、芝龍の清軍帰順に従って自分も投降したが、喧嘩別れをしたわけではない。だから行って頼めば、情深い彼のことだから、命だけは助けてくれるにちがいないと思ったのである。

「拙者のこのたびの厦門城攻撃はもとより拙者が望むところではなかった。福建巡撫張学聖の厳命を拒むことができなかったからでござる。したがって拙者は攻撃に際しては城兵の殺傷は出来るだけ避け、非戦闘員である市民の殺戮と掠奪は厳禁いたしました。泉州同安城で行ったような無惨な狼藉と虐殺がなかったのはそのためでござる。だがもし、拙者が今ここで閣下に捕縛され、処刑されたとなると、清兵は頭を失い統制がとれなくなって、あの同安城と同じような禍が生じましょう」

と市民への災禍を避けるにはこれしかないと、情理を尽くして命乞いしたから、鴻逵将軍も、なるほどそれも道理と、彼の命を助け、そのうえ一艦を割いて彼を清兵とともに泉州港へ撤退させた。これによって馬得功が手に入れていた厦門城の糧米と金銀財宝はすべて元通り鄭軍団にもどったわけである。

ところが、この事件は、広州遠征中の国姓爺鄭成功にとっては、面目を損う屈辱的な一大痛恨事であった。

永暦帝を奉ずる復明の王族李定国からの要請で出陣しながら、その期待を裏切って軍を還すことはなんとしても申し開きが出来ない。隆武帝の亡きあと、成功はこの永暦帝に臣従を誓って、使用する元号を隆武から永暦に改めている。そのため彼は永暦帝から一六四八年威遠侯に任ぜられ、翌年七月には延平公に封ぜられている。今この永暦帝の信頼を裏切って進軍をやめることは不忠の臣となる。従軍の武将たちはこぞって直ぐさま陣を払って厦門城奪回に向かうべきだと進言したが、成功はあくまでも前進に固執した。

だが、部下は泣いて嘆願した。厦門城内に残した家族が、あの泉州同安城の惨劇と同じような目にあわされることを極度に恐れたからだ。やむなく成功も、この懇願を容れ、沈痛な表情で深々と南西の桂林に向かって頭《こうべ》を垂れ、帝への不忠を詫びながら帰還したのであった。

ところが南征艦隊を率いて帰還してみると、案に相違して厦門城は鴻逵と施郎の尽力で奪回されていた。喜んだ国姓爺はすぐさま鴻逵と施郎を呼び出してその功績を称えようとしたが、真相を知って激怒した。

「なんと叔父上、どうしてそのような愚かなことをなされたのですか。馬得功はあなたの部下だったとはいえ、狡智に長けた腹黒い男です。そんな男の言いなりになるとは、どういうことですか。いかな叔父上だとて罪過は免れませぬ」

と、その場で自分の頭髪を切り落とし、卓を激しく叩いた。鴻逵は住民の安全をはかるためにやむを得ない措置だったと弁解しようとしたが、あまりにも激しい甥の剣幕に驚き、言葉もなく退散した。

成功はそのあと、しばらく黙考して、次のような断を下した。

「このたびの清軍の来襲に際して、それを幇助したのは芝豹であり、敵軍の罪を問うことなく無傷で逃がしたのは鴻逵である。また最期まで戦わずして厦門城を敵手に委ねたのは芝莞である。以上の者共はすべてわが鄭一族の者ではあるが、いかに同族であろうとも、その罪科は免れぬ。よって最も重い罪に問うべき芝莞は斬罪に処し、鴻逵と芝豹には追って処刑を申し渡す」

これを聞いた鴻逵は人をやって成功に会わせ、自分の立場を釈明しようとしたが、成功はこれには耳を貸さず、こういった。

「帰って叔父上に告げるがよい。今後わが鄭軍団に規律の遵守を徹底せしめる上からも、叔父上をこのまま赦しておくことはできぬ。このあとこの成功の復明の志が達成されぬ限り、二度と叔父鴻逵にはお目にかかることはないとな」

さすがに、この甥の強い決意を知ると、鴻逵は為す術もなく、自ら兵権を解いて野に下り、泉州安平鎮の白沙という在所に引き籠もってしまった。彼は二度と公の場に姿を見せることはなく、花鳥《かちょう》風月《ふうげつ》を友として余生を送ったということである。

芝莞と鴻逵の二将を処断したあと、成功はもう一人の叔父である芝豹の罪を問うつもりであったが、これは彼の生母である黄氏平国太夫人の手前、どうしてもできなかった。だが、そのままにしてはおけないので、芝豹の所有する戎克船を全部没収した。この戎克船で清将馬得功の率いる軍勢を厦門島へ送らせた罪科を問うたのである。

その上で国姓爺鄭成功は、厦門合戦で功績のあった将士を犒《ねぎら》い、論功行賞を行った。清軍の退路を断った一番の功労者である施郎には白銀二百両と昇進三級、清軍相手に最も奮戦した陳勲・鄭文星の二将には各銀百両を与えた。そのほか、こうした賞罰は縁故血縁の親疎には関係なく、公平無私に行われたから、全軍将士は大きな感銘を受けた。こうして、末端将士へも心配りの論功を済ませたあと、成功は全軍に布告して次のようにいった。

「もし、これより後の戦陣で、敵前逃亡を企てたり、戦わずして敵の軍門に降り、利敵行為を図るものがあれば、一族であろうとなかろうと、等しく軍法のまま厳科に処する」

鄭軍団の軍規が頓《とみ》に厳しくなったのは、この時の事件が彼の心の深奥に、消し難い大きな傷口を残したからである。

愛と憎しみの軍律

今度の厦門城の失陥と奪還の過程で、国姓爺鄭成功はあらためて妻董氏の存在の重さを実感した。この妻とは彼がまだ未熟で、科挙をめざして勉学にいそしんでいた頃、父芝龍の勧めで結婚した。彼女は天啓三年（一六二三）の生まれであるから、成功よりは一歳年長である。泉州の進士礼部侍《れいぶじ》郎董颺先《ろうとうようせん》の姪で、二十歳になったとき十九歳の森（成功）に嫁いできた。嫁いだ年に早くも長男の経を生んだが、翌年森は科挙をめざして故郷をあとに南京へ遊学して国子監生となった。だから新婚生活は短かく、その後も明王朝の滅亡によって彼は国事に奔走したので彼女をかえりみることがなく、しかも彼は当時の明国の習慣により数人の妻妾と同棲している。

それだけではない。朱子学の儒教思想で凝り固まっている彼は彼女に内助の功を強請し、毎日布を織ったり、麾下将士の軍服を縫わせ、甲冑を繕うなどの仕事をさせ、食事の世話から育児まで年中暇なしである。賢夫人である董氏はそうした夫の命令には少しも逆らわず、言い付け通りに第二夫人以下の妻たちを指揮督励して献身つとめた。要は彼が彼女たちに政治的見識を求めなかったということである。

成功が妻の董氏に敬意を表し、政治的な助言を求めるようになったのは、この厦門城争奪事件が起こったときからである。彼女が厦門城から脱出するとき、数ある財宝などには見向きもせず、ただ一つ翁氏田川マツの位牌だけを持ち出したことであった。それは日頃、夫の成功が生母マツを慕っていた心情をよく理解していたからである。このことは国姓爺鄭成功をいたく感動させ、それからというもの、成功は軍事や政治のことについても、この董氏の意見を求めるようになったのであった。

この場合、戦陣にある成功と家庭にある董氏との繋ぎ役をつとめたのは成功の幼な友達王玲であった。王玲は翁氏田川マツと一緒に平戸から泉州へ渡航して来て以来、その武術の腕前を買われてマツの護衛をつとめていたが、マツが亡くなってからは董氏の警護をつとめた。だが、厦門城内の治安が安定してその必要がなくなると、最近では専ら成功に近侍してその秘書役をつとめている。彼女は董氏と同年の生まれで、成功の一つ年長である。

国姓爺成功は、厦門城が清軍の来襲によって一日も支え得ずして陥落したことに愕然とした。しかも、その原因の大半は鄭氏一門をリーダーとする鄭軍団の綱紀の弛緩にあることが分かった。そこで成功は、この際、隣接する大小の金門島を含めて、防備態勢の抜本的な見直しをしなければならないと思った。大軍をもって攻撃されてもびくともしない堅固な軍陣を構築し、全島を要塞化する必要があり、同時に城将のすげ替えを断行しなければならないと思ったのである。

厦門の鼓浪嶼に立つ鄭成功像

まず厦門城に古くからの同志洪旭、金門島に一族の鄭泰、南澳島に老練の海将陳豹、銅山島に同じく海将の張進を配置し、問題の泉州安平城には行きがかり上やむなく叔父の芝豹をそのまま据え置いたが、そのかわり副将として腹心の王信を任命して実質的に城主としての実権を掌握させた。そのほか、昔からの友人であった施郎の副将万礼《ばんれい》の才能を高く評価して前鋒鎮に任じ、陳朝棟《ちんちょうとう》を抜擢して後鋒鎮とした。

国姓爺鄭成功自身は厦門島から鷺江をへだてた鼓浪嶼《クーランユー》にあって水軍の胆練《たんれん》にあたり、同時に艦艇と武器の調達整備ならびに兵士の徴募に専念した。また海外貿易によって軍費と食糧を調達して確保し、その備蓄につとめた。

鼓浪嶼と厦門島の間の海峡鷺江《ルジャン》は国姓爺成功にとって格好の将士の胆練の場所であった。胆練と同時に綱紀の粛正に眼を光らせ、軍紀の緩みがあれば容赦なく叱り、将士が庶民を苛めたり、盗みをはたらくようなことがあれば厳しく処罰した。そのため、鄭軍団の軍紀は厳正との評判が高まり、民間人で鄭軍団の徴募に応ずる者が絶えなかった。中国の諺に「好人不当兵《ハオレンブータンビン》」（良い人は兵士にならない）というのがあるが、国姓爺軍に限りこれは例外であった。したがって鄭成功麾下の鄭軍団はたちまち六万人を超えるにいたった。同時に彼は海外との交易にも力を入れて富国強兵策をとったから、鼓浪嶼を加えた厦門島は江南切っての豊かな海島となった。

だが、万事好都合とばかりゆかないのが世の習いである。ここに成功にとって、思いがけない不幸な出来事が起こった。それは、成功が頼りにしていた旧友の施郎が彼に背いて敵方に寝返ったことである。

『泉州府志人篇』によると、施郎（琅）は字を尊侯、琢公と号していたが、晋江で生まれ「膂力絶倫《りょりょくぜつりん》」といわれるほどの豪傑であった。軍人となってからは陣法に精暁し、浜海に育ったから海事に通じ、水師（水軍）の戦法が得手《えて》であった。軍隊に入って初めて従軍したとき、山賊を退治して手柄を立てたので、「遊撃」に任ぜられた。したがって鄭軍団に入ってからは、たちまち一軍の将に抜擢され、前述の厦門城の攻防で抜群の武功を上げた。白銀二百両と三階級の昇進で賞されたが、その後彼の副将であった万礼が成功の気に入られて前鋒鎮の要職についたので憤慨し、頭髪を切って僧侶となると騒ぎ立てた。

　折しもこのとき施郎の部下で曽徳《そうとく》という将校が死刑相当の罪を犯して逃亡し、成功の本営に逃げ込んで助けを求めた。施郎がこれをさぐり出して直ぐさま密偵を派遣して曽徳を逮捕した。上申でこのことを知ると成功は、「たとえ曽徳が重罪を犯していたとしても、法に則り、裁判によって刑罰を定むべきで、勝手に処刑してはならない」と、曽徳の身柄引き渡しを命じた。ところが施郎は「わたしは自分の部下が法を犯したのでこれを処刑しようとしているのであって、法を私曲するものではない。しかるに国姓爺は法を曲げて曽徳の懇願を容れ、これを許そうとしている。かくては国は治まらず、軍の秩序は保たれぬ」と、成功の命に従わず曽徳を殺した。これは施郎が国法の遵守にかこつけて自分の私怨を晴らそうとしたものであったから成功は大いに怒り、施郎を逮捕させ、彼の父施大宣や弟の顕《けん》とともに軍艦内の牢に監禁させた。裁判によって黒白をつけるつもりだったのである。

　ところが、施郎は詐術を弄《ろう》して密かに艦内から脱走した。頭にきた成功は憤懣やるかたなく、艦内に残っていた施郎の父と弟を斬殺してしまった（『台湾外記』、『鄭成功故事伝説』）。

　鄭裕良著『鄭成功故事伝説』によると、曽徳は婦女を姦淫して逃亡した卑劣漢で、国姓爺の侍医をしていた兄の方仁林を頼って成功に泣きついたとある。一方、軍艦の牢から脱走した施郎は、泉州安平鎮の鄭芝豹を頼り、その生母黄氏平国太夫人の伝手《つて》で清軍に投降した。しばらく目立たぬ存在であったが、清の順治十三年（一六五六）六月に、漳州海澄《かいちょう》の城将であった黄梧《こうご》が同じく国姓爺軍から清軍に投降して海澄侯に封ぜられたとき、その黄梧が、この施郎を清の将軍貝勒《ベイロ》博洛《ボロ》と総督李率泰に「施郎水務精熟韜略兼優、若欲平海、当用此人」（施郎は水軍のことにくわしく、武略に長けている。

もし海を征せんと欲するならばまさにこの人を用いるに如《し》かず）と褒めて推薦したから、彼は同安城の副将に抜擢され、さらに総兵に登用されたという。そして、これを期にこれまでの施郎の名を改めて施琅とした と書かれている。それればかりか、施琅は清軍へ投降したあと、次々と鄭軍団の有能な部将を誘って清国軍へ投降させ、国姓爺への敵対意識を剝き出しにした。そして、国姓爺が亡くなった一六六二年の翌年（康熙二年、永暦十七年、一六六三年）九月には、金門島と厦門島を攻めて、この両島を占領している。よほど父と弟を成功に殺されたのが口惜しかったのであろう。

永暦五年（清・順治八年、一六五一年）五月、国姓爺鄭成功は、中提督甘輝《かんき》、左先鋒蘇茂《そも》、中衛鎮杜輝《とき》、右衛鎮蔡禄《さいろく》、後衛鎮林明《りんめい》、前衛鎮余新《よしん》、奇兵鎮楊祖《ようそ》、智武鎮藍衍《らんえん》ら各将を率いて漳州攻略を敢行した。海路を南渓に上陸して漳浦の清軍に先制攻撃をかけたが、南渓の鎮将と漳州の総兵王邦親はそれぞれ清軍一千と二千の騎兵を繰り出して応戦した。彼は苦もなくこれを蹴散らしたが、国姓爺の留守をねらって福州の清軍が厦門攻略に押し寄せたとの知らせがあったので軍を返した。だが、敵軍は厦門港に残留していた鎮輝将軍の率いる艦隊に要撃されて、すでに敗走したあとであった。

永暦五年六月、清将の黄興《こうこう》と黄梧が鄭軍の隆昌を知って投降して来たので、成功はこれを容れ、黄興を中権鎮に任じ、黄梧をその副将とした。

同年九月、国姓爺鄭成功は再び漳浦を攻めて清軍を馬口に追いつめ、数百人の清兵を投降させた。すると十一月、清軍提督の楊名高《ようめいこう》が福州から救援に来襲したが、成功はこれを撃退し、余勢をかって再び漳浦を攻め、守将の楊世徳《ようせいとく》を投降させた。そこで成功は降将の楊世徳を英兵鎮に、副将の陳 尭《ちんぎょう》策《さく》を護衛前鎮に任じて漳浦を守備させた。こうして国姓爺軍の勢力は漳州から泉州全域に及んだのであった。

超えて永暦六年（清・順治九年、一六五二年）の年頭、国姓爺鄭成功は三十艘の軍艦を率いて海澄へ攻撃をかけた。福建省漳州の海澄は、厦門と鼓浪嶼の南方に位置する要衝であるから、ここを支配下に置かぬ限り、厦門島と鼓浪嶼は危険にさらされるからである。国姓爺艦隊は漆黒の暗夜を利用して海澄の外海に接近し、海澄鎮の城下に達したときに夜明けをむかえた。城兵が気づかぬうちに城を包囲して一気に城壁を乗り越えようとしたが、高くて登れない。城は思いのほか堅固であった。そこで成功は城兵を威嚇するため、全軍の鼓手を集めて、一斉に軍鼓を打たせた。

このとき、海澄鎮の守将は郝文興《かくぶんこう》という将軍であった。彼は軍鼓に驚いて眼を覚まし、城壁の上から城外を見下すと、何時の間には城の周囲は国姓爺軍に包囲されている。「何時《いつ》の間に……」と、すっかり気落ちして戦闘意欲をなくし、降伏のほかはないと思った。これでは落城は必至であり、戦ったあとで降伏したのでは城兵と市民の犠牲がはかり知れないと思ったからである。そこで彼は自ら城門を出て、敵将国姓爺鄭成功に会見を求めた。

「敵《かな》わぬゆえ降伏いたそうと存ずるが、一つだけ条件がござる」

「何でござるか？」

「城兵と市民を誰一人として殺さないこと。また婦女を陵辱しないこと」

国姓爺は笑って答えた。

「何かと思えば、いとたやすきことでござる。わが軍紀は厳正で、もし麾下の軍兵に風紀を乱す者があれば、小生が直ちに処断いたす。そのようなご心配は一切無用でござる」

そこで郝文興は安堵の胸を撫でおろして城内に引き返し、約束通り開城して、国姓爺軍は整然と城内に入り、成功は一滴の血も流さずして海澄城を手に入れたのであった。

このように、国姓爺軍の軍紀は厳正で無辜《むこ》の民衆の殺傷はもとより掠奪や姦淫などのことも一切なく、もし違反する者があれば、それが一族であろうとなかろうと、また成功の親しい友であろうと分けへだてなく厳科に処した。そのため国姓爺軍の行くところ、将兵たちはみんな民衆から歓迎された。

ある時、餉鎮（軍糧係）の黄愷《こうがい》が、食糧のピンはねをして私腹を肥やしているとの訴えがあった。成功が事実の有無を調べさせるとそれが本当のことと判明した。黄愷は計理に明るく、軍団にとっては得難い人材であったが、成功は法は曲げられないと、彼を死刑にせよと命じた。その布告が伝わると、それまで間々見られた軍糧の横流しはぴたりと止んだ。

国姓爺軍の軍紀・風紀が厳正であることは敵対する清国軍のあいだでも有名であった。だから鄭亦《ていい》鄒《すう》という清の御用学者は、国姓爺たちの行う復明抗清の活動に非難の眼を向け、国姓爺鄭成功を論難した著書『鄭成功伝』を書いているが、この一事だけは褒めて、最大の讃辞を贈っている。そしてこの国姓爺の軍紀を正す方針は、終生変わらなかった。

公私のけじめ

永暦六年（一六五二）のある時、福建省安語の住人周全斌《しゅうぜんひん》という人物が、国姓爺を慕って厦門にやってきた。彼は国姓爺にこんな話をした。明朝光復《こうふく》（興復）のための戦略である。

「国姓爺殿、貴下が明朝光復の大業を達成なさるには、まず広西を攻略しなければなりませぬ。孫可望・李定国両将軍と合作して、軍を広東から広西へ進め、さらに洞庭湖を経て江南へ進軍すべきです。先日李成棟将軍が他界されたため、広州は清軍に侵略され、光復軍の進路が絶たれました。このままでは我ら光復軍の江南戦略は徒労に終わりますから、国姓爺殿は海路を北上して舟山列島へ進出し、北方から南下する清国軍の兵力を分散させなければなりませぬ。さらに、南方では南澳を固守、海上より清国軍の広州侵略を阻み、海上交通を確保して海外からの食糧と軍需物資の補給をはからなければなりませぬ」

周全斌の明朝光復戦略の提言は続く。

「その上で、漳州と泉州から完全に清国軍を駆逐して福建省全土を確保すれば、江南の制圧が可能となります」

聞いていて国姓爺は、この周全斌の意見に全面的に賛同した。そして彼を自分の軍事顧問とし、宿鎮という役目を与えた。

右の周全斌が口にした孫可望と李定国の両将は、当時広西省南西の山間部で清国軍と戦い、敵に大打撃を与えており、李定国にいたっては七月に桂林で清の定南王孔有徳を敗死させている。また十一月にも衡州《こうしゅう》（湖南省南部）で清の皇族敬謹親王を討ち取り、江南の光復軍を歓喜させた。一昨年の十一月、国姓爺がこの李定国から救援を求められて、出陣中に厦門島が清軍に攻略されて軍を還したことは、すでに述べた。

そこで国姓爺はこの周全斌の意見を容れて直ちに孫・李両将軍へ使者を派遣して提携を申し入れた。両将もこれにこたえて、東西呼応し、抗清共同作戦を展開することとなった。

このような抗清気運の高まりに驚いた清朝は、南西の桂林へ大軍を派遣して永暦政権の壊滅に乗り出し、東南沿海部に勢力をもつ国姓爺軍に対しても包囲と招撫の併用作戦を展開した。いわゆるアメとムチの使い分けで、国内の平定をはかる巧妙な高等戦術である。

九月になり、清朝はムチの戦術を行使し、閩浙（福建・浙江）総督の陳錦《ちんきん》に命じて舟山列島に拠る明王朝の魯王を攻略した。魯王は敗れて多くの重臣を失ったが、定西侯張名振《ちょうめいしん》、英毅伯阮駿《げんしゅん》、兵部尚書張煌言《ちょうこうげん》らに助けられて厦門島へ逃げて来た。国姓爺はその待遇について重臣たちに諮問したところ、「魯王を監国として待遇すべきだ」と主張する者が多かった。

だが国姓爺は、「我らはすでに永暦帝を正統の皇帝として奉じているので、永暦帝のお許しがなければ王を監国として受け入れるわけにはいかない」と反対した。そして、もし魯王が監国の称号にこだわらなければ受け入れようと申し入れた。すると魯王も、他に頼るべき大樹がないので、やむなくこの申し入れを受諾して、国姓爺は来島した魯王に、千金と百疋の布を献上した。

このあと魯王は金門島に居住し、魯王の重臣であった張名振と阮駿とが国姓爺の部下となって忠誠を誓った。そのため国姓爺軍の格式が高まり、その威名が轟いた。

格式が高まり、威名が轟くと、来たり投ずる将兵が益々増大した。こうした兵員の増加にともない、国姓爺軍の陣容は拡大し、水陸合わせて百余の鎮営が置かれた。各鎮営の将軍たちはその構成員を自ら招募し、あるいは投降者を受け入れて編成したので、指揮統率を思うように行うことができたが、これは国姓爺が行う軍事訓練と軍律の厳しさとあいまって、軍団の士気を大いに高めた。
国姓爺は中提督甘輝の進言を容れて、弱点とされる騎馬騎射軍団の育成に力を入れ、投降して来た北方の将兵には海事訓練を施し、南方の将兵には騎射を学ばせた。軍団の全将兵が海と陸のどちらの戦闘にも役立つように留意したのであった。

同時にこのとき国姓爺は王信を隊長とする鉄人部隊を編成させたが、これは倭銃隊とも称する外人部隊で、構成員はすべて日本人であった。前述の如く国姓爺は度々日本へ使者を派遣して乞師を要請したが、江戸幕府はこれに応じなかった。兵員の派遣はもとより、乞資といわれる武器や物資の供与も寛永十一年（一六三四）の輸出禁止令によって中断されてしまった。だが、私的な兵員と武器の提供は公権力の眼を掠めて盛んに行われていたのである。当時の日本は慶長五年（一六〇〇）の関ヶ原合戦と慶長十九・二十年の大坂の陣によって滅亡した豊臣方の残党が、浪人となって巷にあふれており、彼らは乾坤一擲の望みを賭けて海外でひと暴れしようと、密航して国姓爺軍に加わっていたのである。

これら倭人部隊は、切れ味の良い日本刀と優れた性能の銃砲を持ち、先祖伝来の鎧兜に身を固めて縦横無尽に暴れまわっていた。だが、軍紀厳正な国姓爺部隊であるから、その統率者は、日本語に堪能な指揮官でなければならない。実はこの指揮官こそ、日本の平戸で育った明国人王信であった。彼は国姓爺鄭成功の意を体して、厳正な規律と厳しい訓練をもって彼らにのぞみ、巧みに統制したから、この倭銃隊は敵も味方も共に驚く天下無敵の戦闘集団となった。彼らは何時も国姓爺軍の先頭に立って清兵を蹴散らし、圧倒して、あとに続く味方の軍勢に前進の道を開いたのであった。

この倭銃隊の指揮官王信と並び大きく評価されたのが中提督の甘輝であった。国姓爺軍の海と陸の各提督には、水軍に前後左右の四提督がおり、陸軍には前後、左右中の五提督がいたが、甘輝はそのうちの陸軍中提督であった。国姓爺の片腕と評され、身分は元帥である。

甘輝は甘煇とも表記され、福建省の海澄に生まれた。身体は小さかったが、敏捷で、武芸に秀で、敵と戦って負けることを知らない。それゆえ、今も中国と台湾の成功廟《せいこうびょう》には、国姓爺麾下一番の将軍として彼の彫像が祀られ、手に印を所持しているので、人々は彼を印官《いんかん》と称している。明・永暦元年(一六四七)八月、鄭成功が叔父の定国公鄭鴻逵とともに泉州の桃花山城を攻めたとき、南安の施郎と従軍して初陣《ういじん》を飾った。鄭成功が桃花山の包囲を解いて鼓浪嶼に帰ると、彼は安平城で兵員の訓練を担当した。それより鄭軍団の中堅的地位を占め、右衛鎮に任ぜられたのは、永暦四年(一六五〇)である。それからの彼の各戦場における活躍はめざましく、武功は群を抜いた。それゆえ、永暦九年(一六五五)、鄭成功が永暦帝から延平郡王に封ぜられると、中提督であった彼も崇明伯となるのである。

この甘輝将軍には、次のようなエピソードがある。それは彼が国姓爺に命ぜられて福建省の長泰城を攻めたとき、長泰城副将の王進と死闘を演じたときの話である。

永暦六年(一六五二)二月、甘輝が国姓爺に命ぜられて長泰城を攻略すべく北渓まで進軍して来たとき、長泰城から出て来た副将の王進と遭遇した。甘輝はここで彼と一戦を交えて兵力を損じては目的の長泰城は占領できないと判断したから、単騎で馬腹を蹴り、王進の軍勢の前に進み出た。すると王進もまた一騎で軍勢の前に進み出て、両人は相対した。彼我の距離は約二十メートル、甘輝は王進に呼びかけた。

「拙者は無駄な戦いによって部下の血を流したくない。どうであろう王進殿、貴公も拙者と同じ思いでござろうが、ここで二人だけで一騎討ちをして、負けた方が軍を引くことにしては如何？」

「面白き提案かな、拙者も望むところ」

と、両雄は互いに剣と槍を抜きつれ、騎馬を駆って、丁々発止《ちょうちょうはっし》と決闘を始めた。馬上の二人は互いに突進して刃を交えるが、聞こえるのは刀戟《とうげき》の音ばかりで、いつまでたっても勝負がつかない。初回は勝負なし、二回、三回と激闘が続くが、幾度やっても片がつかず、両雄とも汗まみれとなって、やっと肩で息をしながら引き分けた。

「どうだ、また日を改めてやろうではござらぬか」

と、両雄は再会を約して、王進は長泰城へ引き返し、甘輝また軍勢を留めて野営をしたのであった。

このあと、戦陣は長びき、甘輝は加勢にやって来た国姓爺軍本隊の支援で、やっと長泰城を落とし、彼は敗走する王進を追って漳州城へ迫ることになるのだが、この漳州城の攻略に関連して、今度は総帥国姓爺自身の武将としてのエピソードがあるので、これを紹介しておこう。

永暦六年（一六五二）三月、長泰城が甘輝将軍の攻略によって落城の危機にあることを知った清国軍首脳は、閩浙総督の陳錦に救援を命じた。だが甘輝将軍は巧妙な作戦をもってこれを破り、大敗した陳錦は泉州へ敗走して福建省同安の鳳山尾に拠った。彼は恥じて平常心を失い、部下に当たり散らしていた。ある時、部下の庫成棟《こせいとう》が過ちを犯したと、これを責め、鞭で打擲《ちょうちゃく》して半死半生の目にあわせた。これは些細な過失だったので、庫成棟はこれを理不尽として深く恨み、遂に陳錦将軍を殺害した。そしてその首を持って国姓爺軍に投降した。大将の首を手土産《てみやげ》にすればきっと褒められるにちがいないと思ったのだ。ところが国姓爺は賞するどころか、部下に命じて即座に庫成棟の首を刎ねさせようとした。驚いて庫成棟が、「陳錦は無道な将軍であり、武士はみんな彼を嫌っています。したがってその無道な将軍を殺した私が赦されて取り立てられたとあらば、将軍の配下の将士は喜んで閣下の令名を慕い、帰順して来ることは疑いありません。私の首を刎ねるなど愚策ではありませぬか」と詰《なじ》った。だが国姓爺は首を振ってこう答えた。

「たしかにそれは道理だ。お前を取り立てて利用すれば旧陳錦の部下が大勢わが陣に投降して、これからの福建省の平定は有利に運ぶことであろう。だからといって軍紀に背いて上官を殺害した部下をそのままにしておくことは軍の統制上如何《いかが》なものであろうか……かくてはわが陣営においてもこれを見習い、上司の命に背き、敵に寝返る者があらわれるではないか……わが陣営においては、かかる軍紀違反は断じて許すことはできぬのである」

これが朱子学を信奉する将軍鄭成功の真骨頂であった。伝承では庫成棟を処刑したあと、国姓爺は彼の家族を呼びだして、手厚く遇した。

九月、陳錦の横死によって面目を失った清軍は大攻勢に転じた。固山の金礪《きんれい》を福建へ進攻させるとともに、劉清泰《りゅうせいたい》を福建の新総督に任じ漳州城を包囲している国姓爺軍を背後から攻撃させた。この金礪・劉清泰両将の猛攻を受けた国姓爺軍は、敗退して海澄へ軍をかえした。

だが年が明けると国姓爺は捲土重来を期して再び軍を興した。永暦七年、三十歳の正月を迎えた国姓爺は陸海両面にわたって清国軍に大攻勢をかけようとしたのである。彼は先年（一六四六年）隆武帝より下賜された招討大将軍の印綬《いんじゅ》を取り出してこう宣言した。

「諸君、これが明国皇帝より本藩《ほんぱん》（成功）に下賜された印綬である。本藩はこれを、これからあとの清軍との戦闘において抜群の武功を挙げた者に与えようと思う。諸君こぞって、我が期待にこたえられよ」

これは国姓爺が部下の奮起を促すためのものであったから、一同奮い立って、銘々が死をも辞せぬ覚悟を披瀝したのであった。

ところが敵もさるもの、国姓爺軍が大攻勢をかける前に、一歩先んじて閩粤南下の一大作戦を展開した。清国軍は奪われていた漳州の要衝海澄城の奪還を策したのである。このとき清国軍の司令官は固山から福建へ進出して来たあの金礪将軍であった。彼は海澄城を完全に包囲した。

だが、戦略においては国姓爺軍の甘輝将軍の方が一歩先んじた。金礪は巧みな甘輝の駆け引きに翻弄されて海澄城の包囲軍を壊滅させられ、周章狼狽、文字通り命からがら漳州城へ逃げ帰ったのであった。

こうして、甘輝将軍の見事なはたらきで危機を脱した国姓爺は厦門島へ凱旋したあと部下たちと戦勝祝賀会を開いたが、その席上で、彼は年頭の約束通り甘輝に招討大将軍の印綬を授けようとした。ところが、甘輝はこれを辞退してこういった。

「我が軍の勝利はすべて大将軍の卓絶した御指導の賜でございます。何で拙者ごときがお受けできましょうか」

丁度そのとき、桂林の永暦帝から祝賀の使者万年英が厦門島へやって来て、鄭成功を延平郡王に封じるという勅命を伝えた。だが成功はこれを拝辞して受けず、万年英を帰したあと、改めて使者を帝の許へ遣わして、「先日の海澄城の攻防で真の功労者は甘輝はじめ将軍たちというべきです。したがって、この成功を叙封なさるより、むしろこの将軍たちに爵位を賜りたく存じます」と奏上させた。すると永暦帝はこの奏上によって、改めて成功を延平郡王に冊封するとともに、国姓爺軍左・右・前・後・中の各提督を伯爵に封じた。このうち甘輝が崇明伯に封ぜられたことはすでに述べたが、ほかに王秀奇が慶都伯、馬信が建威伯、黄廷が永安伯、万礼が建安伯、郝文興が祥符伯に封ぜられている。また、張煌言《ちようこうげん》が兵部左侍郎、馮澄世《ふうちようせい》が太僕卿に任ぜられていることも付言しておかなければならない。これによって、当時の国姓爺軍のリーダーが、どのような人たちであったかが、わかるのである。

清朝の招諭工作

国姓爺鄭成功は、清軍から奪取し、その逆襲から死守した海澄城を重視して、旧来の土城を大改造した。すなわち城壁を二丈（約六メートル）以上も高め、石城と変えた。加えて城壁の各所に砲座を設けて三十余門の大砲を置いた。さらに城の周囲には港湾を設けて直接船舶が出入り出来るようにした。そのため城内には多量の食糧と武器が搬入できた。清朝はこのような国姓爺軍の勢力の拡大と防備の充実とを見て、しばしば軍勢を派遣し、これを潰そうとしたが、いずれも失敗して追い返されてしまった。

そこで清朝は政策を一変し、国姓爺に対する招諭工作をとりはじめた。そのために清軍に投降したところを連行して北京に軟禁していた飛黄将軍鄭芝龍を利用した。

実は芝龍が清朝によってこの招諭工作に起用されたのは、これよりも早く順治十年（明・永暦七年、一六五三年）の年明け早々であった。すなわちこの年の正月、芝龍は清朝の命によって部下の周継武《しゅうけいぶ》を厦門へ遣わし、成功に「清朝は今、講和を望んでいる。この機会をのがさず招諭に応じてはどうか」と投降を勧めた。これに対して成功は部下の李徳《りとく》を北京へ遣わし、次のような文面の書状を持たせた。

「父上とお別れしてすでに数年が経ちました。今やっと父上が創立された軍団をしのぐ勢力を確保する身分となることができました。目下、清の軍勢に攻撃されるので、やむなく戦っていますが、そのためかえって我が軍団の士気は旺盛となり、騎虎《きこ》の勢いを得ております。したがってもはや、この成功の制御《せいぎょ》ではどうにもできなくなっております」

と婉曲な表現で招諭には応じる気持がないことを披瀝した。これは芝龍が明朝によって軟禁状態におかれて、この招諭も彼の本意ではなく、保身のためであることを見抜いていたからである。したがって、芝龍は使者の李徳がこの年の八月に厦門へ帰るときにも再び清朝当局から命ぜられて、次のような文面の手紙を持たせている。

「清国皇帝は、お前が今招諭に応ずれば海澄公に封じて泉州を領地として与えると仰せられている。今が投降の好機である。お受けすべきであろう」

なお厦門へ帰ってきた李徳は、福建総督劉清泰が国姓爺にあてた手紙も携行していた。勿論、国姓爺には招諭に応ずる気持などさらさらない。けれども国姓爺は、こうした交渉で日時をついやしているうちにも、一層軍備の充実と糧食の備蓄につとめ、時間稼ぎをしようと思った。そのため再び返書を認《したた》めて次のように述べた。

「もし清朝当局が、浙江・福建・広東の三省をこの成功に割譲してくれるというのなら、招諭に応じぬでもありません。けれども、先年父上が清朝へ帰順したときの条件もこれと同じものでした。しかし、それは実現せず、現下のありさまです。どうしてこの成功が清朝に信を置くことができましょうか……それゆえ、本藩は招諭に応じる気持はありませんが、なおこのような返書を差し上げるのは、父上の困難なお立場を斟酌した上のことです」

さらに付言して国姓爺はこうも述べた。

「永暦四年、本藩が広州へ出征している隙を狙って、清の軍勢は泉州に侵入し、我が領地厦門島を攻め、城を占拠して領民を痛めつけ、多年にわたって蓄積していた兵糧と財とを奪い取りました。そのため部下たちの怒りは頂点に達して、この仇を報ぜずばやまずとの固い決意を抱いています。元来この泉南海域は我が鄭家が先祖代々領有して来た土地であり、その子孫たる本藩が、ここを本拠として交易に励み、蓄財を計ることは、至極当然なことであり、誰憚《たれはばか》ることはないのであります」

だが、それでもなお、清朝は国姓爺鄭成功への招諭をあきらめず、度々彼に対する投降勧告を続けた。そして順治十年（一六五三）十一月、清朝は正式に国姓爺へ、次のような投降条件を提示した。

「恵州（興化）・泉州・漳州・潮州の四州を鄭氏成功に与え、成功を海澄公に封じる。またその父芝龍を同安侯、叔父鴻逵を奉化伯、芝豹を都督に任ずる」

さらに順治帝からも、直接国姓爺成功に対して次のような勅諭を下賜した。

「朕念《ちんおも》うに、父子の大倫は慈行天性、父（芝龍）既に功臣なり。子、豈《あ》に仇敵と為るを願うか。爾此《なんじ》の寵嘉《ちょうか》に依りて、茲《こ》の信任を受く、務めて心をつくし、力をつくし、以て報称《ほうしょう》を図《はか》れ。海浜の寧謐《ねいひつ》（平穏）はただただ爾の功なるのみ。もし果たして建てて殊勲あらば、なお大なる恩賞を加え、山河帯礪《たいれい》永久に垂《た》れん（永久に家名を存続させよう）。忠孝両全《ちゅうこうりょうぜん》、身名供《とも》に泰《やす》し。豈に休めざらんや。爾、其れ欽《よろこ》んで之を受け、朕が命に替《か》うことなかれ。

朕書を覧《み》るに、内に〝君、臣を択《えら》び、臣もまた君を択ぶ〟の語あり。爾、来たり投ずるは正《まさ》にこれ、君を択ぶなり。朕、破格《はかく》委任するは、正に臣を択ぶなり。君臣一心、至誠《しせい》あい俟《ま》つ。何ぞ不信《ふしん》の処かあらん。

人を用うるには疑うことなけん。人を疑えば用うることなし。朕もとより疑わず。故に授くるに封爵を以てし、爾に委ねるに海上の事を以てせん。もし疑う所あらば、豈に加封委任せんか。爾が兵卒は衆多く、一府を以て安堵し難く、銭級《せんきゅう》、委ねて支給し難からん。仍《よ》って益《ま》すに漳州・潮州・恵州・泉州の四府を以てし、駐劄《ちゅうさつ》せしめん」

すなわち、順治帝は国姓爺の父芝龍の清朝に対する忠節を称え、その子である成功が父と同じく清朝に仕えることは、忠孝両全の道で、もしそのことがあれば、鄭家の家名を永久に存続させ、かつ多勢の部下を養うために必要であろうから、漳・潮・恵・泉の四府を領地として与えるというのである。そして、成功が、父芝龍の投降の際の処遇をもって清朝を疑う気持があるようだが、これは朕（皇帝）と汝（鄭成功）との信頼関係にもとづくものであるから、ゆめ疑うべからずと申し渡している。さらに年が明けた順治十一年（一六五四）七月になると、「今すぐ朕の招諭に従い、弁髪して帰順するならば、征討軍を派遣することはないが、もし帰順せざれば、汝は後悔することになろうから、くれぐれも慎重に考慮して決断するがよかろう」といって、半ば威嚇しているのである。

正に飴と鞭の使い分けの巧妙な文書だが、清朝はこの勅諭の趣旨を実行すべく、二月になると海澄公の印綬を携えた使者を鄭成功の許へ差し向けた。すると彼は、

「若《も》し皇帝が我らの独立を認め、清の風俗である弁髪を結《ゆ》わず、清朝の衣冠を纏《まと》わず、また臣下として朝貢をしないという条件を納れてくださるというのなら、謹んで招諭を拝受いたしましょう」

と答えたが、これは事実上の招諭拒否である。

そこで清朝は、肉親の情に訴えて、かたくなな国姓爺の気持をほぐそうとした。八月に入って招諭の正使に加えて、前々から交渉の橋渡しをしていた李徳と周継武のほか、芝龍の第三子鄭渡《と》（焱《えん》）を同行させて、国姓爺の許へ派遣した。渡は国姓爺の腹違いの弟である。国姓爺成功はこの一行と泉州安平城で会った。今は顔馴染みになっている周継武は国姓爺に向かっていった。

「小官は皇帝陛下の貴殿あての詔書を持参してきました。だが貴殿が弁髪を結い、招撫に応ずる意思を表明なさらぬ限り、この詔書を渡してはならぬと命ぜられています」

国姓爺が、それには応じられぬと答えると、一行は帰り渡一人が残った。彼は泣きながら国姓爺の前に跪いて訴えた。

「父上は今北京に居て、八方奔走し、ようやく今日の交渉に漕ぎつけたのです。もし兄上が周継武殿の申し出を拒まれるならば、わが家の安全は保たれませぬ。どうか曲げて詔書をお受け下さい」

だが、成功は固い表情を崩さずに答えた。

「渡よ、お前は年齢が若いので、まだ世の中のしくみのことがよくわからぬであろうが、古来王朝の交代期に招撫に応じて降伏した者で、良い結果を生んだ例はほとんどない。このたび父上は清朝の招諭に応じて過ちを犯され、今日にいたった。どうして私が同じ轍を踏む愚かなことができようか。今ここで私が彼らの言にまどわされて詔書を受け取れば、わが鄭一族はことごとく誅殺されてしまうのだ。私がこうして言を左右しながら招諭の受け取りを拒んでいることで、かえって父上は北京の清陣営にあって無事でいられるのだ。私も人の子であるから、父上やお前たち弟のことを思わぬわけではない。なんとかして父上を救い出して、昔のように家族が仲良く暮らせるようにと、願っているのだ。もう、それ以上はいってくれるな、のう渡よ」

と泣き崩れる弟を抱え起こして、使者一行の所へ帰らせたのであった。さすがに成功も、木石《ぼくせき》ならぬ身の肉親の情にほだされて、いても立ってもいられないような気持になり、北京へ帰った弟渡と、父芝龍に手紙を書いて、次のように自分の気持を披瀝した。

まず、腹違いの弟渡（淼）へ。

「渡よ、私とお前とは相隔てたること数年、昨日やっと顔を合わせることができた。けれどもわずかな時間でまた別れなければならなかった。これも天命とでもいうべきか……お前はお前なりの考えと立場で、我が一家のために出来得る限りの努力をしていることがわかった。この兄も自らの信念にもとづき、明王朝への忠貞を堅持し、いかなる武威にも屈せず、利害を離れて尽力している。これからもこの信念を曲げる気持はないのだ。どうか弟よ、今後とも身を厭《いと》い、達者で暮らすがよい」

次に父の鄭芝龍へ。

「幾度も申し上げますが、清朝は父上を利用しているだけです。なぜそれがお分かりにならぬのか理解できませぬ。今や私も少しは天下に名を知られるような男になりました。ですから、軽率なことをして嗤《わら》い者になることだけは避けねばなりませぬ。もし万一、この私のゆえに父上の身に不幸な異変が起きましたなら、私は喪服を着て父上の御無念を晴らし、忠孝の道を全うしたいと存じます」

だが、清王朝の鄭一家に対する招諭の働きかけは執拗を極めた。そのため芝龍の末弟芝豹は長兄芝龍の誘いに応じて遂に投降し、芝豹の生母黄氏は、芝龍の第二夫人顔氏と一緒に自分の妻子をともない、安平城を出て北京へ旅立った。芝豹は、これまでも国姓爺軍の武将に清への投降を勧めたり、芝龍とともに清へ投降した武将に便宜を与えたりして国姓爺の感情を害していたが、この頃から消息が絶えているので、恐らく他界したものと思える。

国姓爺の信念がなお強固であることを知ると、清の福建巡撫劉清泰は密かに金門島に閑居中の鄭鴻逵へ使者を遣わして「廈門へ行き、甥に投降を説得してほしい」と要請させたが、鴻逵は「たしかに成功は私の甥だが、やる気満々で、とても私の意見などに耳を傾けるような男ではない。父の芝龍でさえどうしようもない彼を、どうして私が説得できようか」と笑って相手にしなかった。

こうして、清朝からの招諭を拒否した国姓爺は、この招諭交渉で鋒先の緩んだ清軍の隙《げき》を衝き、永定・白土寨・長楽などの敵陣へ軍勢を派遣し、適切に対応できない清軍を撃破した。そして、漳州一帯で一年間に約銀八万両、同安・恵安・南安・興化などで七十五万両の財を獲得した。また、広東・浙江へも兵を進めて戦果を上げ、銀二十万両、米五万石を獲得している。

順治十一年（一六五四）秋、余裕の生じた国姓爺は使者を桂林の永暦帝の許に遣わしたが、これと同時に林察・周瑞の両提督に百余艘の軍艦を与えて南下させ、西寧王李定国と連絡をとらせた。当時彼が広州を攻めていたので、これとの連携を策したわけである。

国姓爺自身はこのとき、手勢を率いて海澄から漳州へ向かい、漳州城守将の劉国軒《りゅうこくけん》を降伏させている。この劉国軒は明の遺臣で、かねてより成功の忠誠心を慕っていたので、少しも抵抗することなく国姓爺軍に帰順した。そのため近隣の清に従属していた諸将も彼にならってあいついで国姓爺軍に投降し、漳州と泉州とは概ね制圧できた。ただ泉州城の守将韓尚亮《かんしょうりょう》は清に投降した施琅の親友であったから、彼に唆かされて降伏しようとはしなかった。そこで国姓爺はこれを力攻めにして落とそうとしたが、左提督の郝文興《かくぶんこう》が、「泉州城は孤立していますから、放置しておいても害はありません。大勢《たいせい》に影響はないゆえ、余計な戦さをして兵力を消耗させては味方にとって得策ではありません。そのうちに投降してくるでしょう」と進言した。

「なるほど、それも理屈だ」

と思った国姓爺は、泉州城の奪取は断念したが、その先の仙遊《せんゆう》城は、これからの北上作戦の拠点となる要衝であったから、年が明けた一六五五年（明・永暦九年、清・順治十二年）の年頭に甘輝将軍に命じて奪取させた。仙遊城の守将陳有虞《ちんゆうぐ》は頑強に抵抗して容易に落ちなかったが、甘輝は洪善という部将が提案した戦法を採用してこれを陥落させ、守将陳有虞を自刃させた。この戦法というのは火薬樽に点火してこれを城中へ転がし込むという奇策であった。

かくして国姓爺は、清朝から持ちかけてきた講和交渉に応じながらも、その一方では敵陣地へ果敢な攻撃をかけ、硬軟両面の抗清戦略を進めたのであった。

武人国姓爺の光と陰

永暦九年（一六五五）鄭成功は厦門を思明《しめい》州と改称した。これは明朝に対する自分の忠誠心を内外に闡明《せんめい》しようとするものである。感動した永暦帝は彼の忠誠心を嘉賞して、その年の二月、成功に一品《いっぽん》の位と領内に六部（省）を設ける特権を与えた。そればかりか永暦帝は、侍臣の剿撫伯周金《そうぶはくしゅうきん》湯《とう》、太監劉国柱《たいかんりゅうこくちゅう》を遣わして、成功を潮王《ちょうおう》に晋封《しんぽう》した。この潮王の方が、前に冊封した延平郡王（延平公）よりは上位である。晋封は、進め封じるという意味である。

そこで国姓爺鄭成功は、思明州に吏・戸・礼・兵・刑・工の六部を置き、その下に司と局とを設け、それぞれの責任を分担させた。そして、その部・司・局を担当する人材を登用するため、科挙の試験制度を設けた。人材を養成するための学校を設立し、戦没した将兵の子弟を優先的に入学させ、育った人材を各方面で有効に活用した。

国姓爺は軍事訓練を重視したが、その訓練は実戦から学んだ戦法の訓練で、清兵が騎馬と騎射に長じて、味方が水戦に得意である点を考慮して、敵の長に味方の短をぶっつけるの愚を避け、味方の長をもって敵の短を破る戦法を工夫した。とりわけ自軍が得意とする水軍の訓練には力を注ぎ、海岸には砂と泥が多いので、兵士には靴を履《は》かせず、短ズボンを着用させた。靴を履いている者を見つけると、直ぐさま脱がせるなど、その軍令は厳しく、五梅花陣法を訓練している時でも、すべて実戦さながらの要領でやらせた。指揮官たると兵卒たると区別はなかった。たとえばこんなことがあった。

郝文興《かくぶんこう》は左提督であったが、国姓爺は彼の訓練のやり方がたるんでいるのを知ると、直ぐさま郝文興を呼びつけて四十の罰棒を加え、降等処分にした。この時訓練を監督する督戦官《とくせんかん》を勤務怠慢の廉《かど》で百二十の罰棒処分にしている。しかもこれを兵卒の前で公開して行った。

だが、これは経験不足の読書人に見られる通弊で、頭の中で描いた理想図を、現場の情況を考慮することなく、そのまま実現しようとするもので、処分を受けた部下は心の中に怨念を残す。表面的には服従しているが心服はしない。上司と下司とを区別なく処罰することは上司の面目を失わせ、分隊単独で行動するとき統制がきかなくなる。自信をなくした分隊長は懐疑的となり、隊士は彼に権威を感じなくなっているからである。

弊害はたちまち現実となってあらわれた。右に述べた郝文興は、前述のごとく清軍の海澄城守将であったものが、国姓爺に投降した人物で、鄭成功の部下になってからも幾多の戦功があった。それが部下の前であのような屈辱的な罰棒を受けたものだから、気鬱の病となり、間もなく病死してしまった。かつて清の閩浙総督陳錦の部下が総督陳錦を怨んで殺害し、その首を持って投降して来たとき国姓爺が初歩的な儒教理論をふりかざして彼の首を跳ねたのと同じように、諸将は国姓爺のやり方になにか割り切れぬものを感じた。

このことは後述するように、信頼していた部下の裏切りとなってあらわれ、彼の抗清作戦行動に大きな支障をきたした。これらはすべて彼の儒教的潔癖主義と武人としての経験不足に根差す性情で、部下たちはこれを日本的気質《リーベンデチーシー》と称した。大将たるものは、少しぐらいの欠陥や失敗には眼をつむり、清濁《せいだく》合わせ呑むぐらいの大度がなければならない。国姓爺が部下のすべてに甘輝・万札・馬信のごとき名将の資質を期待することは、土台《どだい》無理なはなしである。

張名振《ちょうめいしん》という将軍がいた。

先般、魯王に従って国姓爺軍に来投した定西侯である。その頃、軍団内部ではこの定西侯張名振について、何もしないで威張ってばかりいる横着《おうちゃく》な大将だという陰口《かげぐち》が囁《ささや》かれていた。そこで国姓爺はほうっておけず、彼を詰問した。

「将軍は我が軍に来たって以後、どんな働きをしたのか、何もしていないとの非難があるが……」

「私なりに明朝光復に尽力しています」

「これまで何の軍功もなかったようだが……」

「それは機会がなかっただけのことで、私の赤心に偽りはござらぬ」

「ほう、何を証拠にそう申されるか？」

すると張名振は、国姓爺の面前で、ぱっと衣服を脱ぎ捨てて裸になり、背中を国姓爺に向けた。見るとその背中には「赤心報国」の四文字が躍っていた。国姓爺が尊敬している鄂王岳飛の背中に彫られた「尽忠報国」さながらの見事な入墨である。成功は感動した。

「恐れ入った。それほどまでの覚悟とはつゆ知らず貴下を疑った本藩が恥ずかしい。それにしても、何故多くの者が将軍を非難するのであろうか」

と、国姓爺は、自分のところへ差し出された山のような訴状を取り出して彼に見せた。すると彼はちらりとその文面に目を通しただけで、いきなりその訴状を火に投じて焼き捨ててしまった。その差出し人が誰であるかをたしかめもしない。たしかめればその者を怨むことになるからそれを避けたのである。

国姓爺はその処理方法にも感心して、張名振を総制に昇格して、水軍の先鋒に任じた。すると彼はその国姓爺の信頼にこたえて、折から来襲して来た清軍の名将金礪《きんれい》の率いる大艦隊を巧みに誘《おび》き寄せてその裏をかき、清艦隊の本拠舟山《しゆうざん》島を衝いて大勝利を博した。時に永暦八年（明・順治十一年、一六五四）秋、舟山島を占領した張名振は、先年魯王が清国軍に舟山島を奪われた際、失った自分の家族（母・妻子・兄弟）と部下の無念を晴らし、手厚くその亡骸を供養したのであった。

このあと、張名振はさらに艦隊を進めて揚子江《ようすこう》を遡江《そこう》して、江岸各城の清軍を撃破し、鎮江《ちんこう》を陥落させた。だが、それ以上の遡江作戦はまだ時期尚早と判断した国姓爺は、彼に撤退命令を発した。ところがこのあと、この張名振と古くからの国姓爺軍の将軍たちとのあいだに、ちょっとしたトラブルがあった。年が明けた永暦九年に国姓爺は甘輝を総司令官に任じ、周全斌・陳輝の両将を補佐役として北上を命じ、東シナ海浙江沿岸を遊弋《ゆうよく》中の張名振の艦隊と合流させ、舟山島へ向かわせようとした。ところが張名振の出動が遅れたため、以後の作戦行動に支障を来たしたのであった。

これは張名振が甘輝や陳輝と不仲であったため、わざと合流を遅らせたとの噂が立ち、怒った総司令官甘輝は主力軍を率いて厦門島へ帰ってしまった。ところがその直後張名振が毒に中《あた》って急死してしまった。そこからあらぬ噂が陣中に流れた。国姓爺が張名振の名声をねたみ、腹心の部下である甘輝・陳輝らとの不仲を心配するあまり毒殺したというのだ。だが張名振は死にあたって自分の古い部下である張煌言に全権を委譲するとの遺言を国姓爺に伝え、国姓爺もそれを受諾して、その通りにしているので、たんなる噂に過ぎないと思える。

たしかにこの張名振は、国姓爺に匹敵するような名将であったらしい。もし国姓爺がこれらの有能で志操堅固な明朝の遺臣たちを巧みに制御し、自家薬籠中の物として思い通りに使いこなすことができていたなら、彼らのすぐれた助言を受け入れ、このあと南京攻略戦で見られたような大敗北は喫しなかったであろう。これは若さゆえの未熟さである。

それはともかく、このような国姓爺軍の攻撃に対処して、清国軍は翌年の順治十三年（一六五六）から俄然反撃に転じた。

すなわち年明けの正月、捲土重来を期した清朝は平南王尚可喜に命じ、前年の八月に奪われていた広東省の掲陽を奪回すべく猛攻をかけた。このとき国姓爺軍の左先鋒蘇茂《そも》と黄梧《こうご》とが敵を侮り、迂闊《うかつ》に前進したため大敗北を喫し、兵の大半と兵器・糧米のすべてを奪われてしまった。怒り心頭に発した国姓爺は、その責任を問うて蘇茂を斬刑に処した。副将の黄梧にも罰棒六十を加えるつもりであったが、これは諸将の嘆願があったのでとりやめた。そのかわり彼には甲冑《かっちゅう》五百領の製作費を負担させたが、これが国姓爺に思いがけない不幸な結果をもたらした。

このあと海澄城の守将に左遷された黄梧が国姓爺に根深い恨みを抱き、半年後の同年六月、清朝に寝返り海澄城を敵手に委ねてしまったのである。

清朝はこのとき、韓尚豪を定遠大将軍に任じ、国姓爺討伐に本腰を入れていた矢先であった。

韓尚豪将軍は大艦隊を率いて大挙南下作戦を展開し、国姓爺はこれに対抗して安平、漳州、恵安、南安、同安など諸城の守りを固め、水軍の全艦隊を厦門湾に集結させた。四月、韓尚豪将軍はこれを撃破すべく、泉州港から艦隊を出航させたが、不運にも折からの大暴風雨に見舞われて、艦船は大被害を受け、戦意を喪失した。すかさず国姓爺の指揮する鄭艦隊が果敢な攻撃をかけたので、清海軍の艦隊は、全艦六十艘のうち十艘が撃沈され、三十数艘が炎上、残る十余艘は倉惶《そうこう》として泉州港へ逃げ込んだ。正に大敗北である。

だが、勝って兜の緒を締めよとの言葉通り、国姓爺は再び来襲するであろう清国軍に備えて必勝の防備態勢をとった。各地の屈強な若者たちを呼び集めて猛訓練をほどこした。敵は海路の失敗に懲《こ》りて、今度は陸路を来襲するにちがいないと、若者たちすべてに鉄砲と斬馬刀《ざんばとう》を与え、棍棒を持たせた。戦法は、まず射撃をし、突進して接近すると、斬馬刀で敵の足を斬り、棍棒で相手を倒すのであるが、指揮官には射撃の名手として知られる張魁《ちょうかい》を任命した。

国姓爺が黄梧の寝返りを知ったのは、こうして訓練した若者たちに泉州の出撃を命じた矢先だった。清国軍への投降を決意した黄梧が、反対する副将の蘇明を捕えて縄打ち清軍の陣営へ差し出すと、間もなく黄梧を海澄公に封ずるとの印綬を持った清朝の使者がやって来た。黄梧は喜んで使者に降約の誓約書を渡して帰順を約束したが、その二日後清将は軍勢を率いて海澄城へ進駐し、そのまま海澄城は清朝の領有に帰したのであった。

これによって清は労せずして海澄城を手に入れ、国姓爺が城中に蓄積していた百二十万斤の糧米と莫大な武器・被服などの軍需物資は清軍に渡ってしまった。国姓爺はいよいよこれから念願の南京奪回をめざして北上作戦を展開する矢先だったので、完全にその出鼻を挫《くじ》かれてしまったのである。

これはひとえに、国姓爺の狷介《けんかい》な性格と部下に対する思いやりのなさが招いた結果であったが、彼はこのリゴリズムを自身の欠陥とは気付くことなく、口をきわめて黄梧を罵り、「なあに、あんな海澄城のごとき小城の一つや二つ、失ったとてどうということはない。そのうちに取りかえしてみせる」

と意気軒昂たるものがあった。そして、部下を招集して訓辞していわく、

「諸君、これによって我らがめざす北伐の志を放棄することがあってはならぬ。これは軍紀の弛緩のしからしむるところであるから、これからも軍律を乱したり、士気の挫けた者があれば容赦なく成敗する」

と激励した。そして、この海澄城を喪失して生じた損害を穴埋めすべく、閩安鎮の奪取をめざして進軍し、南台を取ったあと福州城を攻囲した。福州城の清軍はこれに恐れをなして閩安鎮へ撤退し、急を聞いて来援して来た清将イルド司令官に従軍して反撃に転じようとしたが、国姓爺軍の陳六御《ちんろくぎょ》と阮駿《げんしゅん》が率いる軍勢によって撃破されてしまった。

このあと勝ちに乗じた陳六御と阮駿の両将は艦隊を率いて海路を北伐の征旅に出発しようとしたが、その矢先、突如として起こった暴風雨に遭遇して、またもやその出鼻を挫かれた。阮駿の乗艦は浅瀬に乗り上げて座礁し、彼は副将の劉永錫《りゅうえいしゃく》ともども投身自殺した。そして総司令官たる陳六御もまた責任をとって自刎したのであった。

これを知った清国海軍は俄然色めき立って攻勢に転じ、残った水師総兵師の晋爵《しんしゃく》がこれを要撃して二昼夜にわたって抗戦したが、遂に討死、太常卿の陳九徴《ちんきゅうちょう》と副使の愈師範《ゆしはん》は清軍に捕えられ、降伏を勧められたが、あくまでこれを肯んじなかったため処刑された。

すなわち、これらはすべて、この征旅に出発する前、国姓爺から下された軍律に殉じた結果の出来事である。司令官たる劉永錫と陳六御が自殺したのも、太常卿の陳九徴と副使の愈師範とが死を賭し

て降伏に肯んじなかったのも、国姓爺の日頃の薫陶の厳しさが骨身に徹していたからである。もし彼らが自殺せず、あるいは降伏せずに生きて帰れたとしても、そのあとには大将軍国姓爺の容赦のない棒罰若《も》しくは降等・降格処分が待っていたであろうからである。人材は生かして使うべきが、大将たるものの、要諦である。

招討大将軍

永暦十年（一六五六）の暮れ、国姓爺は甘輝に命じて温台・連江・羅源・寧徳・舟山などを奪取させた。このとき国姓爺は閩安鎮と羅星塔の両地に要塞を築かせて、そこに総司令部を置いた。なんとしても、招討大将軍として北伐の夢を実現させたかったからである。

これを知った清国軍は陸上で反撃に乗り出し、猛将メイチャン・アクシャンを先鋒に立てて、甘輝の軍勢に襲いかかった。清国軍は重装備軍であり、国姓爺軍は軽装備軍である。このちがいを頭に置いた甘輝は山中に伏兵を置いて、敵に奇襲をかけ、正面で向き合って戦うときには甘輝は三度戦って三度逃げ、重装備の敵軍を疲労させ、さんざんに翻弄した。こうして甘輝将軍はとうとう先鋒の清国軍猛将メイチャン・アクシャンを討ち取ったのであった。大将を討たれた清国軍は総崩れとなり、国姓爺軍が獲得した武器と軍馬はその数を知らずといわれた。

正に食うか食われるかの大激闘、国姓爺軍の武威は大いに輝き、国姓爺は勝った将兵を一旦厦門へ凱旋させ、休息をとらせた上で、いよいよ本命の北伐作戦を開始した。慌てた清朝は、またもや監禁

北伐に向かう招討大将軍国姓爺の雄姿（厦門市鄭成功博物館蔵）

中の鄭芝龍を起用して国姓爺に使者を送らせて帰順を勧めさせたが、勿論はずみのついた彼の歩みを止めさせることはできなかった。越えて永暦十一年（清・順治十四年、一六五七年）二月、国姓爺軍総制の張英、後提督万礼の両将が鄭水軍の大艦隊を率いて厦門港を出航、温州を攻撃して、清国軍の城将瞿永寿《くえいじゅ》を降伏させた。

この年三月、国姓爺の叔父鴻逵《こうき》が、そんな国姓爺軍の動きをよそに他界した。病死である。

七月、北伐作戦に万全を期した国姓爺は、洪旭《こうきょく》・陳輝《ちんき》の両将に厦門城の留守居を命じ、自ら艦隊を率いて北伐の壮途についた。途中の福建・浙江一帯の城将はみんな明朝の将軍だった者たちであったから、成功軍の到来を知ると、続々と投降して来た。八月に浙江省中部の黄岩・台州へ進出し、九月には太平・天台の両城をあいついで攻め落とした。

年が明けた永暦十二年（一六五八）正月、国姓爺は諸将を集めて会議を開き、北伐の方針を再検討させた。奇妙なようだが、これは昨年の九月に清の福建総督李率泰が閩安鎮《びんあんちん》を攻撃して落とした際、降伏した城兵を大虐殺したので国姓爺軍に動揺が走り、ここを北伐の拠点として総司令部を置いていた国姓爺軍に支障が生じたからである。諸将は閩安鎮が敵手に奪われた現在、これに替わる根拠地を定めて、そこに強固な陣地を構築しなければならないので、当分南京攻略は見合わせるべきだと主張した。

だが国姓爺はこう答えてその主張を斥けた。

「当面の我らの悲願は明朝の光復にある。そのためには是非とも江南を制圧して南京を奪いかえさなければならない。今更挫《くじ》けてどうするか」

ところが珍らしく甘輝将軍がこの国姓爺の意見に逆らって次のような異論を述べた。

「恐れながら、南京は距離も遠く、城は甚だ堅固です。これを攻略するとなると、少くとも数十万の兵力と莫大な軍艦及び物資が必要です。加えてこの城を攻略する我らには今後顧《こうこ》の憂えがあります。今はむしろ福建・浙江にゆるぎのない勢力基盤を固めるべきです。その上で南京を攻略してもおそくはないと存じます」

けれども、この甘輝の正当な進言も国姓爺の決意を変えさせるにはいたらなかった。この儒教主義の若い招討大将軍は、一度心の中で決めたことは、決して撤回することができない性格の持ち主だ。彼はこのとき、使者を広西へ遣わして、永暦帝に「我らは南京を攻略いたしますので、帝もどうかこれに合わせて江南へ軍を進めていただきたく存じます」と要請した。

また一方で、前述の如く、日本へも乞師すなわち救援軍の派遣を要請している。このとき国姓爺の便船が百四十七人の使節を乗せて、長崎へ入港し、徳川将軍家光あての書状と進物を差し出している。

日本からの救援はなかったが永暦帝は、この国姓爺の要請に応じて、浙江省東部で遊撃戦を展開していた張煌言《ちょうこうげん》に、国姓爺軍への合流を命じた。

かくして、北伐遠征は確定し、国姓爺はその出征に先立ち、次のような軍令を発した。

「進軍中、公的に食糧を徴発する以外、私的に物を奪ったり、婦女を犯してはならぬ。男子を徴用して使役すること、家畜を農家から取り上げて殺すことも禁ずる。違反者は斬刑に処して衆に示し、違反者の指揮官もまた同罪とする」

永暦十二年（順治十五年、一六五八）五月十三日、南京攻略北伐への万全の態勢をとった国姓爺は、前提督黄廷《こうてい》・鄭泰《ていたい》・洪旭の三将を思明州（厦門）の留将に任じて、厦門港から波高き東シナ海へと乗り出した。

遠征軍の陣容は、首程《しゅてい》（第一軍）が中提督の甘輝、第二程（第二軍）が右提督の馬信、第三程が後提督の万礼で、合後（後尾軍）が招討大将軍忠孝伯国姓爺鄭成功その人である。甘輝が兵一万、大艦二十隻と小型快速船三十隻を率い、馬信が兵二万、大艦三十隻と小型船三十隻、万礼が兵二万、大艦十隻ほか三十隻の軍艦を率い、本陣の国姓爺は兵四万と艦艇百二十隻という大兵力である。その他の兵站・連絡などの兵員を合わせれば兵十一万、艦船の大小合計二百九十隻という大遠征軍で、国姓爺はこれを八十万と号した。とりわけ人目《ひとめ》を欹《そばだ》たせたのは甘輝軍の中にいた鉄人部隊の五千で、これは王信の率いる日本人武士団であった。当時の記録によると、彼らは鉄製の甲冑をまとい、鉄の面頰《めんぼう》を顔に付け、斬馬刀という長刀を振りかざし、足薙ぎの戦法が得意であった。日本刀で拝み討ちに敵に斬りつけても、清国軍の甲冑は堅牢で跳ね返されてしまうから、足薙ぎによって敵の進撃をくいとめるのである。

昨年の浙江遠征のとき、海路沿岸の諸城の大半は国姓爺軍に帰順していたので、妨害もなく航行に支障はなかったが、折悪しく暴風雨に見舞われて、艦隊は五月二十一日、福建省の東端沙関に避難し、十数日間をここで空費した。ここから浙江省に入り、浙江省南端の平陽城を降し、続いて十三日に瑞安を陥とし、十六日に温州城を包囲した。

この温州は日本でもおなじみの温州蜜柑の産地で、富裕な都市であったから、豊富な食糧が手に入る。なんとかして獲得しようと大いに攻め立てたが、城壁は堅固で城兵たちも必至に防禦したから容易に陥ちなかった。仕方なく攻略をあきらめて、そのまま北上を続け、七月二日に舟山島に到着した。暴風雨の余波はなお残り、降雨が続いたので、その雨がやむのを待つあいだ、国姓爺は舟山に留まって兵員の訓練を行った。この時、永暦帝の命を受けた張煌言が軍を率いて国姓爺軍に来たり投じた。

八月九日、艦隊は江蘇省沖の海中に浮かぶ羊山島《ようざん》に到着した。

羊山島は南方舟山の定淳《テインチユン》と北方江蘇の呉淞《ウースン》とのほぼ中間に位置する小島で、数百艘の船を収容できる湾がある。しかも、この羊山の山頂には清冽な淡水池があって、昔から航行する船舶の飲料水の補給地として知られ、日本の倭寇も、ここを足場として明国の内陸部へ侵攻していたのである。さいわい好天に恵まれ、艦隊が西南の順風を真帆《まほ》に受けて、明け方に舟山を出航し、午後には早くも羊山島湾口に碇を投じた。

ところが、その日の夕方になって、第三軍後衛鎮将の劉進忠《りゆうしんちゆう》が短艇で合後本陣の招討大将軍国姓爺の長官室へやって来た。

彼は国姓爺に向かってこういった。

「是非ともお耳にいれたいことがございまして参上いたしました。実はこの羊山島には、山頂の淡水池の側に娘々廟《ニャンニャンミョウ》という廟所《びょうしょ》がございまして、この付近を航行する船舶は必ずここにお参りして航海の安全を祈るならわしがございます」

「ほう、それが、何か……」

と成功が不審顔《ふしんがお》を向けると、この顎髭《あごひげ》の白い老将軍は答えた。

「ですから、招討大将軍閣下も、明日この羊山島から御出航なさるまでに、是非とも廟所に御参詣いただき、紙銭《しせん》を焚いて女神を祀り、わが軍団の航海安全を御祈願いただきたく存じます」

「で、祈らなかったら、どういうことになるのじゃ?」

「大変な暴風雨に見舞われると申し伝えております。それと、この羊山島の沖には独眼龍《どくがんりゅう》が蟠踞《ばんきょ》し、眠っておりますから、出航にあたっては全艦の将士に銅鑼《ドラ》や太鼓を打つことを禁じて頂かねばなりませぬ。眠っている龍神が目を覚まして、大津波を起こして大変なことになります」

「うむ、それだけのことをいうために、汝は、わざわざ短艇を出して、この旗艦《きかん》の本藩《ほんばん》の所へやって来たと申すのか」

「はい、さようでございます」

「そうか、分かった。もう帰るがよい」

国姓爺は、そういってこの老将を下がらせたが、どうにも納得がゆかないから、幕僚たちを集めて意見を求めた。するとその一人が進言した。

「あの者はこの地方の出身にて、第三軍後衛鎮の将軍に仕えていた者ですが、先日将軍が亡くなったので、後提督の万礼将軍が地理に通じているあの老将を後釜《あとがま》に任じたのでございます。したがってこの海域の消息にも通じています。それゆえ娘々廟のことはともかく、出港にあたっては銅鑼と太鼓を打つことだけは遠慮していただくのがよろしかろうと存じます」

だが、成功は口元に冷笑を浮かべて、その進言を黙殺した。

彼は「君子は怪力乱神《かいりきらんしん》を語らず」という儒教の信奉者である。しかも、泉州で昔から船乗りが祀っている航海安全の神様は媽祖ときまっている。船人は船に船魂《ふなだま》様として媽祖を祀り、船尾には媽祖の旗を掲げるのが古来の風習である。しがたって、国姓爺は、第三軍後衛鎮将劉進忠の申し出を淫祠・邪教のたぐいとして斥け、明日の出港にあたっては、船魂様の媽祖神を讃え、出陣の壮途を祝福するために、派手に太鼓を打ち、銅鑼を鳴らすようにと命じた。それどころか、部下将兵が劉進忠の申し出に従って羊山島に上陸し、娘々廟に参詣することさえ禁じてしまった。

羊山島沖の奇禍

永暦十二年（一六五八）八月十日朝、国姓爺招討大艦隊は、海路を羊山島から南京攻略の壮途に上った。全艦一斉に銅鑼と太鼓を鳴らしながら賑やかな出航であった。

風が出て波は高かったが、天気は晴朗である。満帆に風を孕《はら》んで、船団は波を蹴立てて揚子江の河

北伐艦隊羊山島沖航行の図

口に向かって進む。そこには崇明島《スーミンタオ》があり、島の城砦には清軍の陣地があって、次の攻撃目標はこの城砦であった。

国姓爺は船中の士官ルームに参謀たちを集めて作戦会議を開いた。崇明城をいかに攻略するかを協議するためである。

ところが、突如、窓に電光が閃き、扉ががたがたと鳴り、船体が大きく傾いた。戸外の上甲板が俄かに騒がしくなった。驚いてキャビンから外へ出て見ると、海面に雷鳴が轟き、白昼であるにもかかわらず、空も海も暗黒色で、豪雨の帷《とばり》が視界を遮っている。その荒天の中で、二百九十艘の船団は怒濤に呑み込まれて今にも沈没しそうである。

「哎呀《アイヤ》、這是《チエシ》、独眼龍《ドウヤンロン》的《デ》鬼魂《クイフン》作崇《ツオシー》！」

（おお、これぞまさしく海神独眼龍の崇りぞ）

と、水夫たちが恐怖の表情を浮かべて、口々に叫んでいる。

国姓爺も思い当たることがあり、心の動揺をかくせなかったが、さすがに招討大将軍である。その狼狽は微塵《みじん》も表情にはあらわさず、黙然《もくねん》と腕を組み、後続の僚船に目をやると、猛風に帆柱を倒され、舵を取られた戎克船が、互いに舷と舷とをぶっつけ合って船腹を破裂させ、次々と海中に呑み込まれて行くのが見えた。

「何ということだ。本当に水夫たちのいうように海神独眼龍のなせる作崇《ツオーシー》なのだろうか……」

国姓爺はなおも豪雨の中に立ちつくした。こうなっては運を天に任せるしかないのだ。

この暴風雨は、夏から秋にかけて、この一帯で常に発生する台風と津波で、不思議でも何でもないことなのだが、迷信の横行するこの時代、どうしても後衛鎮将劉進忠のいう娘々廟の女神と海底に蟠踞する独眼龍のしわざと思われてしまう。被害が酷いのは、複雑な潮流と浅瀬と全く遮蔽物のない地形のためであって、こうした地理に通じておれば巧みに難を避けることもできるのだが、艦隊には、そうした地理に通暁した者はいなかった。

したがって、台風が過ぎてしまえば、たちまち海面は嘘のように静まりかえって、航行には何のさしさわりもなくなる。それにしても艦隊が受けた被害はまことに甚大であった。

天候が回復し、風波がおさまり国姓爺が麾下艦隊の被害を調べさせると、数十艘もの戎克船が海底に沈没あるいは大破して航行が不可能となっていた。とりわけ、国姓爺にとって、一大痛恨事となったのは、遠征に同行させていた彼の妃嬪《ひひん》六人および男子三人を溺死させたことと、将兵八千余人を船と共に海底の藻屑としたことであった。彼はこの北伐招討にあたり正妻の董夫人と長男の経とは厦門に残したが、第二夫人以下六人の妻と、その妻とのあいだに生まれた九人の男子を従軍させていた。その六人の妻と九人の男子のうち明、睿、発の三子を波に攫《さら》われてしまったのである。宿願の南京攻略を前にして、揚子江を遡行する直前であっただけに、その出鼻を挫かれた国姓爺の心中はいかばかりか。史書には「成功、一笑を発し、各々屍を収めて埋葬せしむ」とあるけれども、痛恨きわまりなく、夜中ひそかに号泣していたにちがいない。

だが、そのことよりも従軍将兵の心の動揺は覆うべくもない。早くも前途に不安を感じて逃亡する者、帰還を希望する者が続出し、厳正であった北伐軍団の士気にも緩みが生じた。

このあと、艦隊は舟山に引き返して、損傷した艦体の修理や喪失した武器・食糧の補給を行うのだが、出撃して浙江沿岸の台州や温州を攻略したときには、婦女を虜掠《りょりゃく》する者があらわれ、劣勢であった清国軍も、この機会をのがさず「前に清軍から北伐軍へ投降していた者の中に再び清軍へ再投降することを望む将兵が急増している」とのデマを流し始めた。それが陣中の動揺をさらに助長し、疑心暗鬼におちいった国姓爺は、たまたまこのとき援剿《えんそう》右鎮の賀世明が軍艦の櫓《やぐら》を全部赤く塗りかえたのを見て、彼が清に投降する気持になったのではないかと疑い、罷免して姚国泰《ようこくたい》と交替させたりした。さらに最近清軍から投降して来ていた北方武将の全員を重要な役職から外してしまった。

軍陣の動揺は十月に入っても尾を引き、艦隊が台州に入ったとき、その動向が危ぶまれていた後衛鎮の劉進忠が遂に第三軍万礼将軍の麾下から抜け出して、部下と共に清国軍へ走った。彼は国姓爺に進言した自分の意見が無視されて憤懣やる方なく、この挙に出たのだった。右武衛の猛将周全斌《しゅうぜんひん》が怒って彼に追撃をかけたが、劉進忠は逃げおおせてしまった。全斌は腹いせに、清国軍の陣・海門を陥として引き揚げている。

だが、それでも国姓爺が九月十日に手負いの艦隊を率いて象山へ進出すると、知県の徐福が有力者を従えて投降して来て、沢山の肉や酒を北伐軍陣営へ贈って国姓爺を歓迎慰労した。そこで国姓爺は気を取り直し、十月二十二日になって滅入り勝ちな部下の士気を鼓舞するため、浙江省の清国軍陣地磐石衛を攻めた。守りは固く、容易に城は陥ちなかったが、翌月の七日、猛攻を加えて遂にこれを陥とした。次いで台州・温州・瑞安・平陽などを占拠し、将兵たちに十分の休養をとらせて心機一転、捲土重来を期して、軍団の再編成を行った。各将をそれぞれの要地へ分駐させるとともに、来たるべき進撃の準備と養兵訓練および造艦・製機につとめさせたのであった。

そして、自らは十二月十五日に南沙関へ南下して越年し、翌年の二月二十日に再び磐石衛に引き返すと、麾下の各提督・統領・統鎮に対して、「戦備を整えて三月中に磐石衛へ集結せよ」と命じた。命令に従って全軍の将官たちは磐石衛に来たり参じ、三月二十五日には全艦隊がこの軍港に勢揃いした。このとき国姓爺は、「遅れる者は厳罰に処する」と訓令を発したので一艦一隊なりとも遅参するものがなく、ここでようやく国姓爺の軍紀は旧に復したのであった。

永暦十三年（一六五九）の四月に入って、国姓爺の北伐軍はいよいよ念願の揚子江遡江作戦を開始した。ところが国姓爺が出航を命じようとした矢先、天候が思わしくなく、彼はこの前の羊山島での失敗のことがあったので、大事をとって、しばらく待機した。そして四月十五日、「本月十九日を期して全艦隊進発す」と全軍に通告した。

通告通り四月十九日、北伐軍は抜錨《ばつびょう》して航行し、先ず清の軍艦百艘が碇泊しているとの情報のあった浙江省の定関砲城（浙江省定海関）を攻撃してこれを陥とした。この定関砲城には清の守兵五百がいたので、柴草を積み上げ、それに火をつけて焼き討ちにしようとしたところ、城将が恐れて脱出遁走し、城兵はみんな右提督馬信の陣に投降して来た。余勢をかって北伐軍は浙江省鄞県の寧波《ニンポー》へ突入した。この鄭艦隊の進撃に対抗して清国軍は艦隊の航行を阻害するため、江水中に鉄索（滾江龍《こんこうりゅう》）を張りめぐらしていたので、鄭艦隊はこれを切断しながら進んだ。滾江龍というのは、「江を横切りて限を為す索条」である。

ところが、国姓爺軍が満を持して寧波城へ突入しようとしたとき、味方の兵五十人が敵陣めがけて脱走する事件が起こり、清国軍は俄に勢いづいて徹底抗戦の構えを見せた。そこで国姓爺は「攻防が長引き、若《も》し敵に援軍が来て我らがここに釘付けにされては、今後の作戦行動に齟齬を来たす。早々に撤退して予定の如く、揚子江を遡江し、南京を衝こう」と、諸将に矛をおさめさせて、反転航行、五月四日に舟山島へ到着した。

舟山島沖に艦隊を集結させると、国姓爺は、「今やわが艦隊の一挙一動は、広く天下の敬仰《けいごう》するところである。本藩の功名事業、またこの一挙にあり」と諸将を集めて激励し、将士の士気を鼓舞した。また、揚子江遡江の艦隊に混乱が生じないよう、再び艦隊の編成を変えた。

こうして国姓爺率いる北伐艦隊は万全を期して舟山島を出航、十七日に羊山島沖を通過した。前回とは異なりこのたびは快晴で雲一つなく、風波も穏やかで航行にはなんの支障もなく、翌十八日、揚子江入口の崇明島新興沙（江蘇省）に到着した。この崇明島は江南の門戸といわれる所で、清国軍の総兵梁化鳳《りようかほう》が守備していた。梁化鳳は名将といわれた将軍で、国姓爺軍の攻撃に対して絶対死守の構えを見せ、容易に城を陥とせないと知った国姓爺は、そのまま見過ごして、上流の瓜州《か》めざして艦隊を進めようとした。すると永暦帝から命ぜられて国姓爺軍に来たり投じていた張煌言が、「この砦を奪わずして軍を進めることは後の災いとなりましょう。是非攻め陥として、ここを兵站の基地とすべきです。さすれば後々の作戦に好都合となります」と進言したが、国姓爺は、「さもあろうが、この砦を陥とすには多くの日時を要し、そのあいだに上流の瓜州の防備が堅固となっては得策でない。我らが瓜州を陥とし、南京からの糧道を断てば、やがてこの崇明島の将士は飢えて自滅するにちがいないから、今は前進あるのみ」と、この進言は却下された。そして、いよいよ待望の揚子江遡江作戦が展開されたのであった。

永暦十三年六月一日、国姓爺率いる北伐艦隊は崇明島から揚子江を遡江して江岸の江陰に清兵が構築した城砦を攻めたが、ここも崇明島の砦と同じく城将が城を堅固に守備して、国姓爺軍の挑発に乗って出撃しようとはしなかった。そこで国姓爺はここも崇明島と同じく攻略を見逃して、そのまま遡江し、六月十三日になって焦山に到着した。

焦山に寄航した北伐艦隊はここで、三日間にわたる神事を挙行した。天地の神々および明の太祖洪武帝と毅宗・崇禎帝を祀って、明朝の再興を誓い、おごそかな祭祀を挙行するのである。まず黒服をまとって天地の神祇を拝し、そのあと白服に着がえて太祖洪武帝と毅宗崇禎帝の御霊を祀る。このとき国姓爺は、全軍・全艦に白旗を掲げさせ、白布でもって全艦橋《ブリッジ》を掩わせた。このさまを史書は「これを望めば雪の如し。祭終わり、太祖を大呼すること三度《たび》。将士および諸軍、共に大いに泣く」と記している。そして、この焦山滞在中、成功は峴石《けんせき》山（硯山）に登って、次のような詩を詠んだ。

黄葉《こうよう》古《こ》祀《し》の裏《うら》、秋風寒殿《かんでん》開く
沈々松柏《しょうはく》老い　瞑々《めいめい》鳥飛廻《ひかい》す
碑帖《ひちょう》空しく地に埋《うず》もれ、社階《しゃかい》尽《ことごと》く苔《こけ》を雑《まじ》う
此の地人到ること少なく、塵世《じんせい》転《うたた》哀《かなしみ》に堪《た》ゆ

こうして、麾下将兵とともに天地神明に復明討清を誓った国姓爺鄭成功の軍勢は、揚子江の河中に張りめぐらされた滾江龍を斬断《ざんだん》し、木浮営《もくふえい》を破壊しながら瓜州と鎮江をめざした。滾江龍は水中に横断したワイヤロープであり、木浮営は大杉の板を釘で打ちつけて囲った大筏である。中に大砲十門を据え付け、兵士が大勢搭乗しているが、これを上流から流して遡行して来る敵の軍艦めがけて大砲を撃つという奇抜な兵器である。

これに対抗して国姓爺の北伐軍は、滾江龍へは軽舟を発して巧みにこれを切断し、木浮営に対しては次のような戦法をとった。

すなわち、外に白布を張り、内に操舵手数人が乗った軽舟をもって、帆に風をはらませて上流へ遡行する。すると敵の木浮営は大砲を発射しながら追撃して来るから、今度は帆を下ろして下流へ下り、敵の砲撃がやむと、再び遡行して、木浮営に大砲を発射させる。これを幾度も繰り返して木浮営が搭載している砲弾を消耗させ、弾丸が尽きたところで、待機していた味方の艦隊が一斉に遡行を開始するのである。

こうして巧みに敵の防禦陣を突破し、瓜州と鎮江に到った国姓爺鄭成功軍陸戦隊は、瓜州城と鎮江城とを攻撃したが、このとき大活躍したのが外ならぬ王信の指揮する鉄人部隊であった。史書にいわく。

「六月十九日、成功は鎮江の南岸七里港まで前進し、二十日に上陸して二十二日夜半から翌二十三日にかけて激戦が展開された。この白兵戦で、右武衛の周全斌は陣の後に督戦用の長縄を張って部下に決死の覚悟を促した。この時に大活躍したのが鉄人部隊で、斬人・斬馬の本領を遺憾なく発揮し、その勇戦ぶりは神兵と称せられた。これまで不敗を誇ってきた清の猛将管効忠《かんこうちゅう》でさえ、〝余は満州から中国に入って十七回戦ったが、こんな負け方をしたことはなかった〟と嘆き、勝ちに乗じた成功軍は、敗走する敵を十有余里も追撃して、おびただしい武器・馬匹・駱駝《らくだ》を捕獲した」

しかも、国姓爺軍の損害は、わずか数人にとどまったというから、大いなる驚きである。

こうして、国姓爺軍は揚子江北岸の瓜州城を陥とし、南岸の鎮江城に迫った。鎮江城の守将は到底勝ち目のないことを知って国姓爺に城をあけ渡したが、このときの模様を当時の史書は次の如く伝えている。

「翌二十五日、成功は鎮江城において九程（九軍）から成る自軍の精鋭を閲兵した。その偉容は天兵と讃えられ、勝って少しも民を犯すことのない厳正な軍紀は、国姓爺軍の評判をいよいよ高めた。こうして〝南京の門戸〟とされる要衝の地瓜州・鎮江の両鎮は、全く成功軍の制圧下に入ったのであった」

南京城攻略戦

縞素《こうそ》（白服）江に臨み、誓って胡を滅ぼさん
雄師十万、気、呉（江蘇）を呑む
試みに看よ、天塹《てんざん》（揚子江）鞭を投じて渡らば
信ぜず中原《ちゅうげん》の姓、朱（朱姓）とならざるを

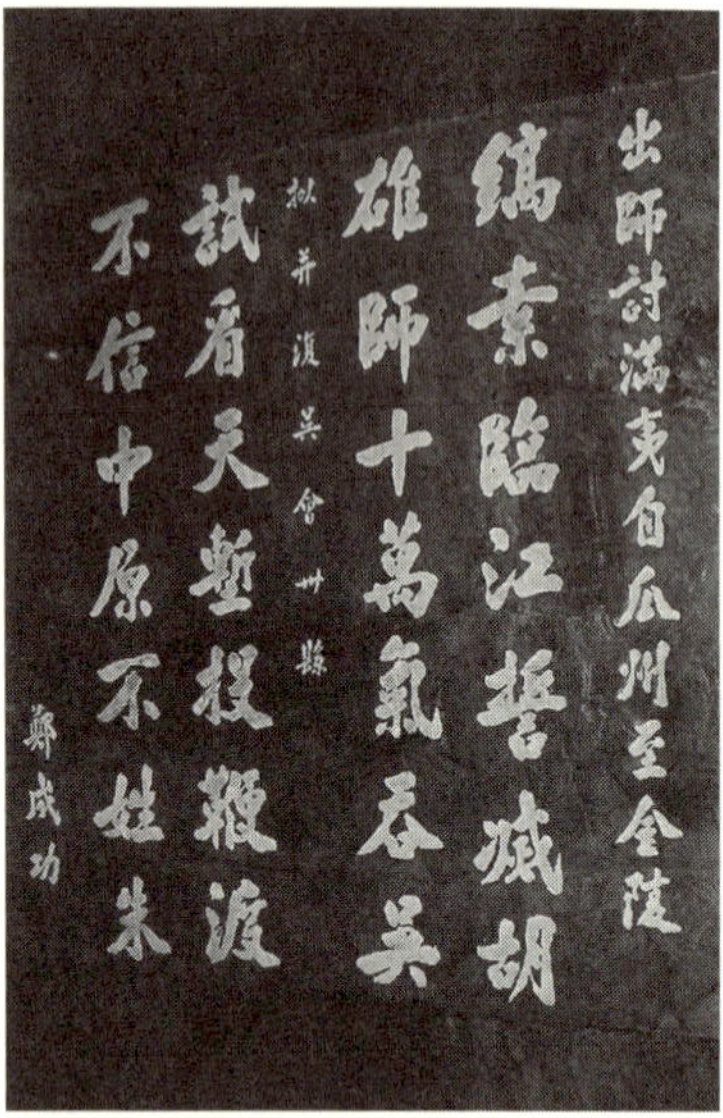

出師討満夷の詩（国姓爺の書）
厦門鄭成功記念館架蔵

この詩は「師を出《い》だして、満夷《まんい》を討ち、瓜州より金陵（南京）に至る」と題する国姓爺の頌《しょう》で、彼が南京の咽喉《いんこう》とも称された瓜州と鎮江を占領し、鎮江城で九軍を閲兵したあと、七月に南京の北、十六外郭門の一つである観音門へ進駐したとき、待望の南京城を指呼《しこ》の間に望みながら詠んだ。

この時、国姓爺軍の陣営には、この年の末に鄭成功の委嘱を受けて日本乞師のため来日し、そのまま日本に永住帰化した朱舜水《しゅしゅんすい》がいた。彼は当時六十歳であったが、次男の大咸《たいかん》と共に国姓爺北伐軍に従軍し、第二軍右提督馬信の幕下にあった。右提督馬信と殿軍忠靖伯鎮輝将軍との間を絶えず往来して連絡につとめていたが、不幸にもこの陣中で次男の咸児（大咸）を失った。彼は六月十七日に傷寒を患い、五日後の六月二十二日に死去したのである。

また朱舜水が次男を失ったと同時期に、これまで国姓爺と行動を共にしていた永暦帝の臣張煌言（一六〇二～六四）が、国姓爺と協議して南京先制の任務を果たすべく、更に揚子江を遡行して安徽省の蕪湖《ぶこ》に向かって出征した。これは国姓爺軍が南京城を正面から攻撃した場合、その背後へ迂回して攻める陽動作戦である。

この張煌言も詩人であったから、国姓爺と同じように、蕪湖への出発にあたり、次のような「師、燕子磯に次す」という詩を詠んでいる。

横江の楼櫓、自ら雄飛し
霧は伏し、雲は靡《なび》き、国威を尽くす
夾岸《きょうがん》の火輪《かりん》は、畳陣《じょうじん》を排し
中流の鉄鎖は、重囲と闘う
戦余の落日、鮫人《こうじん》の窟《いわや》
春到《しゅんとう》の長風、燕子《えんし》の磯
興亡を指点《してん》すれば、感慨を倍《ばい》にす
当年此の地、是れ王畿《おうき》

張煌言を蕪湖へ進発させた国姓爺の作戦は見事に功を奏し、六月から八月にかけて、途上の四府・三州・二十四県はあいついで投降《とうこう》した。国姓爺軍の意気はまさに天を突き、戦わずして既に南京の攻略は成ったかの感があった。

かくして、水行《すいこう》すること七日、南京の北に迫り、南京城外郭の観音門に至った国姓爺軍は意気軒昂。誰の目にも南京の陥落は、時間の問題と見えた。

だが……この九仞《きゅうじん》の功は一簣《いっき》（最期の努力）に欠いた。国姓爺の長い努力の積み重ねも、瀬戸際のわずかな失敗から、報われなかったのである。その経緯を解説すれば、次の如くである。

七月十二日、南京攻略を前にして、国姓爺は総攻撃の布陣を完了した。彼は麾下の文武諸官を集めて祭壇に明王朝の太祖洪武帝以下列宗皇帝の位牌を祀り、いよいよ始まる総攻撃の開始を報告した。明王朝列宗の冥助を祈願したのである。

その時、南京の城内では、国姓爺軍の来寇に備えて、城将の郎廷佐が「堅壁清野」の軍略をとり、城外の家を全部焼き払い、十里以内の住民をすべて城内に収容した。その上で使者を国姓爺の許へ送り、「清帝国の掟では敵の攻撃に三十日間城を維持できれば、その後失陥しても罪を妻子に及ばさないという先例があります。現在、我が軍将士の妻子は遠く北京に在住していますが、その妻子に累を及ぼさぬためにどうか、将軍の攻略を三十日間猶予していただきたい」と申し出た。すなわち三十日後に開城するというのである。

すると、迂闊《うかつ》にも国姓爺はこの申し出を承諾した。実はこの申し出は、先日の瓜州攻略戦で国姓爺の軍門に降り、赦されて故郷へ帰ったはずの朱衣佐という武将が密かに南京城内に潜入してこの城将郎廷佐に進言して申し出させた詭計だったのだ。すなわち国姓爺の性格をよく研究した謀将朱衣佐が企んだ騙しのテクニックだったということになる。

そこで、そのことを看破した国姓爺麾下の参軍潘庚鐘《はんこうしょう》が受諾に反対して次のように国姓爺を諫めた。

「閣下、これは敵軍が我が軍を油断させて、その間に防備を固めるための謀略ですから決して騙されてはなりません。直ぐさま南京城を攻撃すべきです。孫子も〝辞の卑《ひく》き者は詐《いつわ》りなり、約無くして和を乞う者は謀るなり〟と戒めております。降伏するのであれば、言を左右することなく直ぐに降伏するはずです。今は城中の防備態勢が整わず構えが手薄な筈ですから、一刻も早く攻撃命令を発してください」

攻撃軍の諸将もこぞってこれに同意したが、一度言い出したら聞かない国姓爺は、このときもまた、自分の意見に固執した。

けれども、この判断は潘庚鐘や諸将のいうことが正しかった。南京城将の郎廷佐は国姓爺に哀願の使者を送る一方で、松江総兵の馬進宝と崇明提督の梁化鳳および江寧総兵のハハム将軍に来援を求めたからである。この援軍要請に対して崇明提督梁化鳳は軍勢四千を率いて来援し、江寧総兵ハハム将軍もまた急ぎ手勢を率いて来援した。しかも松江総兵の馬進宝は偽って国姓爺に使者を送り投降を申し出たのである。

ところが、国姓爺は、この馬進宝の投降申し出によって自分の判断が正しかったことをいよいよ確信して、勝利の前祝いとばかり、攻撃軍諸将を集めて宴会を催したからたまらない。不安にかられた腹心の甘輝将軍が七月十七日に国姓爺のところへやって来て忠告した。

「一体これはどういうことでしょうか。攻撃を目前にして無為に駐屯しておれば軍兵は老いるばかりです。その間に敵の援軍は増加する一方です。昔から兵は拙速を尊び、戦いは先手を取れと申しております。たとえ清軍に比べて我が軍寡兵たりといえども、今なら勝算は大でありますから、直ぐさま攻撃をかけるべきかと存じます」

この甘輝将軍をはじめ前述した参軍の潘庚鐘や馮澄世《ふうちょうせい》たち諸将は、前の瓜州・鎮江を陥としたあとで開催された作戦会議では、国姓爺が即刻南京に向けて進撃すると主張したのに対して慎重論を唱え、反対していた将軍たちだった。それがこのたびはこぞって、連戦即決を強硬に主張しているのである。ということは、それほどにこの場合は、誰の目にも戦機が熟していたということになる。

だが、ここに及んでも国姓爺は、

「昔から城攻めには多大の損害をともなうものだ。それゆえもっと味方の軍勢を増やしてかかるべきで、先日も清軍の松江総兵馬進宝が投降を申し出てきたから、彼の到着を待って攻撃にかかっても遅くはない。そのあと一気に攻めかけて、約束通り、敵を降伏に誘い込むのだ」

と依怙地に馬進宝の投降を待つといった。彼としても諸将のいうように連戦即決を考えないでもなかったが、できれば味方の犠牲を最小限度にくいとめたかったのであろう。

ところが、さらにここで国姓爺にとって不運な出来事が起こった。それは陣中から脱走者が出て、敵の南京城中へ駈け込み、国姓爺軍の内情を敵将に知らせてしまったことである。この脱走者というのは、福州生まれの林《リン》某という下士官で、前の瓜州攻めのとき婦女を犯して棒罰二十をくらって国姓爺を恨んでいたので、その怨みを晴らすべく、七月二十一日の夜、ひそかに陣中から逃げて南京城に入り、城将の郎廷佐に、こう密告したのである。

「この二十三日は鄭成功の三十六歳の誕生日です。全軍が武装を解いて酒宴を開くことになっていますから、そこを急襲すれば、勝利すること疑いありません」

さらに彼は国姓爺軍の配備を暴露し、その陣構の弱点までも事細かに説明した。

かくして七月二十三日の夕刻、国姓爺軍は南京城儀鳳門《ぎほうもん》の隠し穴から繰り出して来た清国軍のため奇襲を受けて敗北したのである。攻撃の先鋒となったのは崇明島から援軍として南京城に入った崇明提督梁化鳳の率いる四千の軍勢であった。この儀鳳門の隠し穴というのは萩などの雑草が生い茂っていたので外部からは見えず、ここに抜け穴があろうなどとは、国姓爺軍の誰一人も気づかなかったのである。

国姓爺軍は脱走した林某のいったように鄭成功の誕生祝いの振る舞い酒で酔い痴れていたのだから、不意を衝かれて為す術がなかった。周章狼狽するところを、今度は南京城の大手門が開かれ、城兵たちが一斉に国姓爺軍めがけて吶喊《とつかん》して来たので、どうすることも出来なかった。逃げまどう国姓爺軍と、これを追撃する南京の清国正規軍。包囲網を突破されて追いつめられた国姓爺軍は観音門外の天険観音山の山上へ追い上げられて退却し、ようやく態勢を立て直したが、勝ちに乗じた四千の梁化鳳麾下の精鋭は、数万の南京城兵を従えて、観音山上めがけて猛攻を開始した。

このとき、奮戦して壊滅寸前の国姓爺軍を滅亡の危機から救ったのは、王信の率いる鉄騎兵であった。彼はこの鉄人部隊の先頭に立って白刃を振りかざし、麾下の将兵も槍を扱《しご》いて敵陣中に突撃を敢行した。彼らは縦横無尽に奮戦し、獅子奮迅の大活躍を演じて、敵の追撃をくいとめたから、そのあいだに味方の将兵は辛うじて観音山上から揚子江河岸の軍艦までたどりつくことができたのである。しかし、多勢に無勢、この阿修羅の如き鉄人部隊も次々と敵の銃弾に斃れ、王信自身、国姓爺鄭成功が、無事観音山上から脱出したのを見届けると、静かに一礼して馬首を返し、残った鉄人たちを率いて群がり寄る敵勢の真只中に突入し、壮烈な最期を遂げたのであった。

国姓爺は、こうした鉄騎兵の捨て身の奮戦によって何とか河岸から軍艦に乗り移り、鎮江まで撤退しようとしたが、清国軍はなおも追撃の手を緩めず、軍艦をもって追い討ちをかけようとした。この海上の危機を救ったのは提督黄安《こうあん》であった。彼は国姓爺の父飛黄将軍麾下の歴戦の海将であったから、巧みに艦隊を指揮し、追撃して来た清国艦隊を撃破し、敵軍艦数艘を撃沈して、なお河岸に残っていた味方の将兵たちを収容して七月二十四日、艦隊を無事鎮江まで撤退させたのであった。

鎮江へ撤退した国姓爺が、やっと一息つき、逃げ帰って来た将士を点呼して、その消息をたしかめると、彼が片腕と頼んでいた中提督の甘輝をはじめ、後提督の万礼、左武衛の林勝《りんしょう》、右虎衛の陳魁《ちんかい》、五軍の張衍《ちょうえん》、前衛鎮の藍衍《らんえん》、副将の魏標《ぎひょう》、朴世用《ぼくせいよう》、洪復《こうふく》、参軍の潘庚鐘《ばんこうしょう》、儀衛の呉賜《ごし》など錚々たる武将の姿はどこにも見当たらなかった。すべて江南の戦野に散華《さんげ》してしまったのだ。

「これというのも、余が敵の虚言を不用意に信じて、甘輝たちの忠言に耳を傾けなかったからだ」と後悔し、心の中では号泣したが、さすがに国姓爺、それは言葉にも表情にもあらわさず、「勝敗は兵家の常、決してこれに挫けてはならぬ」と、ブリッジに立って参集した全将兵に向かって一場の訓辞を垂れた。

七月二十八日、南京攻略で壊滅的な敗北を喫した国姓爺軍は、鎮江をあとにして揚子江を下った。

この敗北と撤退を知って、先に国姓爺軍の先遣機動部隊となって南京への迂回作戦をとるべく揚子江を遡行し、蕪湖で国姓爺軍の南京占領を今か今かと待ち受けていた張煌言は、驚いて急使を派遣して国姓爺にこう進言した。

「この敗北に心を臆してはなりませぬ。恃《たの》むところは民心で、幸い私の方は万事好都合に作戦が進行し、民心を得ています。私の率いる戦艦百隻を提供しますから、捲土重来、再度南京を攻略して下さい。このまま撤退しては、江南百万の生霊の運命は如何《いかが》なりましょうか」

だが、この煌言の進言でも、国姓爺の決意はひるがえらなかった。そのため、敵中に残されて孤立無縁となった張煌言は、来攻した清国軍のために全滅の悲運におちいり、彼は二人の従卒とともに脱出して、天台山中に逃げ込むことになるのである。

揚子江を下った国姓爺の率いる艦隊は、八月一日に狼山《ランシャン》、四日に呉淞《ウースン》と航行を続け、崇明島沖に到った。思えばこの崇明島を攻陥せずしてそのまま遡行したがため、崇明総兵梁化鳳が南京城へ応援に来て国姓爺軍は大敗北を喫したのだ。そのため国姓爺は諸将と計り、報復のため、この崇明島を攻略したが、崇明城兵の士気が旺盛で攻めあぐね、どうしても攻め落とすことができず、これまた失敗して引き下がった。これは甘輝将軍に代わって国姓爺の片腕となった周全斌が、「この城の防備は堅固で、将軍が到来すれば背後を断たれる危険があります。この島一つを手に入れたとて、どういうこともありません。それよりも早く思明州に引き揚げて、兵を休養させた方が得策です」と進言したからだが、国姓爺自身、先日の南京攻略の失敗で弱気になっていたせいでもある。

かくして、崇明島沖から撤退した国姓爺軍は、八月十六日、浙江省の林門に到着して、各地の鎮に諸将を派遣して防備を固めさせたあと、九月七日、一年五か月ぶりに思明州（厦門）に帰還したのであった。

史書はこの国姓爺の南京攻略について、

「江南に出兵し、余多《あまた》の将兵を失いながら、尺寸の功もなかりき」

と批判しているが、国姓爺自身もこれを恥じ、自ら上奏文をしたためて使者李明世に持たせ、桂林の永暦帝に奉呈した。そして北伐敗戦の責任をとり、延平郡王および潮王の爵位を帝に返上して自分の官位を招討大将軍に降格した。これは福州の唐王隆武帝の時代にかえるということである。また、戦死者の廟を厦門に建立して忠臣として手厚く祀り、他方「広く招を行い、散逸した将領を取りもどし、新たに将兵を募った」。異論もあるが、彼が朱舜水を日本へ派遣して乞師すなわち援軍の派遣を要請したことは、彼がなお明朝光復の望みを捨てきっていなかったことを示すものである。

ちなみに、国姓爺の南京攻略の敗因を清朝の学者徐鼎《じょてつ》は次のように論断している。

「論者は成功が甘輝など諸将の進言を用いず、自軍の精鋭を恃《たの》んで軽々しく敵中に進んだことを挙げているが、これは結果論であり、天が明を滅ぼしたのである。正に時の勢いというべきものである」

たしかに、時運のしからしむることであろうが、天が明を滅ぼしたとまでいえるかどうか……

これこそ結果論であって、もし、この南京攻略が一時的にせよ成功していたとすれば、揚子江を遡行して迂回作戦をとった張煌言の江南・江北経略軍と呼応して、李定国の東上反撃も奏功したにちがいない。されば、これによって今なお明王朝の勢力が温存されている南明の江南と江北地方に、永暦帝の明朝政権が確立されていたと思えるのである。

国姓爺鄭成功の南京攻略が、槿《きん》花《か》一朝《いっちょう》の夢に終わったことは、惜しみても余りがある。

天の巻　国姓爺の台湾攻略

台湾事情

ゼーランジャ城は漢語の表記で熱蘭遮城《ゼーランジャ》、現在の安平古堡《アンピンクーポ》である。私は今、このゼーランジャ城をめぐる明蘭（ミン・オランダ）の攻防の歴史を書こうとしている。主人公はオランダの台湾長官フレデリック・コイエット。もう一人はいうまでもなく明朝遺臣国姓爺鄭成功である。

この攻防以前の台湾のことについては、すでに「地の巻、鄭芝龍の南海制覇」の「明海商の台湾進出」と「荷蘭《オランダ》熱蘭遮城」のところで述べているので、あらためて簡単にその台湾事情をまとめておこう。

台湾はかつて、鶏籠《けいらん》、北港、東蕃《とうばん》あるいは蓬莱《ほうらい》とも呼ばれた。鶏籠（基隆）と北港とは台北に今も地名として残っている。また日本では中世、この国の名を高砂《たかさご》とも高山国《こうさんこく》とも称した。中国との関係でいえば、十二世紀初めの北宋時代末から福建省泉州と筑前博多津とのあいだで盛んに交易が行われたが、そのときにここが海外貿易の中継基地として利用されたのである。しかし、南宋時代になると台湾海峡の澎湖島《ポンフータオ》が軍事的に重視され、元代になって正式に澎湖巡検司が置かれ、台湾は化外《けがい》の地とみなされた。

明代になって海外貿易が盛んになり、日本から倭寇が台湾北部へ進出し、明国の福建省から台湾への移住者が増加してくると、台中沿岸部では農業が行われるようになったが、なお内陸部では高砂族が原始的な狩猟を行っていた。これは明王朝が海禁政策をとって民間人の海外貿易を禁止し、海外渡航を許さなかったからで、その禁を犯した海寇たちが、武力をもってその活動拠点を、この島に求めたに過ぎなかったからである。

だが、そうした気運は十六世紀中葉の西方東遷の風潮によって覚醒された。覚醒の口火を切ったのは一五四三年（明・嘉靖二十二年、日・天文十二年）ポルトガルのリスボンから渡航してきた葡萄牙《ポルトガル》人で、彼らは日本への航海途上、台湾海峡を通過した際、この島を見て、そのあまりの美しさに感嘆の声をあげ、イラー・フォルモサ（Ilha Formosa）と呼んだ。美しい島という意味で、これが国際的に台湾の語源となった。日本では華麗島と称している。けれどもポルトガルは台湾には触手を伸ばさなかった。遅れて東洋に進出して来たスペインもフィリピンの呂宋《ルソン》島を領有しただけで、台北雞《タイペイクエ》（鶏）籠《ラン》の社寮《シエリヤオタオ》島と淡水《タンシエイ》に貿易の中継地を置いただけであった。台湾の全土領有をめざしてやって来たのはこのポルトガル、スペインよりさらに遅れてやって来た荷蘭《オランダ》人であった。オランダは一六〇二年、連合東インド会社（オランダ東インド会社）を組織し、バタビアを拠点として東アジアの海外貿易を独占し、その中継基地として台湾と澎湖《ポンフータオ》島を利用した。

一六二二年（明・天啓二年、日・元和八年）、オランダ東インド会社は澎湖島を占領して砦を築いた。明国も一五六三年（嘉靖四十二年）に都督《ととく》の兪大猷《ゆたいゆう》が台湾海峡を巡哨して、海賊の村道乾を討伐して澎湖島に軍隊を駐屯させていたが、その頃は形ばかりであった。だが、オランダがここを領有したと聞くと、福建省の水師督沈有容《ちんゆうかく》は、翌天啓三年（一六二三）大軍を率いて澎湖島に来襲し、同島からオランダ軍を撤退させた。撤退したオランダ軍は、台湾へ本拠を移し、天啓四年（一六二四）タイオワン（台湾・現在の台南市）にゼーランジャ城を構築した。

このオランダ人は台湾へやって来たとき、原住民の高砂族に向かって言った。

「われわれは牛皮大のわずかばかりの土地が欲しいのだが……いくらかね」

「よし、布十五反と交換しよう」

すると、オランダ人は牛の皮を細長く切って縄にない、その縄で広大な土地を取り囲んで、これが契約通りの牛皮大の土地だとうそぶき、土地の所有権を獲得してしまった。人の良い高砂族はまんまとダッチ商法のオランダ人のペテンにかかったのである。

台湾に来航したオランダ東インド会社の軍船

こうして台湾を手に入れたオランダ人は中継貿易によって富を獲得し、その富を本国オランダへ送った。その貿易は主として中国大陸から廉価で買い付けた生糸・綿花などの繊維製品、黄金製品、砂糖・陶磁器などを日本へ輸送して銀と取り換え、あるいはバタビアへ持ち帰って胡椒・香料・宝石などと交換して莫大な利益を上げたのであった。彼らは原住民が狩猟で得た鹿皮などを人頭税として徴収した。

原住民は狩猟で生計を立てているので、農業は中国から移住して来た漢族にやらせたが、労働力が不足すると、これを補うため、耕牛・種子・農具などを提供するからという好餌で明国の福建から移民を招いた。それは明末動乱期から顕著になったが、特に永暦十三年に国姓爺が南京攻略に失敗した翌年から激増し、その数は二万五千人にも達した。そうなると、支配者のオランダ東インド会社は、これら台湾原住民と移住漢族に対する統治に手を焼くようになった。

すでに永暦六年（清・順治九年、一六五二年）には、台湾で移住漢族による大規模な反オランダ暴動が発生している。オランダ東インド会社が、これら漢族移住民から苛酷な租税を取り立て、あるいは大地主となって漢族小作農民を安い賃金で酷使したからである。暴動の首領となったのは、むかし海寇鄭芝龍の手下であった郭懐一《かくかいいち》である。彼は戦乱の泉州から逃れて台湾へ移住して来たが、オランダの支配に反感を抱く漢族からたちまち首領にまつり上げられたのであった。漢族はこの郭懐一の下に糾合して武装蜂起を計画し、相談の結果、一六五二年の中秋節の夜に決起することになった。秘策をめぐらして隠密裏に準備をしていたところ、決起の前夜に裏切者が出て、オランダ台湾長官の知るところとなり、長官は直ちに兵を発して関係者を一網打尽にした。この時の暴動参加者は一万八千人にも達したが、鍬・鎌・竹竿などを手にしただけの農民一揆はオランダ軍の銃火器の前に敢なく壊滅した。それればかりではない。流血を見て逆上したオランダ軍将兵は、一揆に加担していない漢人とその婦女子など四千余人を虐殺した。

武力弾圧によって一揆は未然に防止されたが、この弾圧が残虐きわまりないものであったから、移住漢族のオランダ人に対する憤懣憎悪は一層増幅した。今度はボイコット、サボタージュによるレジスタンスである。これはオランダの官憲に少なからざる脅威を与えた。その頃オランダ台湾長官であったフェルブルフは数年後に退官したあと、こう述懐している。「あの当時、余は来る日も来る日も、不安で夜も眠れなかった」と。

そして、彼は台湾統治をより強固なものにするために、本国から連れて来た沢山のキリスト教宣教師を先住高砂族の住む山間僻地に送り込んで、学校を建てて宣撫させ、教会を建てて布教を行わせた。実はこのことには大きな含みがある。このあとオランダの台湾長官は、漢族住民の弾圧にこの先住民高砂族を利用したからである。すなわち支配階級が異民族の民衆支配によく用いる分裂支配政策で、被支配階級に内部分裂を起こさせ、分裂した一方を手懐《てなず》けて優遇し、この優遇した一方をもって他方を抑圧するという統治の手法である。だから、漢族移住民からは一切の武器を取り上げ、徹底的に抑圧して重税を課し、たまりかねて彼らが一揆に立ち上がると、すぐさま先住高砂族に銃器を与えて出動させ、漢族移住民を掃討させる。

この高砂族は山間部の狩猟民族であり、戦闘を好み、昔は互いに殺し合って首狩りを競っていたのだから、少数といえども武力においては漢民族の比ではない。その彼らにオランダ東インド会社は銃器を与えて武装させたから、まさに鬼に金棒である。

だが、オランダ台湾当局にとって本当に恐るべき強敵は中国本土からの正規軍の来襲であった。もし台湾在住の移住漢族が中国本土に窮状を訴えて、自分たちの決起に呼応する軍勢の派遣を要請したとしたらどうなるか……。これこそ一大脅威なのだ。

そこで東インド会社台湾長官は、郭懐一の暴動があった三年後の一六五五年に国姓爺貿易船のタイオワン来航を禁止し、禁を犯して来航すれば積荷をすべて没収すると通告した。すると、国姓爺もその対抗措置として台湾海峡を麾下艦隊にパトロールさせ、オランダ船が交易のため大陸沿岸に来航することを禁止した。そのため貿易立国のオランダは大陸からの糸・布などの生活必需品が入らなくなり、物価が騰貴して経済が混乱した。オランダ東インド会社は困って、二年後の永暦十一年（清・順治十四年、一六五七年）、明国人通訳の何斌《かひん》に多数の贈り物を持たせて厦門《アモイ》島へ派遣し、和を乞わせた。このときオランダ東インド会社は国姓爺に対して毎年五千両、矢十万本、硫黄一千担を提供することを条件に、対明貿易の再開を求めたのである。

その一方で、台湾長官は、国姓爺軍の来襲に備えてタイオワン港の防備を強化し、港口のゼーランジャ城の警備を厳重にした。

先ず港の西端にある二つの出入口のうち、鹿耳門《ろくじもん》に古船を漕いできて沈め、航行を不可能とした。その南の一鯤身島に構築したゼーランジャ城直下の海峡を通行しなければならぬように工作したのである。鹿耳門というのは北線尾島の北にある鹿の耳のような形をした狭い水路で、オランダ語でラクイエムイス・カナル（Lakjemuyse Channel）という。地形が峻嶮な上に巨岩が海上に突出しており、それでなくても水深が浅く、船舶は満潮時のわずかな時間しか通れない。

ゼーランジャ城は堅牢な石造りの城砦で、オランダ軍が常駐し、海峡に向かって十数門の大砲が並列されているので、この直下の海峡を通過する敵艦は、ことごとく撃沈されてしまう。当時台湾に常駐していたオランダ東インド会社の商館員は約二千人で、これらの者が妻子とともに、このゼーランジャ城と、もう一つ台江内海の奥にあるプロビンシャ城（赤嵌城）に分かれて生活していた。おおよそのことをいえば、プロビンシャ城にはオランダ商館があって、貿易業務に従事する所であり、ゼーランジャ城にはオランダ海軍の軍指令部があって、台江内海防衛軍が駐屯する所である。

台南の台江内海は湾口に鯤身と称する七つの島があって砂嘴で連結され、防波堤の役割を果たしている。その最北端の一鯤身島に構築されているのがゼーランジャ城で、湾奥の正面に構築されているのがプロビンシャ城である。

遷界令

永暦十四年（清・順治十七年、一六六〇年）五月初旬、皐月《さつき》の空は抜けるように青かった。

その好天気の下、三艘の軍船が厦門港を出港した。一艘は三本柱に三枚帆を張った小型の戎克《ジャンク》船で、あとの二艘は日本の打械《うちかい》船を思わせる哨戒艇である。これは左右の舷側に七本ずつ、十四本の櫂《かい》で船を漕ぐ。

船団の首領は国姓爺鄭成功であった。あとの三人は日本の平戸で鄭家の縁につながった者たちで、王玲と、彼女の兄王信の遺子王仁と王義である。昨年の夏、王信が南京城の攻略戦で壮烈な戦死をしたあと、妹の王玲は兄の王信に代わって国姓爺の耳目となり、その側近くで奉仕するようになった。

年齢は国姓爺より一つ年長の三十八歳だが、未だに独り身である。それまで仕えていた董《とう》夫人からも兄の王信や周囲からも度々縁談を勧められたが、なぜか断り続けた。兄の王信だけがその妹の心の中の秘密を知っていたが、口には出せない。彼女の意中の人は幼友達の森すなわち国姓爺だったのである。

王信の二人の息子はもう二十歳を過ぎた立派な戦士だが、もう一人この一行に加わった若者がいた。それは国姓爺の長男鄭経である。経は明朝の崇禎十五年すなわち一六四二年の生まれだから一六六〇年の今年、数え十九歳になる。母は董夫人だから、この董夫人に日夜接触して仕えていた王玲には母のような親しみを感じている。だから、こうした五人が一堂に会したことは、日本の平戸島川内浦がそのまま厦門港の船上によみがえったようなものだった。

だが、それは国姓爺が、ノスタルジアからそうした集いを催したわけではない。南京攻略の失敗によって致命的な痛手を受けた国姓爺軍の息の根を止めようとして、清国海軍の軍令部が大艦隊を派遣し、厦門、金門島に攻撃をかけようと、このところしきりに偵察船を厦門島近海に出没させているとの情報が入ったからである。すなわち、その真偽をたしかめるための哨戒行動だったのである。

「仁と義よ、私の今日あるのは、お前たちの父上王信のおかげだ。何とお礼を言って良いかわからぬ」

「……………」

「あの北伐南京攻略のとき、私は韃賊《たつぞく》の軍勢に取り囲まれて、すんでのところで命を落とすところであった。それをそなたたちの父上が助けてくれたのじゃ」

「滅相もない。父は臣下として、当然のことをしたまでです」

船団が厦門港を出て南下し、東に迂回して東水道に入ったところで、一同の会話が始まった。旗艦戎克船のキャビンである。

「今も王信の最期の模様が目に浮かぶようじゃ。私と取り巻きの者を逃がしたあと、信は直立不動の

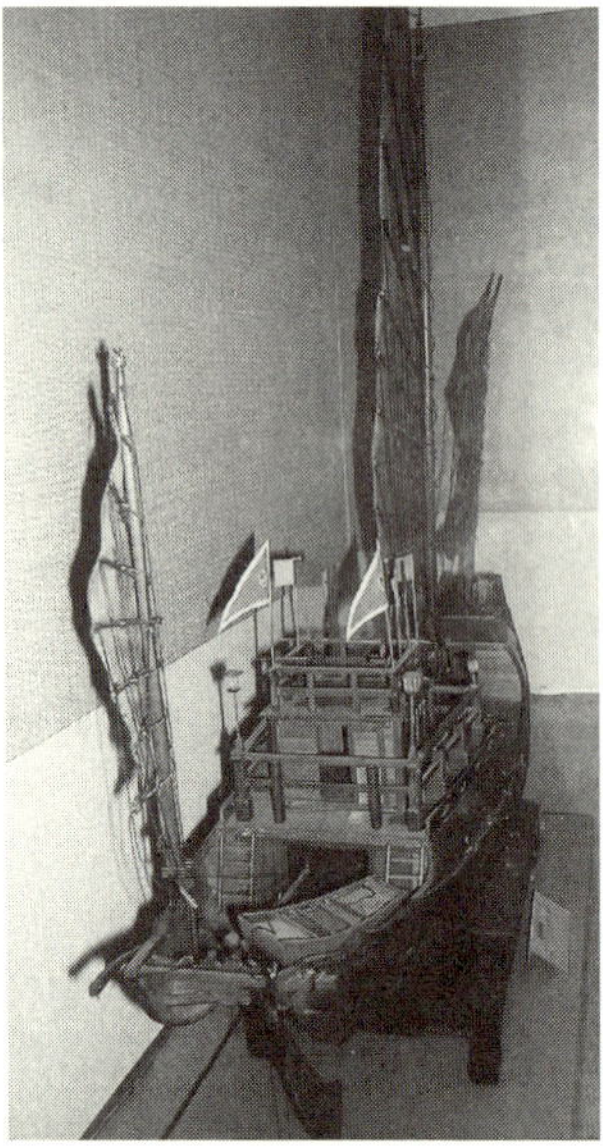

国姓爺鄭成功の旗艦（泉州福建省海外交通史博物館架蔵）

姿勢をとって私に敬礼し、雲霞《うんか》の如き敵軍の真っ直中へ突撃して行った……」

　兄弟は、黙って頭を下げた。

「私はこの忠臣の犠牲に報いるためにも、お前たちを何とかして引き立てたいが、もはやこの国土の内陸部でお前たちを侯伯に封ずることはできぬ。これからは海上に進出して、海外との交易に活路を見いだすしか生きる術《すべ》はない。早く曽祖父王直殿や祖父顔思斎殿のように立派な海商となるべく心掛けることじゃ」

「はい」

「のう王玲、そなたも亡き王信に代わって、この二人を立派な船乗りとなるよう指南してやってくれ」

と、ここまで身内だけの親密な会話が続いたとき。ブリッジで見張りに立っていた水兵が大声を上げた。

「前方に敵艦発見！　哨戒艇一艘！　間違いありません。あれは清の偵察船です」

「ようし、取り舵を切れ、追跡用意」

と国姓爺は立ち上がり、

「北十五度、ようそろ」

と次から次へと指令を発し、追跡を命じた。命を奉じて王仁と王義の両人はデッキから降りて二艘の哨戒艇に乗り移り、舳に立って水兵たちを指揮しながら敵艦の追跡を始めた。艇は波しぶきを上げて、矢のように前進した。勝手知ったる海上の追跡戦である。たちまち敵艦を追いつめて乗り移り、拿捕した。曳航して取り調べ、敵艦隊の大挙来襲が間近いことを知った。直ぐさま士官たちを集めて、迎撃作戦を協議した。旬日を経ずしてやって来るのは清海軍提督のスダと李率泰《りりつたい》を司令官とする福建・広東両省の大艦隊だが、この協議で国姓爺は、厦門島北方の大嶝島に陳鵬《ちんほう》、金門島に鄭泰《ていたい》を配置した。敵艦隊がこの両島の間に侵入したところで、国姓爺が厦門港から主力艦隊を率いてこれを迎撃する戦法をとるのである。

五月十日、清海軍提督スダと李率泰とは、国姓爺軍から脱走して清国軍へ入った叛将の施琅と黄梧の案内で、泉州港から大挙南下して来た。スダは厦門島へ、李率泰は金門島に迫ったが、すかさず鄭艦隊はその間に割り込み、激戦が展開された。戦闘の最中に暴風が起こり、清の大艦隊が大波に翻弄されるところを鄭泰の率いる艦隊が横合いから挟撃し、清海軍の両提督は周章狼狽、麾下艦隊を率いて倉惶として逃走した。この一戦で、清国海軍は艦隊の大半を失い、兵員の六、七割を海中に葬った。まさに惨憺たる大敗北である。昨年夏の南京城攻略の敗北以来、滅入っていた国姓爺軍の士気はようやく高揚した。

そこで、自信を得た国姓爺は、敗将のスダと李率泰に使者を遣って、再度の決戦を呼びかけ、「もし戦いに応じないというなら、これを受け取るがよい」と、巾幗《きんかく》（婦人の衣服）を贈って挑発した。

これは「男なら挑戦に応じるがよい。応じることができぬというなら、もはや汝等は男とはいえないぞ、この女の着物でもまとうがよい」という武人としてこの上ない侮辱である。それでも主将のスダは戦いに応じることはできなかったから、自らの意気地無さを恥じて、間もなく服毒自殺した。国姓爺が敗将スダに巾幗を贈ったのは中国の史書『三国志』の故事にならったもので、五丈原に布陣した諸葛孔明《しょかつこうめい》が、挑戦に応じようとしない魏の将軍司馬《しば》仲達《ちゅうたつ》を誘《おび》き出すために用いた有名な逸話であったから、清軍の陣中でも誰一人と知らぬ者がなくなり、敗将スダとすれば、どこにも身の置き所がなくなったからであろう。それかといって、このスダに代わって水軍を指揮して、再度鄭艦隊に戦いを挑む勇気のある将軍もなく、当面はこの屈辱を堪え忍ぶしかなかった。

こうして、北伐南京攻略には無残に敗退した国姓爺であったけれども、なお閩粤《びんえつ》沿海では優勢を保ち、万丈の気を吐いた。そこで清国軍は口惜しくてたまらず、なんとかして、これに対処する方法はないものかと模索していたところ、かつて国姓爺の部下で、彼と衝突して清に投降して来ていた叛将の黄梧が「平海五策」という妙案を上奏してきた。この叛将は閩粤沿海の事情に通じていたので、国姓爺の弱点を心得ており、その裏をかく戦法を考えたのである。史書が伝える叛将黄梧の妙案「平海五策」というのはこうである。

一、屯沿海以堵塞鄭軍登岸（閩粤の沿海に軍隊を駐屯させて封鎖し鄭軍の上陸を阻止）
二、造小舟以圖中左廈門（小舟を造って金門・廈門両島に絶えず攻撃をかける）
三、没収鄭氏産業、並誅鄭氏親党（鄭氏の財産田畑企業を没収し、鄭氏の親党を誅殺）
四、断商賈以絶金廈両島之接済（商売の道と資金を絶ち、金門廈門両島を孤立させる）

五、発掘鄭氏祖宗墳墓、以洩敗軍恥憤（鄭氏祖先の墳墓を発き、敗軍の恥辱を晴らす）
其後清廷更採取残害殺戮百姓的遷界政策、即沿海居民概内遷三十里、自広東而至山東等省、此亦倡自黄梧（その後清朝はさらに鄭軍の残党を殺戮して、百姓の遷界政策を実施した。すなわち海岸から三十里以内の沿海民を内陸部に遷す政策で、これを広東省から山東省に至る各省内で布告強制したのであった。これもまた黄梧の献策である）。

遷界令というのは、この「平海五策」の付帯事項として最後に書かれている献策である。

黄梧は具体的に、次のようにいっている。

「厦門・金門の両島は小さな島でありながら、鄭成功がこの島を根城《ねじろ》に今なお健在であるのは、福建・広東両省の沿海から物資を供給しているからであります。したがって、この供給源を断てば、彼はお手上げになります。また、沿海住民も彼に協力していますので、これを離反させなければなりません。すぐさま福建・広東のみならず、浙江、江蘇、山東など各省の沿海住民をすべて内陸部に移動させ、境界を設けて兵を駐留・防備し、供給源を断たなければなりません。そうすれば鄭成功は戦うてだてを失い、自滅すること疑いありませぬ」

たしかに国姓爺麾下の軍団は、これら中国閩・粤の沿海部から食糧・油・木材・鉄器などの生活物資を供給し、生糸・絹織物・木綿・陶磁器などの商品を買付けて、これを海岸に売り捌き、海外から白銀・胡椒などの物資を輸入して高価に販売し、莫大な利益を得ていた。したがって、このような遷界令が出て経済活動の方途が断たれては、国姓爺のめざす交易立国は立ち行かなくなる。清朝は喜んでこの黄梧の献策を採用した。

順治十八年（一六六一）、清朝は遷界令を公布した。すなわち、黄梧の進言通り広東から山東省に及ぶ中国沿海の地域住民に命じて、彼らの家屋、田畑、財産を放棄させ、海岸から三十里（一七・二八キロ）以上離れた内陸部へ強制移住させたのである。そして、決してそこから海岸へ出ないことを誓約させ、もし誓約に背いた者は死罪に処するという厳しい法令である。もっとも福建・広東両省の役人の多くは鄭一族とつながり、国姓爺と懇意な者が多かったので、いちはやくこのことを国姓爺に知らせて、しかるべき手を打とうとしたのであったが、黄梧はすでにそのことを読んでいて、そうした内報者を逮捕して処刑してしまった。そればかりか黄梧は清朝に建言して国姓爺の息の根を止めるために、自分と同じように国姓爺軍の陣営から清軍に投降していた靖南王の耿継茂《こうけいも》を福建に都督として派遣させ、国姓爺と対峙させたのである。

すでにして、永暦帝を擁立して明朝光復のために戦っていた李定国は清国軍と雲南・貴州で戦って敗れ、ビルマへ逃亡し、南京攻略の際江南に迂回していた張煌言もまた追撃してきた清国軍に追われて天台山の奥へ逃げ込み、消息を絶った。したがって国姓爺が再起して北伐の軍勢を動かそうにも、軍団の中核となる鉄騎兵も補佐する名将もなく、新規に兵を募ろうにも、これまでの支配領域のほとんどは敵地となっていたため、不可能であった。かくして、万事窮した国姓爺は天を仰いで嘆息するしかなかった。

台湾海峡浪高し

清朝の遷界令により、国姓爺が苦境におちいっていたとき、その苦境に活路を与えたのは台湾からやって来た何斌《かひん》（蘭名《オランダ》ピンクワ）であった。

何斌は成功の父芝龍の旧部下で、芝龍が清朝へ帰順したとき離れて台湾へ渡り、ゼーランジャ城へ入ってオランダ東インド会社の通辞となった人物である。一六五七年東インド会社が厦門《アモイ》の国姓爺鄭成功に対して、中断していた貿易の再開を求めたとき、交渉の使節となって台湾からやってきたのがこの何斌で、そのときの交渉が好都合に進行したので、彼はオランダ台湾長官から信頼され、台湾に居住して移住漢人たちのリーダーとなった。また国姓爺も彼が気に入ったので、厦門と台湾との交易はすべてこの男の仲立ちで行っていた。したがって、台湾から厦門へ行く商船は彼に税金を支払わなければならず、彼が厦門鄭商会の関税取立業務を代行していたのだった。

しかも、国姓爺は、密かに何斌に命じて台湾駐留オランダ軍の軍事施設や兵要地誌を調べさせ、オランダ台湾長官の統治状況までさぐらせていたのである。何斌もまた、かつての上司芝龍の息子である国姓爺の人柄に惚れ込み、心から尊敬して一命を投げ出しても惜しくないような心情を抱いていた。

何斌はオランダ東インド会社に雇用されていながらも、かねてより、オランダ人が移住漢人を蔑視し収奪迫害していることに憤懣を感じ、近い将来、オランダ人を台湾から駆逐しなければならないと思っていた。だから国姓爺と意気投合し、その指示にしたがって行動し、これまで脱税が行われていたオランダの泉州、厦門向け貿易船から出港税を厳しく徴収し、その総額は一万八千両にも及んだ。同時に鄭商会の徴税事務を代行し、台湾から船積みする鹿皮・鹿肉・砂糖・魚類などの輸出税も漏れなく徴収した。合わせて密かに台湾台江付近の軍事施設を調べ、その地図と兵要地誌をぬかりなく作成した。

　ところが運悪く、永暦十三年（清・順治十六年、一六五九年）、その何斌のスパイ活動が、オランダ東インド会社に察知された。かねてから彼の台湾での徴税事務に反感を抱いていたオランダ人貿易商たちが、なんとかして彼を失脚させようと密かに内偵を進めていたからであった。そのため怒った台湾長官は彼を罷免し、二十万元の罰金を支払えと命じた。そのような大金を支払うことのできない彼はゼーランジャ城の牢に入れられた。これを知った国姓爺は何とかしてやりたいと思ったが、南京攻略の失敗により財政不如意で罰金の肩代わりはできなかった。そこで何斌は獄卒の油断を見て、ゼーランジャ城の牢獄から脱出した。オランダ軍の厳重な監視をかいくぐって、城外に脱れた何斌は漁夫に変装して台湾海峡を渡り、決死の思いでやっと厦門へたどり着いたのであった。

　すなわち、その何斌が、清朝の遷界令によって南海水軍王国建設の夢を断たれていた国姓爺に、台湾攻略を提案したのである。何斌は満身創痍であったにもかかわらず、国姓爺に向かってこういった。

「私は先日、決死の覚悟で破牢し、台湾から脱出して小舟に乗り、飲まず食わずで台湾海峡を漂流していました。危うく飢えて死ぬところに、運良く澎湖島の沖で、泉州へ向かう朝鮮の商船に救助されて命拾いしました。その船中で、船員たちが話しているのを耳にしましたが、なんと彼らはこう話していたのです……昨年、明国の遺臣たちが国土回復のため、南京を攻略したが無惨に敗れた。彼らの大将鄭成功は乱軍中に戦死したとの噂が一時流れたが、どうやらそれは間違いで、なんとか逃げおおせたが、今度はすっかり自信をなくして逼塞し、名も郭信《かくしん》と変えているそうだと……そう言っていたのです。でも、私は今こうして殿下のお元気なお姿を拝見して、これに過ぐる喜びはありません」

何斌、国姓爺へ台湾進攻を説得する図（厦門・鄭成功記念館）

「うむ、そうか。この成功が死んだとのう……」

と国姓爺は苦笑したが、

「その郭信というのはな、私の国姓《クオシン》というのを彼らが私の名だと勘違いして、郭信という字をあてたものであろうよ。いっそのこと彼らがいうように、私は死んでしまった方が良かったかもしれぬのう……」

と自嘲した。すると何斌は反論した。

「何を仰せられます国姓爺様、活路は未だ残っています。こんなことぐらいで、挫《くじ》けてはなりませぬ」

「とは申せ、遷界令を出され、貿易をやろうにも、この閩・粵の沿岸一帯どこにも交易相手の商人がいないではないか。いかなる手だてで国富を生み出すというのじゃ？」

「さればでござります。国姓爺様、その活路が台湾に開けておりまする。この厦門島・金門島から本拠を台湾へ移すのです」

「なんと、台湾へ……じゃが、あの台湾島は、瘴癘《しょうれい》の不毛《ふもう》の地というではないか」

「とんでもありません殿下、それは誤解でございます。かつてインドのゴアやマラッカから日本へ向かう途中のポルトガル人宣教師たちは、あの島を見て、イラー・フォルモサと叫びました。〝なんと美しい島であることよ〟という意味であります。沃野千里、覇王の地で、全島が海に囲まれて孤立していますので、自由に外国と交易ができます。海外諸国と大いに取り引きして国を富まし、民力を養い、兵士を鍛錬して軍事力を強化すれば、十年ならずして清朝支配下の中国大陸へ進攻ができます。これほど好都合な根拠地はないのです」

「……………………」

「それに台湾は今、わが漢族の同胞が、三十余年間にもわたってオランダ人の圧政に苦しめられています。どうか殿下、彼の地に進攻して紅毛オランダ人を追放し、わが漢族の同胞を救援していただきたい」

そういいながら何斌は、長年かけて調べ上げていた台湾の地理とゼーランジャ城の軍備および兵要地誌を説明するため、地図を広げた。これは彼が今日あるを予期して肌身離さず大切にしてきた布地の軍用地図であった。彼はこれを自分の着ている着物の裏に縫い付けて持ち歩いていたから、逮捕されて監獄にあるときもオランダの官憲に発見されることはなかった。特にこの地図に台湾海峡から台江内海へ攻め込む場合の海図が詳細に記入されてあり、潮流と水深と海底の地形とがこと細かに付記されてあった。だからこの地図さえあれば、ゼーランジャ城の大砲の射程距離を外れて台江内海へ進入することができるのである。

「うむ、これは素晴らしい。戦略的価値はまことに大である」

と驚く国姓爺に向かって、何斌は満面に得意の微笑を浮かべながらこういった。

「殿下、こんな猫額大《びょうがくだい》の厦門・金門両島に逼塞していれば、ジリ貧になって兵も富も喪失し、怒濤の如き清朝の大軍に抗すべくもありませぬ。どうか、今直ぐ御決断くだされませ。不肖この何斌が先導、ご案内申し上げます」

かくして国姓爺鄭成功は、台湾への進攻を決意するにいたったが、こうした彼の台湾進攻の噂は、早くから危惧となってオランダ東インド会社の台湾在住者のあいだにも広まっていた。一六五二年九月七日の夜に、赤嵌在住の漢族約五千人が、同地のアムステルダムボルデルの頭目五官郭懐一の下に蜂起し、オランダ商館員の家屋を襲撃して商館員八人と黒人を惨殺した農民暴動の如きも、その背後には国姓爺がいたとの噂がまことしやかに囁かれていたし、その農民一揆の指導者が郭懐一以下全員処刑されたので、国姓爺はきっとその仕返しにやって来るだろうとの情報が伝わっていたのである。そして、そのことを最も強く憂えていたのは、当時の台湾長官ニコラス・フェルブルフ（一六四九―五四年在職）の次席フレデリック・コイエットであった。

一六五四年、そのコイエットが前任者フェルブルフのあとを受けて台湾長官に就任すると、彼はバタビアの東インド政庁に台湾ゼーランジャ城の防備の不足を訴え、一日も早い強化充足を要望した。ところがこれはインド評議会員となっていた前任者のフェルブルフの反対で実現しなかった。フェルブルフは、コイエットがいうような国姓爺の台湾進攻の懸念はないというのである。

だがコイエットは、何斌逃亡の一件があったので明朝残党の台湾進攻を大いに危惧し、幾度も訴えたので、バタビアの東インド政庁も遂に根負けし、フェルブルフの反対意見にもかかわらず、軍艦十二艘を台湾へ派遣することにした。司令官はつむじ曲りのヤンという渾名のあるヤン・ファン・デル・ラーンであった。但しこの派遣には付帯条件が付けられていた。「もし明朝遺臣国姓爺に来襲の恐れがないのであれば、司令官ラーンは台湾長官コイエットと協議して、台湾から中国大陸のマカオへ向かい、同地のポルトガル陣地を攻撃すべし」という命令である。

そこで司令官ラーンは十二艘の軍艦を率いて台湾にやってくると、つむじ曲りの本性を発揮して、到着後間もなく「国姓爺が台湾に来襲するなどと単なる風聞に過ぎぬではないか。小官は東インド政庁の趣旨に則り直ぐさまマカオへ進撃を始めたいと思う」と、コイエット長官の主張には耳を傾けることなく、飲料水と食料の補給を受けると今にも出航しようとした。

ところがこの十月、たまたま澎湖島付近を哨戒中のオランダ軍艦からゼーランジャ城へ緊急報告が入り、国姓爺麾下の艦隊がオランダの商船を襲い、拿捕したと知らせてきた。そこで、コイエットはラーンに「このように国姓爺台湾来襲の恐れは多分にあるのです。少なくとも明年（一六六一）の二月までは台湾台江に滞留していただかねばなりません」と要望して艦隊を引き止め、同時にオイラールツ指揮下の艦船二艘を厦門に派遣し、東インド総督の名をもって、国姓爺に次のような書簡を送った。日付は一六六〇年十月三十一日である。

「側聞《そくぶん》するところ、近頃殿下には軍備を増強なされ、台湾を攻撃するとの噂がしきりです。そのため我が台湾住民は戦々恐々として不安に怯えています。ここ数月来、閩・粤地方から貿易船が激減していることも、その前触れとしてオランダ東インド会社も大いに心配しています。果たして巷間に伝わる風聞は本当のことでしょうか、真意をお聞かせ下さい」

すると、国姓爺は内心苦笑しながら、「我らは常に平和を希望しており、少しも戦争を欲していない。

なぜ貴下がそのような噂をお信じになるのか、私は不思議でならぬ」と前置きして、こう述べた。

「台湾は我が父芝龍が自ら創業した国家にして、そのあと貴国の東インド会社がやって来て経営し、今日に至った。台湾とわが国とは海を隔てているとはいえ、漢族の同胞が大勢移住して生業に従事している。私がどうしてこの同胞たちの幸福を願わずにおられようか。もし私が今台湾を領有しようと欲すれば、それは袋の中の物を取り出すくらい、いとたやすきことである」

戦いは望まぬが、お前たちが台湾在住の漢族同胞を苦しめるようなことがあれば、敢えて台湾の領有を否定するものではないと、暗に台湾への進攻を匂わせているのである。また、彼は台湾向け貿易船が減少していることについてはこう弁解している。

「それは貴国東インド会社が我が閩粤の貿易船に対して高い税金をかけるからである。我が貿易船が危険な波濤を乗り越えて出て行くのは、利益のためであるが、その利益を貴東インド会社はすべて吐き出させようとしているからである。いわんや我らは年来韃虜《たつりよ》（清国）と交戦しており、所有する戎克船《ジヤンク》もほとんどその方の兵員と軍需物資の輸送に向けて、台湾や呂宋との交易に船舶を向ける余裕がなかった。今やっとその戦いも終わったので、もし貴東インド会社が当方の貿易商人に減税の措置を取られるというのであれば、相互の交易は、以前の盛況を取り戻すにちがいないと思う」

この国姓爺からの返書を得て、台湾長官コイエットはやっと安堵の胸を撫で降ろした。

すると、その国姓爺からの返書が来るあいだ台湾の台江に足止めされていた遠征艦隊司令官はすっかりつむじを曲げて、

「台湾長官コイエットはありもしない国姓爺の台湾進攻を理由に、小官のマカオ攻撃を妨害して荏苒《じんぜん》

時機を逸した」と憤慨し、一六六一年二月二十七日、台湾を離れて真っ直ぐバタビアへ帰航してしまった。しかるに、そのコイエットが危惧していた国姓爺の台湾進攻が現実となったのは、それからわずか一か月あまりたった四月初一日であった。

台湾進攻作戦

一六六一年（永暦十五年、清・順治十八年）、清朝では順治帝が崩御し、八歳の新皇帝が即位した。康熙帝である。清国の慣例で、元号が改まるのは翌年で、一六六二年が康熙元年となる。そのため清朝は、先帝の大葬や新帝誕生にともなう諸行事で繁忙を極め、福建省の国姓爺のことなどにはかまっておられなくなった。あまつさえ、昨年の厦門進攻における水軍の大敗北で、海上よりの手出しは不可能となっている。

したがって、国姓爺鄭成功にとって、今が台湾進攻の絶好の機会であり、後顧の憂いがなかった。そこで彼は麾下の諸将を召集して台湾進攻の是非について意見を求めた。一昨年の南京攻略失敗のことがあるので、賛否両論があり、激しい議論の応酬があった。反対意見の急先鋒は黄廷《こうてい》と呉豪《ごごう》である。

「今更、海の向こうへ渡ってどうなるというのですか。明朝光復《こうふく》をあきらめるというのですか。敗れたりとはいえ、福建省南部は我らの手中にあります。この先祖伝来の地に居ればこそ、再度の北伐が可能というものです。海を隔てた孤島の台湾へなど移住してしまえば、明朝の再興を願う人心は去り、光復の望みはなくなってしまいます。それに、雲南省に御座《おわ》す永暦帝や李定国将軍をお見捨てになるのですか？」

「いや、見捨てはせぬ。何時までも永暦の年号は用いるつもりである」

と、国姓爺は答えた。

「ですが、台湾は伝染病の蔓延する瘴癘の地にて、藷と砂糖黍以外の農作物は育たぬと申すではありませぬか」

「それは、貴公らの認識不足と申すものですぞ。彼の地は豊穣の地でござる」

と、ここにいたって、長年台湾に居住して、土地の事情に通じている何斌が国姓爺に代わって滔々と弁じ立てた。

「土地は肥沃にして気候は年中温暖。かの地ほど農業の適地はござらぬ。現にこの閩・粤の地から大勢の漢族同胞が移住して農業に従事しているではありませぬか。しかるにおくれてやって来たオランダ人が土地を騙し取って独占し、地主となって漢族同胞を苦しめ収奪しています。されば我らは彼らを解放して土地を与え自作農としてやらねばなりませぬ。その自作農が国軍の担い手となるのです。この壮丁と農作物と海外貿易によって得られる国富とをもって強大な国軍を編成し、これを率いて海を渡り大陸反攻を行えば、明朝の光復は期せずして実現できるのであります」

この何斌の意見に、台湾事情を知らぬ諸将は反対するすべもなく、黄廷、呉豪の両将らも沈黙し、協議は満場一致で台湾進攻と決定したのであった。

かくして永暦十五年（一六六一）三月二十三日、台湾攻略の戦端が切って落とされた。

「鄭成功、三月二十三日、数百の艨艟《もうどう》をもって二万五千の兵を率い、二十四日澎湖島に入り、各島に

国姓爺征台出陣の図（厦門市鄭成功記念館蔵壁画）

分駐させた。三月三十日三更を過ぎて雨が上がり、風がおさまる。台湾へ進攻し、四月初一日、外沙線を越え、辰時（午前八時）鹿耳門線外に至る。この時、海面数尺に張《みなぎ》り、舟行に障礙《しょうがい》なし。晩、禾寮《かりょう》港に泊り、札営近街に登岸」

これは台湾郷土叢書『傳奇性的一生鄭成功』の記述である。

国姓爺軍総力を上げての出撃は、北伐以来三年ぶりの一大壮挙であった。彼は二十一歳になった世子の鄭経を厦門島に残し、洪旭、黄廷、王秀奇、陳永華ら諸将をその補佐とした。そして、戸官の鄭泰に金門島を守備させ、陳覇に南澳島、張進と郭義の二将に銅山を守らせた。さらに陳輝将軍を日南に派遣してこの地を警備させ、留守中の清軍来襲に備えて万全を期した。

総帥国姓爺とともに台湾攻略に従事する将士は、国姓爺の異母弟で四弟の鄭襲（淼《びょう》）以下二万五千余人である。軍艦は三百余艘、軍陣の編成は、次の通りであった。

総帥、国姓爺鄭成功

右武衛、周全斌

左虎衛、陳蟒

提督親軍、驍騎鎮、馬信

左先鋒、楊祖
中衛鎮、蕭拱辰
後衛鎮、黄昭
宣毅前鎮、陳沢
宣毅後鎮、呉豪
援剿後鎮、張志
礼武鎮、林福
遊撃、洪暄

三月二十三日、厦門湾を出航した征台艦隊は二十四日に澎湖島へ到着した。ここで総師国姓爺は、一部の軍船と将兵を厦門との繋《つな》ぎのためこの島に残留させ、二十七日になって解纜《かいらん》しようとしたところ、突如として暴風雨に襲われた。風波が海面を奔騰《ほんとう》させ、出港することが不可能となったのである。次の日も、そのまた次の日も暴風雨はやまなかった。国姓爺は苛々《いらいら》とした。居ても立ってもおられぬような気になり、ついに三日目の朝、風波が静まらぬうち、出航を命じた。

ところが、この命令が伝えられると、従軍の将兵はこぞって反対の声をあげた。三年前のあの北伐の際に起こった羊山島遭難の大惨事が脳裏をよぎったのである。

「大将軍はあの悪夢をお忘れになったのか」

澎湖島には高い山がなく、風を遮る樹木もない。吹きさらしの草原が潮風にそよいでいる。その烈風が吹きすさぶ野末に恐怖の眼を向けながら、部下たちは国姓爺に懇願した。

「大将軍は何故それほどにお急ぎになるのですか？　風波がおさまるまでお待ちください。それからでも遅くはないでしょう」

だが、こうと決めたら梃子でも動かぬのはこの国姓爺の性分。彼は澎湖本島馬公港砂浜に将士を整列させると、吹きすさぶ烈風を背に受けながら凛とした声で演説した。

「本藩（国姓爺のこと）が大明《たいみん》の江山《こうざん》を回復する決意を固めて十数年を閲《けみ》した。しかるに今日に至るもなおその効なく、先年は北伐を敢行して、今一歩というところで好機を逸し、寸土も得ずして厦門・金門の小島に窄《つぼ》んだ。彼は隆盛に向かい我は劣勢にあり、やむなく今台湾に活路を見出さんとしている。清朝に抗してこの島に王道楽土を建設することこそ我らが悲願である。さればこの好機を逸せんか、悔いを千歳に残し、我らが夢は泡沫の如く潰える。立て諸子よ。如何なる困難があろうとも、決して挫《くじ》けてはならぬ。やがてこの風雨は凪《な》ぐ。諸子よ、断固として出航しようではないか」

まさに百万人といえども、我往かんの慨がある大将軍の長広舌《ちょうこうぜつ》である。不平を鳴らしていた将士たちも沈黙した。暴風に向かって雄叫ぶ、国姓爺の気概に呑まれたのである。

こうして危険を冒した出航であったが、なんと、その船団が馬公港を離れて外海に出た途端、暴風はぴたりと静まった。先刻までの荒天は嘘のようである。時は三月三十日の真夜中、三軍の将士は夜空に瞬く星を仰いで喚声を上げた。大将軍国姓爺の至誠が天に通じたのである。

「これぞ、天佑神助ぞ、諸子よ、これからの戦陣、我らの勝利は疑いない」

国姓爺の声が艦橋にひびくと、将士の士気は頓《とみ》に上がった。

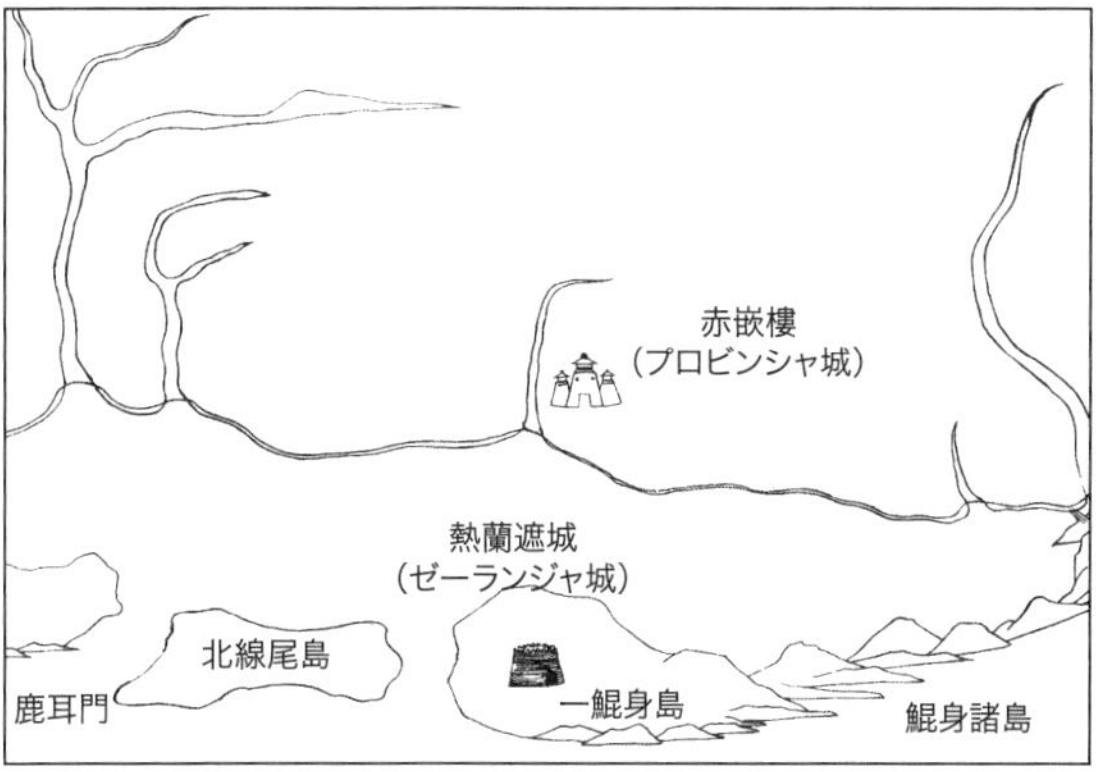

鹿耳門、鯤身諸島（台南安平港図）

永暦十五年（一六六一）四月初一日、払暁、三百艘の国姓爺大艦隊は、台湾海峡を越えて台南の安平《アンピン》港沖に、堂々の雄姿を見せた。安平港は当時台江内海と呼ばれ、その台江一鯤身島に構築されているゼーランジャ城の哨兵は、沖の海面を覆うばかりの戎克《ジャンク》船の大軍団に驚嘆の叫びをあげた。艦隊はそのまま直進して外沙線を越え、北線尾島の北の鹿耳門に迫った。ゼーランジャ城の哨兵は一瞬わが眼を疑った。この大船団は一鯤身島と北線尾島のあいだの海峡を抜けるにちがいないと思っていたからだ。それが、浅瀬で危険な鹿耳門に向かうとは……。

鹿耳門の入口にさしかかると、国姓爺は艦隊の船足を止めて、身の危険をかえりみず、地理に通じた何斌を水先案内に、自ら旗艦から小舟に乗り移り、鹿耳門の水路を偵察した。まだ水位は低くて艦隊の航行は不可能である。しばらく時を稼いだ。ゼーランジャ城の城兵たちも、唖然としながら事の成り行きを見守っている。鹿耳門の水路は岩礁が多くて水深が浅く、こうした大艦隊がこの海峡を通行することは不可能であることを知っていたからだ。

だが、正午になって満潮となり、水位が上がって航行が可能となった。何斌から耳打ちされて、その事を知った国姓爺

台湾ゼーランジャ城復元図（安平古堡架蔵）

は、全艦に台江内海への進入を命じた。命令一下、全艦隊が悠々と台江内海へ侵入を開始した。慌ててゼーランジャ城の砲台から一斉に大砲が発射されたが、もとより北線尾島を隔てたこの鹿耳門までは砲弾は届かない。そんなことは前もって何斌が調べあげて大砲の着弾距離の圏外であることを熟知しているのだ。

　鹿耳門は干満の水位差の大きな海峡であり、海底には岩礁が多くて、通常の水位ではとても大艦など通れないが、一年のこの季節には水深が一丈余りにも達しているのである。だから、全艦隊は一艘の破損もなく、楽々とこの関門を通過することができた。だが、そんな大潮の季節は一年のうち幾日もないのだ。その日がいつかを知ることは、長年にわたってここを小舟で漕ぎ渡り、調べた者でなければ分からぬことで、何斌にして初めてその秘密を解き明かすことができたのであった。したがってゼーランジャ城のオランダ人など誰もそのことを知らない。知っていれば彼らもこの鹿耳門の入口に砲台を構築して、軍艦の侵入を阻止する防御措置を講じたにちがいない。国姓爺は何斌の入知恵で、その彼らの盲点を衝いたのだ。

　かくして国姓爺が率いる征台艦隊は、艦隊の一部を台湾海峡沖の外海からやってくるオランダ艦隊に備えて鹿耳門口に留め、素早く台江内海に入った。砲台が並び防備が堅固なゼーランジャ城はそのままに、湾内奥深く進入して、赤嵌海岸へ向かった。赤嵌にはプロビンシャ城がある。

国姓爺は台江内海に入った艦隊を赤嵌海岸に並べ、舳《みよし》を沖に向けてゼーランジャ城からの攻撃に備えさせた。この時一鯤身島ゼーランジャ城下の桟橋に繋留されていたオランダ海軍の軍艦は三艘しかいなかった。大艦ヤハト船のヘクトルとス・ホラーフェランデおよび小艦ヤハト船のマリア号である。あとは戦闘に役立たない少数の商船に過ぎない。それほどに、台江内海の奥深くにある赤嵌のプロビンシャ城になど外敵が攻めてこようなどとは城内の誰もが夢にも思っていない。だから、城主の台湾商館長ヤコブ・ファレンタインは周章狼狽して、ゼーランジャ城の台湾総督コイエットに救援を求めて急遽使者を走らせた。

「天兵が突如として、海からわがプロビンシャ城の周囲に攻め寄せて参りました。防備の薄い商館は目下《もっか》極めて危険な情況下にあり、敵軍に占領されかかっております。直ぐさま救援軍を派遣していただきたい」

オランダ東インド会社にとって、突如として商館前の台江海上から出現した国姓爺軍二万五千は正に天兵としか思えなかったのである。

ところが一方、台南赤嵌城下の漢族住民たちには、そうしたオランダ人の思惑とはちがって、国姓爺軍の来攻は天佑神助と思え、歓喜して出迎えた。しかもそれは漢族だけではなく、利害の相反していた古くからの台湾原住民高砂族にしても同じ思いであった。彼らはオランダ当局の分裂支配政策によって、漢族がオランダ人に対抗して立ち上がったとき銃器を持たされ、鎮圧に当たらされていたが、この場合は突然のこととて、商館当局にそんな措置を取る時間的余裕がなく、彼らの自主判断に委ねられた。すると彼らとて、オランダ人から抑圧され搾取されて隷属していることは漢族とは少しも変わりはなかったから、来襲した国姓爺軍を解放軍と見たのである。そのため高砂族も漢族と協力して、解放軍の上陸を手助けした。牛車、荷車のほか運搬に役立つものは何でも自宅から持ち出し、国姓爺軍の上陸を支援したから、あっという間に、国姓爺は麾下の将兵を赤嵌市街地に上陸させ、プロビンシャ城への攻撃態勢の布陣をすることができた。

プロビンシャ城の攻防

前にも述べたように、プロビンシャ城（普羅民遮城）のある赤嵌《チヤツカム》は、明国の閩粤地方から移住して来た漢族が開発した居住地であった。そこに彼らは商館を建て、内陸部の産物と海外からの商品を交易して華僑《かきよう》として生活圏を樹立していた。そこへオランダ人がやって来て先住漢族と交渉し、土地を分譲してもらい、その地所を囲い込んでオランダ東インド会社の諸施設を造営した。すると、その付近にいた漢族が移住してきて市街地が形成され、オランダ東インド会社支配の新商業都市が誕生した。それが赤嵌のプロビンシャである。商館が建設され、それを防衛するための城砦が築かれたのは一六五三年、明の永暦七年である。オランダ人は本国オランダの連合七州を記念してプロビンシャ城と命名したが、漢民族はこれを赤嵌楼《せつかんろう》、番子楼あるいは紅毛楼と呼んだ。

一六六一年四月二日、国姓爺鄭成功は、プロビンシャ城の包囲を完了すると、赤嵌の台江湾岸と赤嵌楼正門のあいだに造営されている港務所を接収し、ここをプロビンシャ城攻撃の軍司令部とした。

彼はこの城砦攻囲作戦に自ら陣頭に立つことを決意したのである。港務所の職員たちは国姓爺軍が上陸する直前に城内へ避難し、もぬけの殻である。

国姓爺が港務所のバルコニーに立って、プロビンシャの城壁に目をやると、城壁の下は空地になっていて、やや離れた周辺に漢族の住居があった。城南の正門から台江湾岸にかけては商家が並んでおり、上陸した国姓爺軍兵士はその商家をへだてて、城内へ突入する機会をうかがっているのである。

その商家の中に、一際《ひときわ》大きな建物が二棟並んでおり、土塀をめぐらしていた。

「うむ、あの建物は何だね」

国姓爺が案内役の何斌に聞いた。

「あれですか……あれは漢族の天后宮と関帝廟です。もと殿下の御父上飛黄将軍閣下がここに在住していらっしゃった頃、海商たちが建立した小さな祠でしたが、漢族の市街地ができると、あのように大きな廟になったのです」

「それで、荷蘭《オランダ》の紅毛人たちは何もいわないのか？」

「もとより紅毛人たちは漢族にも耶蘇教を信仰させたいのでしょうが、これだけはどうにもならず、漢族懐柔のため、やむ

台湾赤嵌楼（プロビンシャ城跡）

なくこれを黙認しているのです。元来此処は漢族の居住地で、この神祠も彼らが来住したときには既に建っていたものですからどうにもなりません。いわば地神です」

「なるほど、父上が若い頃に祀った廟ならばなつかしい。どれ、本藩もひとつ戦勝祈願のため参詣してみることにするか」

と、国姓爺は、何斌を先導に、護衛役の王玲、王仁、王義たち腹心の者共を連れて軍司令部を出た。この三人は厦門湾出航以来、影の形に随うが如く、国姓爺の身辺に扈従して、彼の護衛をつとめている。何斌は港務所の軍司令部を出ると、プロビンシャ城からの襲撃を警戒しながら一行を案内した。先ず天后宮に入る。道々、案内役の何斌はこんなことをいった。

「飛黄将軍が顔思斎大人の後継者になられ、艦隊を率いてここから出港されたあと、残留の揚天生様《ようてんせい》以下のお仲間は、この地に定住をして農業により生計を立て地主となっておられた。ところがオランダ人がやって来て、巧妙な植民政策により土地を奪い、ついにはその支配下に組み入れられ、あの永暦六年の農民一揆のとき、揚天生様の部下だった人たちはみんな一揆の指導者と目されて処刑されました。一揆の首謀郭懐一殿は飛黄将軍の部下だったといわれていますが、実は揚天生様の配下の者で、福建から移住してきた農民だったのです。私は当時、この赤嵌華僑商館で貿易業務に従事していたので、騒動には無関係でしたが、あのとき以来、漢族の地主はみんな紅毛人に土地を取り上げられ、小作人に転落してしまったのです」

「さようか。ならば本藩らはそうした父上の昔の仲間たちのためにも、この地をオランダから奪還し、漢族の自治政府を樹立しなければならぬのう」

「はい、さようでございます」

と、こう話しているうちに一行は天后宮の廟内に入った。天后宮は航海の女神媽祖を祀る神廟で、正面に温和で慈愛深い女神が腰を掛け、赤色と青色の千里眼《せんりがん》と順風耳《じゅんぷうじ》が左右に侍立している。

「泉州城内にも、これと同じ天后様が祀られた天后廟がありましたわね」

王玲が言った。

「そうです。これはその泉州の天后廟を分祀したものです」

「そうですか。国姓爺様が平戸の川内浦から明国の泉州へ渡航なさる前日、私は翁太妃（田川マツ）様と将軍（福松）のお供をして、お屋敷の裏山にお祀りしている媽祖堂にお参りしたことがございました。本当に昨日のことのように思い出されますわ」

「さよう。そんなこともあったな」

と、国姓爺も亡母を思い出し涙を浮かべた。だが、そのあと、右隣のプロビンシャ城の南門に近い関帝廟に参詣し、この武神関羽《かんう》に戦勝を祈願して軍司令部に引き返そうとしたとき、椿事《ちんじ》が発生した。

廟の戸口を出て、海岸へ向けて歩き出そうとしたとき、突如、銃声がして、国姓爺が狙撃されたのである。咄嗟の機転で王仁が主人の身を庇い、自分が背中に銃弾を受けたが、急所を外れ幸い軽傷で済んだ。

王仁に覆いかぶされて倒れざま驚いて眼を上げると、国姓爺のその眼に、素早く小太刀を振りかざして突進する王玲の敏捷な身のこなしが見えた。彼女は前屈みにジクザクと駈けながら建物の陰に居た敵兵の中に突っ込むと、エイヤッとばかり狙撃兵を斬り伏せた。二人を血祭りに上げ、残る一人が

台江海戦の図（泉州福建省海外交通史博物館架蔵）

プロビンシャ城内へ逃げ込むのを追おうとしたが、城内から一斉射撃が起こり、王玲は身に危険を感じて直ぐ引き返した。このオランダ兵は、国姓爺主従が城門前の神廟の中に入って行くのを見て、城内から出て密かにここで待ち伏せしていたのである。城内からの一斉射撃に対応して城外に屯営する国姓爺軍からも、城内めがけて猛射を浴びせかけた。そして、この事件をきっかけに、両軍に攻防の火蓋が切って落とされた。

　このあと、彼我両軍の攻防は、五月四日に、プロビンシャ城が防戦空しく、国姓爺軍に無条件降伏するまで間断なく続くのである。

　四月三日、赤嵌のプロビンシャ城が包囲され、攻撃されていることを知ると、ゼーランジャ城中の台湾長官コイエットは台江湾に碇泊中のオランダ軍艦に、出撃して国姓爺軍に背後から砲撃するよう命じた。命を奉じて出撃したのは大船ヤハト船ヘクトル、ス・ホラーフェランデおよび小船マリア号である。だが、この三艘だけでは舳先《へさき》を沖へ向けて碇泊している敵の大艦隊を突破することなどとても出来たものではない。そこで台湾長官コイエットは、この三艘の軍艦が海上から国姓爺軍めがけて砲撃をしている間に、海軍大尉ヤン・ファン・アールドルブに精兵二百人を率いさせ、敵の意表を衝く、迂回戦法をとらせた。すなわち、小型の水先船と三板船《サンパン》数艘に将兵を分乗させ、密かに打ち続く鯤身島の砂嘴沿いの浅瀬をはるかに迂回させて、赤嵌のスメールドルブへと上陸させ、そこから敵軍の背後を襲わせたのである。

この迂回戦法は成功した。アールドルブ大尉が赤嵌スメールドルブへ上陸してみると、国姓爺軍の百人ばかりの兵を率いた指揮官が、すぐ眼の前を日傘を頭上にかざしプロビンシャ城へ向けて行進している。城内からはオランダ軍がこの部隊めがけて盛んに大砲と小銃を撃ちかけている。やり過ごして敵情を偵察してみると、国姓爺の攻囲軍はカロン橋付近の農場と煉瓦工場付近に陣地を構築して、その包囲網を手前の漢方医院の所まで伸ばし、城内からの砲撃で城外の藁屋の民家が盛んに火煙を上げていた。アールドルブ大尉が台湾長官コイエットから命ぜられた任務は、二百の手勢をもって国姓爺軍の背後を攪乱することにあったが、プロビンシャ城がこのように厳重に包囲されていては、その攪乱によって城兵が呼応し城外へ撃って出ることなど不可能と思われたので、麾下の二百人から六十人を選んで、手薄の包囲陣の一箇所を突き破り、援軍として城内に強行突入させた。そして残る百四十人をもって、敵軍が食糧と武器を運搬するために揃えていた多数の荷車をことごとく爆破して役立たなくし、同日夕刻になって一兵も損ずることなくゼーランジャ城に引き返して来た。この荷車は台湾先住民の高砂族や漢族が、国姓爺軍に協力するためと銘々の家から提供していたものであった。

たしかにこのコイエットがアールドルブ大尉に命じた迂回作戦は成功したが、その反面で、彼が三艘のオランダ軍艦に命じた台江湾岸鄭艦隊襲撃作戦は大失敗に終わった。この作戦でオランダ海軍の大ヤハト船ヘクトル号は戦闘中大爆発を起こして轟沈し、もう一艦の大船ス・ホラーフェランデ号は背後から敵の戎克船に襲われ、火達磨となって危うく消し止めることが出来たものの大破してしまったからである。

轟沈したヘクトル号はオランダ海軍が誇る自慢の最新鋭の戦艦で、鄭艦隊を攻撃すべく、ベーデル大尉指揮下二百四十人の海兵隊を北線尾島へ上陸させ、そのあと台江湾岸に碇泊している敵艦隊を撃沈すべく、艦砲射撃をしながら前進していたが、碇をあげて反撃して来た戎克船に取り囲まれて立往生した。それでもなお勇敢に戦っていたが、そのうち戎克船の放った砲弾がヘクトル号の火薬庫に命中して爆沈してしまったのである。だが、戎克船の主砲は火箭《ひや》であるから、砲弾が命中したのではなく、自らの不注意で自爆したのだという説もあり、明確ではない。同様にしてス・ホラーフェランデ号と小ヤハト船のマリア号も最初のうちは鄭艦隊の戎克船三十数艘と戦い多大の戦果を上げていたのだが、そのうちにス・ホラーフェランデは前述のごとく大破《たいは》炎上し、マリア号も戎克船に囲まれて危うく捕獲されそうなところをどうにかのがれて、台湾海峡へ脱出することができた。

そして、もう一つ、この日の戦いに前述したベーデル大尉の北線尾島上陸作戦がある。

この戦いの模様は、『バタヴィア城日誌』に詳細な記録があるので、これを掲載することにする。

「敵（国姓爺軍）は北線尾の西端に相当数の兵士を上陸させ、ゼーランジャの城下町に来襲のおそれがあったので、長官コイエットは大尉トーマス・ベーデルに二百四十ないし二百五十の精兵を率いさせ、戦艦ヘクトル号の護衛のもと、水先船と三板船数艘で同所に向かわせ、港外に碇泊する敵の戎克船と戦うよう命じた。命を奉じた大尉ベーデルは午前十一時、兵を率いて城を出て北線尾島へ行き、兵列を正して敵陣へ向かった。すると、敵の戎克船三艘が鹿耳門を出て北の水道を通り、北線尾島の南西角にやって来た。コイエットはゼーランジャ城よりこれを見て、大尉の身に危険が迫ったので、召還の合図をした。だが、大尉は志気盛んでこれに応じない。

敵はすでに胸壁を築いて小バス砲（小型軽量砲）数門を置き、大尉の軍勢に攻撃を始めた。大尉は砂丘の後方から進んで来た敵軍が思いのほか多数なのを見て部下を退却させながら応戦した。すると敵の国姓爺軍は狂ったようにオランダ軍に襲いかかった。オランダ軍は算を乱して逃げ出したので、ベーデル大尉はそれを阻止しようとつとめたが、功を奏せず、負傷して倒れた。それでも大尉は直ぐに起き上がって、なおも逃げる部下に、逃げるなと呼びかけながら踏み止まり、遂に来襲した敵刃に斃された。このとき兵士百十人も大尉と共に戦って戦死し、敗残の兵士は城に逃げ帰った。

この戦いの最中、我が水先船は上陸軍を援護して北線尾島南西角を航行しながら艦砲を放ち、敵兵多数を斃した。けれども敵軍は戎克船により絶えず鹿耳門より増援を受け、我がヤハト船ヘクトル、ス・ホラーフェランデおよびマリア号もこの戎克船三十艘と戦って敗北したのであった」

この記述によって分かることは、国姓爺軍の主力は鄭艦隊であり、その戎克船が浅い平底の船底を利用して、オランダの軍船が入れない鹿耳門水道を足場に、オランダ軍への攻撃を繰り返していたことである。

プロビンシャ城陥落

既に前項でその一部を掲載して紹介したが、この国姓爺によるプロビンシャ城攻陥の次第はオランダ東インド会社の『バタヴィア城日誌』に詳細な記録が残されている。この項ではその記録にもとづき、あらましのことを紹介しよう。但し日付はこれまで台湾郷土叢書の『傳奇性的一生鄭成功』により旧暦を用いてきたが、ここではこの日誌に準拠して太陽暦を用いることにする。

国姓爺が澎湖島を出たのは一六六一年四月二十九日で、同夜タイオワンへ向かい、翌朝すなわち四月三十日六時半頃、風なく濛気立ちたる天気の中を北の錨地に着いた。大官馬爺《ベヤ》（馬信）は平底戎克船にて先頭に立ち、国姓爺は第八番船あるいは第九番船に白旗を立て絹の日傘の下に坐した。この時ゼーランジャ城に居た代官ヤコブ・ファレンタインは、遠く敵艦を望見すると、牛肉及び豚肉二樽ならびに米若干を船に積んで直ちにプロビンシャ城に帰り、防禦の準備をした。彼はコイエットから必要な品物は送付して貰う約束をしたが、町に居住する漢人たちには皆屋内に留まることを命じ、南部に居住していた政務員ノルデンに、オランダ人一同を妻子と共にゼーランジャ城へ連れて帰るよう指示した。北部の各政務員にも、宣教師ほかオランダ人一同に同様の措置をとるよう指示した。市民を武装して入城させたところ、漢人の多数特に女子は逃亡しようとしたが、これを禁じ、城内の戦闘態勢を整えた。

十時頃、平底戎克船は三艘の三板船の後について鹿耳門水道に入り、相次いでスメールドルブに至り、赤嵌の海岸に沿って北方のカランおよび新港川付近まで進入した。大き過ぎる船は水道の前に留まり、他の一艦隊は北錨地に碇泊した。敵の三板船の一艘が南水道に漕ぎ来たり、水路標をことごとく切り倒して去った。その後漢人若干が北線尾島に来て略奪しようとしたが、大砲七発を放って撃退した。北線尾島のゼーブル砦のあった所に、敵が大勢天幕を張って屯《たむろ》し、二十人の一隊を出して城の下に旗を立てようとしたが、我が軍の兵士数人がこれを追い払った。そのあいだに台湾長官コイエットはファレンタインに一書を送り、住民の助けを借りるか、あるいは他の方法でできるだけ敵の上陸を妨害するように命じたが、彼は城の守備が弱くなるので、それはできないと答えた。但し、ゼーランジャ城から百人を派遣して下されば敵のスメールドルブ占領を阻止できるといったので、大尉ヤン・ファン・アールドルブが精兵二百人を率いて、スメールドルブへ出陣していったことは既に述べた。こうして戦闘の第一日が始まったのである。

このあと国姓爺はプロビンシャ城を包囲して商館長ファレンタインに投降を勧告したが、その商館長の投降に至るまでの事情を、バタヴィア城日誌は次の如く記している。

翌日すなわち五月一日に、国姓爺はプロビンシャ城の代官ファレンタインおよびゼーランジャ城の長官コイエットに書状と方形の板に貼付した布告文とを送って、城の引き渡しを求めた。書中にいわく、「澎湖島は泉州諸島より遠からざるゆえ、その所属であり、タイオワンもまた澎湖島に接近しているから明国の統治の下に立つべきものである。私の父一官（鄭芝龍）は、この地をオランダ人に貸していたが、私は今この地を改良するために来たので、汝らはこれ以降この地を領有することはできない。今これを引き渡すなら、汝らの身分を重んじ、妻子と共に生命を全うさせて、所有品もまた還付する。それぞれの希望に従い、我が領土に居住することを許してやるが、もしこれを拒否するというのであれば、汝らはことごとく殺害されるであろう」と。

プロビンシャ城のファレンタインは、この書状を騎兵一人に持たせ、抜け道を通ってゼーランジャ城のコイエット長官の許へもたらし、兵士若干と火薬、砲弾等および帆綱・蠟燭等の品物並びに油・パン・米などの食料と共に至急送付せられたいと請うた。そして、プロビンシャ城は敵の包囲が厳重なゆえ、日ごとに出る汚物を捨てることができず、飲料水と食料品が欠乏して難渋している。けれども、兵四百を救援に派遣してもらえれば、敵を撃退することも可能であると、その使者に言わせた。そして、さらに「国姓爺は思慮深く、私が代官としてその本分を守り、東インド会社評議員の命に従って少数の兵で城を持ちこたえているのを知っているから、無茶な要求はしないだろう」とも付け加えさせた。プロビンシャ城の代官ファレンタインが最も恐れたのは、城がこの先も長く国姓爺軍に包囲されて、城兵が次第に疲労困憊して、士気を失うことであった。

このファレンタインの申し出に対して、ゼーランジャ城では、コイエット長官がフォルモサ評議員たちを召集して協議した結果こう答えた。すなわち、「敵の馬匹と武器は多数で兵士の訓練も十分であるのに、我が方の所有船は少なく、三板船の船頭は漢人だから信頼することができず、しかもゼーランジャ城下の町も防備がないので、これを守るため兵士百二十人を派遣しなければならない。したがって、城内には五百人しか残っていないゆえ、とてもプロビンシャ城へ救援軍を派遣する余裕などない」と。

その上で長官コイエットと評議員とは、再び会合して、国姓爺の城明け渡しにどう対処するべきかを協議した。協議の結果、国姓爺に数日間の休戦を請うことにした。プロビンシャ城を救うことは不可能と判断したからである。というのは、これを救助すべきゼーランジャ城も大部分の兵士が年少にして経験不足で訓練もしておらず、指揮能力のある将校もいなかったからである。したがって、敵と戦おうにも城からの着弾距離以外へは出撃は不可能で、そのうえ敵兵はすでに陸地と海上の一部を占領し、その地域の漢人たちはみんな国姓爺軍に投降して彼らに協力していたからである。

そこでコイエットは、漢人の一人に書状をもたせて国姓爺の許に派遣してこの旨を伝えた。

ところが、その翌日、プロビンシャ城の付近で火の手が上がった。これは代官のファレンタインが城兵を城外へ繰り出して包囲陣を襲い、多量の穀物を貯蔵している東インド会社の倉庫を占領して、馬小屋に放火したからである。このときプロビンシャの城内から襲撃部隊を掩護するため大砲が五発発射されたので、はるかにこれを望み見たゼーランジャ城の台湾長官コイエットは、敵が昨日自分が漢人に持たせた休戦の要請を国姓爺が拒否したと錯覚した。そこでコイエットは改めて補助員のヤン・ファン・ファルケンスタインを漢人の通詞アウヒンコと共に白旗を掲げた三板船に乗せて国姓爺の陣地へ出発させた。

勿論これはコイエットの勘違いであったから、国姓爺の方は、このファルケンスタインが到着しない前に、先日の北線尾島の戦闘のとき捕虜にしていたオランダ軍の兵士三人に書状をもたせて、ゼーランジャ城へコイエットへの回答文を送っていた。しかもこの書状には、コイエットから要請のあった休戦への回答文とともに、彼がすでに海陸の両戦場で勝利を収めているので、降伏を要求し、これを拒否せば、厳罰をもってのぞむという恐喝文が副えられてあった。さらに国姓爺はこうも書いていた。

「汝らオランダ人は自分たちの船は鉄または鋼鉄で造り、我が方の船は紙で造ったものだと笑っているようだが、その結果はどうであったか……。紙が鉄に勝ったではないか」と。

そして国姓爺は、このあとやって来た補助員ファルケンスタインを大いに好遇し、交通安全証まで与えて帰路の安全を保障して繰り返し城を明け渡すよう要求した書状を持たせてプロビンシャ城へ入らせたのであった。

ファルケンスタインがプロビンシャ城に入ってみると、城内の困窮は予想以上であった。城は直ぐ近くの竹垣の所まで厳しく囲まれ、糧食は五、六日分しかなく、火薬は僅かに二、三百ポンド、弾丸はほとんど尽き、小銃弾を鋳るために衛兵所のトタン屋根はみんな剥がれてしまっていた。これではとても敵と戦うどころではない。また、飲料水はすでに欠乏し、城内の井戸は水脈を断たれて湧出せず、その上城下にいた町の男女と子供たちがみんな城内に逃げ込んで来ていたので、食料不足は輪をかけて激しくなっていた。城兵たちは不眠不休の警備で疲労困憊、疲れ切って見る影もない。このあと一回くらいは攻囲軍の攻撃に耐えることができるであろうが、そのあとは降伏して許しを乞うしか命の助かる見込みはない。代官で商館長のファレンタインは、このことを密かに長官のコイエットに伝えるようにファルケンスタインに命じた。補助員ファルケンスタインが「たしかにこの旨コイエット閣下にお伝えしましょう」と約束して、プロビンシャ城をあとにしたのは五月二日のことであった。

かくして台湾長官コイエットは、このファルケンスタインの報告にもとづき、五月三日の朝、評議委員トマス・ファン・イーベレンおよび検事レーンデルス・ゾーンを東インド会社の三板船でプロビンシャ城へ派遣し、城を国姓爺に明け渡す全権を代官ファレンタインに委ねたのであった。評議委員イーベレンおよび検事ゾーンの随行員は七人であった。ファレンタインへの勧降使節九人を乗せた三板船はゼーランジャ城より台江内海を赤嵌海岸へ向かって漕ぎ進み、内海の中途で鄭艦隊から攻撃を受けないよう白旗を振って敵陣に合図を送った。すると鄭艦隊の戎克船が七、八艘出航して来て、使節を案内して九時頃赤嵌港に到着した。オランダ語に堪能な何斌が出迎えて小川を渡り、高地に設営された国姓爺の陣所へ案内した。

使節が陣所に入ると、国姓爺は天幕の内にあって机を前に、椅子に腰を掛けていた。挨拶のあと使節一行は床に敷いた赤布の上に座らされ、「何しに来たか」と来意を聞かれた。「プロビンシャ城の明け渡し条件を話すためにやって来た」と評議委員イーベレンが答えると、国姓爺は、「この地は明国の泉州に所属し、我が国のものだから、直ちに城を引き渡すべきで、否応はない。条件などとはおこがましい。拒否するならば直ぐにも精鋭を差し向け、汝等の眼前で城を占領するであろう」と暴言を吐いたので、イーベレンが、かつて国姓爺の父一官と一六三〇年に東インド会社が締結した契約のことを話そうとしたが、国姓爺はいっこうに聞こうとはせず、「貴官らが恩恵を受くべき時間はすでに過ぎているので、今直ぐにも土地と城を引き渡さなければ、妻子ともどもことごとく処刑する。だが早く来て懇願するならば、銘々の財産の保有を許し、バタビアへ帰るための戎克船を与えるであろう」といった。そして、一行が辞去するにあたっては、「今後再びこのような使節を当方に派遣せざるよう長官に伝えられたい。もし明朝に至ってもプロビンシャ城の城頭にオランダの公爵旗が掲げられているようなことがあれば、直ぐさまプロビンシャ城を攻撃し、次いでゼーランジャ城へも攻撃をかけるであろう」といった。

かくして使節一行は国姓爺と別れて、プロビンシャ城へ入り、代官のファレンタインと協議の上、次のような降伏条件を取り決めた。

鄭成功受降図（台南市旧プロビンシャ城内）

一、代官は家人と財産を持って城を出て、海路または陸路タイオワン（一鯤身島）に到ること。
二、兵は旗を上げ、太鼓を打ち、銃に装弾して、持てるだけの品物を持ち、完全にタイオワンへ渡ること。
三、プロビンシャ城は、その後銃器その他の戦具とともに国姓爺に引き渡すこと。
四、国姓爺は現在の占領地を保有すること。
五、台湾人キリスト教徒はその希望に任せて干渉を受けず、今後もキリスト教を信仰することができること。
六、台湾の住民はオランダ人、漢族及び高砂族ともにその財産を保有することを許す。
七、負債は適法に決済すべく、国姓爺はその請求および支払いにつき援助を与えること。
八、長官および評議会はこのプロビンシャ城の明け渡しに同意せば、その標《しるし》として翌朝七時、ゼーランジャ城より大砲二発を放ち、オランダ国旗を三回上下すべし。

こうして、プロビンシャ城は国姓爺軍に明け渡された。時に一六六一年五月四日であった。

風雲ゼーランジャ城

プロビンシャ城の陥落によって孤立した一鯤身島ゼーランジャ城の台湾長官コイエット（中国名、守台湾城夷長揆一）は、プロビンシャ城から移住して来た城兵たちと住民に加えて、ゼーランジャ城の住民をことごとく城内へ移した。将兵九百余名、婦女子・小児二百五十名、奴婢五百五十名をゼーランジャ城に籠城させて、バタビアからの援助を待つことにしたのである。

かくしてプロビンシャ城を手に入れた国姓爺軍は、次なるターゲットをこのタイオワン・ゼーランジャ城の攻陥に向け、大挙城下に迫った。国姓爺軍が戎克船で一鯤身島の北端に迫ってくると、ゼーランジャ城からは大砲を発射したが、高い城壁の上からであるから距離が遠く効果がなかった。そこで今度は城内から銃撃隊を繰り出し、城下の町から銃撃して国姓爺軍の上陸を阻止しようとしたが、寡兵のため上陸は阻止できなかった。やむなく城下町の四方に火を放って城内に引き揚げたが、上陸した国姓爺軍は、たちまちに火を消し止めて、町を完全制圧した。町を占領した国姓爺軍は城下に駐屯して五月二十四日までに二十八門の大砲を据え付けて、二日後の二十六日からゼーランジャ城へ砲撃を開始した。他方赤嵌からも別動隊が七鯤身島を通過して陸路を一鯤身島めがけて進撃して来たが、これはゼーランジャ城から城兵が出撃してきて要撃し、多大の損害を与えて撃退した。

陸上部隊が撃退されたことを知ると、国姓爺は、このゼーランジャ城がプロビンシャ城のように簡単には落とせないと判断し、長期戦の構えをとることにした。すなわち、六月一日から城外に隈なく

ゼーランジャ城残跡　城内の井戸

柵を張りめぐらし、要所に砦を構築して物資の搬入を禁じ、城兵の自滅を策したのである。

　これより前、国姓爺はゼーランジャ城への攻撃に先立ち、長官コイエットへ勧降の書状を送っていた。

「幾度も申すようだが、この台湾は我が父芝龍らが開発した国土であり、明国の領土である。我らはそれを取りもどしに来たのであって掠奪ではない。貴下が僅かな軍勢でこれを守ろうとしても大軍である我らの敵ではない。形勢を見極め、自分たちの不利を悟られたら、すぐに白旗を上げて投降されたい。そうすれば我が軍も鉾を納めて誠意を持って応対しよう。もし忠告を聞かぬとあらば、赤旗を揚げられよ。その時は決戦となり、生殺与奪は我らの気儘となる。篤《とく》と熟慮の上で判断されたい」

　だがコイエットは、当面の武器、弾薬、糧秣は十分だし、そのうちにバタビアからの援軍が到着するであろうからと、降伏には肯んじなかった。すなわち勝算ありと、翌日、国姓爺の指示に従い赤旗を掲げさせたのである。その上でコイエットは国姓爺にこう回答した。

「我に神の加護あり。死すとも貴下に我が城は渡すまじ」

こうしてコイエットの決意は固く、長期戦となった。けれども期待したバタビアからの援軍はなく、そのうちに物資と食糧は次第に底をつき、生野菜や果物の欠乏から壊血病や水腫が流行しはじめた。栄養失調が増え、病人の中から死者が出始めた。

それでも、ゼーランジャ城の将兵と籠城者は我慢した。急をバタビアに告げたので、直ぐにも救援軍がやって来ると信じていたからである。彼らは来る日も来る日も、望遠鏡を眼に当てて、オランダ海軍の艨艟《もうどう》が来るのを待っていた。

オランダは海事国家である。イスパニア王国の支配下にあったが、一五六八年から独立戦争を始め、一六四八年のウエストファリア条約で正式にイスパニアから独立した。独立したといっても狭い国土の、しかも総面積四万一五四八平方キロのうち約二七パーセントが海面下にあるため、海外に進出して貿易するか植民するしか生きる道がなかった。それでいてイスパニアと並ぶ世界帝国といわれる大商業国家をつくり上げたのは、今もキンデルダイクなどに残る風車を動力源として製材を行い、数多くの大船を造り上げたからで、その船に大砲を積み込み、海洋へ出て中継貿易を行い、獲得した富によって後進地域を征服したことによる。その担い手が一六〇二年に設立されたオランダ東インド会社であり、根拠地がジャワ島のバタビアであり、中継地が台湾であった。

したがって、彼らは海軍力がなければ羽を捥《も》がれた鳥と同じで何も出来ない。今日か明日かとその到来を待っているオランダ海軍の艨艟こそ、彼らにとって唯一の命の綱であった。

だが、その頼みの綱のオランダ艦隊がやってこない。バタビアから九艘の軍艦が、司令官カーウに率いられてやって来るのは、二か月後の八月十二日なのだが、それまでどのようにしてゼーランジャ城の将士たちは命の綱をつないでいたのであろうか……。

開戦当時台江内海には三艘のオランダ軍艦がいた。新鋭の大艦ヘクトル号とス・ホラーフェランデ号および小艦マリア号とである。そのうちの大艦ヘクトル号は開戦劈頭自爆して海底に沈んだ。残る二艘は危うく捕獲を免れて江外へ逃げた。火災を起こして大破したス・ホラーフェランデ号はしばらく台江外で艦を補修していたが、修復が成ると五月五日、バタビアへ急を告げるため南下する小ヤハト船マリア号と別れて台湾海峡を北上した。台北の淡水港に立ち寄ったあと、十日になって雞《クエ》（鶏）籠《ラン》湾に入った。この両地域とも呂宋島のマニラに根拠地を置くイスパニアが占領して日本との交易の中継地にしていたものを、一六四二年オランダ東インド会社がスペイン人を追い払って奪い取っていたものである。

鶏籠湾に入ったス・ホラーフェランデ号はたまたまそこに碇泊していたオランダのフロイト船デ・フィンク号およびガリオット船インメンホルン号と相会した。そこでス・ホラーフェランデ号の艦長はこれぞ天の助とばかり意を強くしてこの両艦を率い、国姓爺軍に報復すべく五月十五日、再びタイオワン台江内海に引き返して来た。ところが不運にもインメンホルン号は台江内海の港に入る際、海岸に乗り上げて敵軍に襲われ、船を焼かれてしまった。ス・ホラーフェランデ号とデ・フィンク号は国姓爺の率いる戎克船と戦い、戦闘は数次に及んだが、群がり寄る戎克船には抗するすべがなく遂に退却。六月十日に食糧と軍需物質を手に入れるため北上して日本へ向かった。当時日本の長崎には、東インド会社のオランダ商館があったからである。

両艦は途中給水のため、十三日再び台北の鶏籠（基隆《キールン》）に寄航した。上陸して鶏籠のオランダ商館を訪れると、商館駐在の商務員ニコラース・ルーニウスは、国姓爺軍がタイオワンに来襲したと聞いて恐慌を来たした。プロビンシャ城が敵に奪われたと聞いたからだ。彼はすぐさま評議員会を召集して善後策を評議した。宣教師マシウスと両艦長も加わって、もし国姓爺軍が鶏籠に来襲した場合、如何に対処すべきかを検討した結果、その際は付近住民の反乱が予想されるので、とても商館は維持できないという結論に達して、鶏籠からの撤退が決議された。そこで鶏籠の守備隊員と商館員の家族等百七十人が両艦に便乗して日本経由でバタビアへ帰還することになり、両艦は六月十九日に鶏籠港を出て日本へ向かい、七月五日に長崎に到着した。両艦長とルーニウスは長崎のオランダ商館長に台湾事情を報告したあと、十二月上旬になって長崎港を発し、無事バタビアへ帰還した。

さて、台江内海の海戦で敗北したもう一艘のマリア号だが、この小ヤハト船はバタビアへ国姓爺軍台湾進攻のことを急報すべく台湾海峡を南下した。だがこの船は小さかったので、難航に難航を重ね、五十日間もかかってやっとジャワ島のバタビアへ着いた。ここでバタビアの東インド会社当局は、初めて台湾の悲報を知ることになるのである。

この報を得てジャワ総督マーツァイケルは夢かとばかり驚いた。というのは、先年台湾長官の任を次席のコイエットに譲ってバタビアに帰って来たニコラス・フェルブルフがコイエットを非難中傷して、「コイエットは国姓爺軍が攻めて来るなどといっているが、それはとんでもないことで、彼は幻影に怯えている卑怯者だ」とマーツァイケルに報告していたからである。

だから総督マーツァイケルはこれを信じて、フェルブルフの進言通り、コイエットを怯懦な無能者にして、その任に耐えずと職を免じ、ハーマン・クレンク・ファン・オデッセンを新長官に任じたばかりであった。しかもその新長官クレンクは赴任のため六月二十二日にホーヘランデ号で台湾に向けて出発しているのだ。実はそのホーヘランデ号が出航して二日後にこのマリア号が台湾の悲報をもたらしたのだ。とんだ総督マーツァイケルの判断ミスである。

驚愕した総督マーツァイケルは急遽快速艦を出してホーヘランデ号を呼び戻そうとしたが、間に合わなかった。そこでやむなく台湾救援艦隊を編成して急派することにして、その司令官を人選した。ところがこれまた適当な人材がいない。結局司令官に任ぜられたのはカーウという提督であった。カーウは命を奉じ七月五日、ドルフィン号以下九艘の軍艦に食糧と武器および七百二十五人の将兵を載せて、バタビアを出航した。

さて、そんなことは知らずに先発したホーヘランデ号の台湾新長官ハーマン・クレンクである。彼は六月三十日にタイオワンへ到着したが、見るとタイオワンのゼーランジャ城は戦雲に覆われ、台江内海へ入ろうにも、国姓爺の率いる戎克船が海上を圧して、入れない。やむなく短艇で使者を派遣し、台湾長官コイエットへ、ジャワ総督マーツァイケルからの台湾長官交代命令書を伝達しただけであった。このあとクレンクは台湾海峡を北上して台北の鶏籠に寄港したあと、八月二十日（寛永元年七月二十六日）日本の長崎港に至り、長崎商館長ヘンドリック・インディヤックから詳しい台湾事情を知らされて、十二月二日になってバタビアへ帰還している。

さて、台湾長官コイエット以下ゼーランジャ城の将士と籠城者たちが一日千秋の思いで待ち望んでいたバタビアからの救援軍が到着したのは八月十二日であった。やって来たのは司令官カーウの率いる九艘の軍艦である。航海の途中でフロイト船二艘が加わり、合計十一艘となっていた。

ゼーランジャ城の将士は歓呼してこれを迎えるのだが、折からの暴風雨で、上陸がままならず、五十人の将士と少量の食糧および軍需品しか陸揚げが出来なかった。そこで艦隊はいったん外洋に出て澎湖島へ避難し、八月十七日、馬公港へ入った。そこで、牛、山羊、豚などの食材を掠奪し、九月上旬になって再びタイオワンに引き返して来た。このたびは好天気だったので、バタビアから積載してきた食糧武器弾薬に加えて澎湖島で奪った畜類を陸揚げし、司令官カーウもやっとゼーランジャ城に入り、コイエットと国姓爺軍との決戦を協議した。台江内海に碇泊している戎克船をいかにして殲滅するかをである。この海戦の帰趨がゼーランジャ城の死命を制することになるのだが、その前に、プロビンシャ城の陥落からこの時点までの、タイオワン周辺における住民たちの動向を瞥見しておこう。

タイオワン周辺は現在の台南である。ここでは国姓爺軍来襲の報が伝わると近くの住民たちが支配者であるオランダ人に対して反抗を始めた。長らくオランダ人の圧政に苦しめられていたからで、若者たちは武装してオランダ人の住宅を襲い、設備機材を破壊した。わけても台南の原住民である高砂族は自族の地域内に居住するオランダ人を捕えて、自分たちの方法で裁判にかけ、処刑して年来の恨みを晴らした。これまでオランダ当局から強制されてきたキリスト教布教のための教会や学校を破壊し、聖書や十字架を焼き捨てた。そして、いよいよ国姓爺軍が上陸して来ると、高砂族の酋《しゅう》長たちは打ち連れて国姓爺の許を訪れ、国姓爺もまた彼らを歓待した。するとこれを聞きつけた遠方の高砂族各社の者も、我も我もと帰順を申し出て来て、敬意を表したので、国姓爺もこれにこたえて、王玲・王仁・王義など側近の者たちを連れて遠近の高砂族の集落を訪ねた。国姓爺がこうして彼らと親睦を

勇躍死地に赴くプロテスタント宣教師ハンブルークの図（台南市安平古堡架蔵銅版画）

深めたのは、今後の台湾統治に役立てるためで、地形を偵察して、民俗・産物等を調査しておきたかったからである。

これまでオランダ東インド会社は、大勢の宣教師たちを住民教化のため奥地に派遣していた。それがこのたびの国姓爺軍の進攻によって彼らの立場を非常に困難なものにした。彼らは奥地にいては高砂族に襲われて殺害されるので、赤嵌の台江沿岸へ脱出してきていた。すると国姓爺はこの宣教師たちを利用して、ゼーランジャ城のオランダ人に抗戦の無益を説かせ、速やかに投降するよう勧誘させせようとした。

五月二十四日、宣教師ハンブルークとオッセフイエルら数名の宣教師が、国姓爺から、そうした使命を負わされて、使節としてゼーランジャ城へ送り込まれた。

この宣教師たちは国姓爺から命ぜられた通りに「即刻城兵たちが国姓爺軍への抗戦を停止し、ゼーランジャ城の城門を開けば、国姓爺は城内の将士および非戦闘員の生命財産を保障するといっている」と告げた。

だがゼーランジャ城のオランダ人たちは協議して、翌二十五日に、「たとえ自分たちが屍をこの地に晒すようなことになろうとも、決して降伏することなく、断固としてこの城を守り抜く」と決議した。そして、その決議を再びゼーランジャ城から出た宣教師が敵地に赴き、国姓爺に回答として伝えることにした。恐らくその使命を負わされた宣教師は、怒った国姓爺に処刑されて、再びゼーランジャ城に帰ってくることはできないであろう……宣教師たちは互いに顔を見合わせたが、その時敢然として自らその任務を買って出たのが宣教師ハンブルークであった。彼は国姓爺の陣所から、ゼーランジャ城に向かうとき、国姓爺から、「もし勧降の説得に失敗したら汝の命はなきものと思え」と釘を差されていたにもかかわらず、城内に入るや否や、城兵たちに「絶対に降伏に応じるべきではない。断固抗戦を継続すべきだ」と説いてまわり、人々の士気を鼓舞した強固な信念の持主であった。しかも彼には城内に二人の娘がいて、「二度と城から外へ出ないで頂戴」と泣いてすがる、その手を払いのけて死地に赴いた勇敢な陣僧である。

今、台南市安平古堡（台湾城残蹟）に建つ記念館に入ると当時を記録する展示室の壁一面に大きな銅版画が架かっている。それは十字架をかざし、泣きながらすがりつく娘二人の手を払いのけて、敵陣に向かう彼の勇姿を描いたものである。その犠牲的プロテスタント精神は今も語り伝えられて、人口に膾炙《かいしゃ》しているのである。

名誉ある降伏

ゼーランジャ城の評議会が国姓爺鄭成功の降伏勧告を拒否したことによって、城内へ次々と城外在台オランダ人の遭難が伝えられるようになった。いずれも国姓爺軍がオランダ人に加えた残虐行為である。『バタヴィア城日誌』にはこんな話が記載されている。

「代官の熱心な勧めに従い、赤嵌において国姓爺に降伏せし者は、斬首または他の方法により殺害された。オランダ婦人はなお城外諸所に生存せるが、大部分は国姓爺武将の側室たり。牧師ハンブルークの若き娘は、国姓爺の妻妾室に入れられたり」

そのほか、代官ファレンタイン、牧師レオナルデス、測量師ブルメとその家族が中国本土に送られ、多くの者がプロビンシャ城の付近で殺された。婦人は諸所の部下の間に性的奴隷として分配され、澎湖島の島々で捕虜になった十人は鼻や耳をそがれてタイオワンに送られたなどと書かれている。だが、このような話は、ゼーランジャ城内の人々の敵愾心を煽るため、意図的に書かれたようにも思える。反面、これによって城内老幼婦女の戦意が挫け、動揺が起こったこともまた否めない。そして、その動揺に輪をかけたのが、バタビアから救援にやって来た十一艘の艦隊の不甲斐ない敗戦であった。

以下の文章は、『バタヴィア城日誌』が記す九月以降のゼーランジャ城オランダ軍と国姓爺軍の戦闘の一部始終である。

九月九日に澎湖島から再びタイオワンの錨地に来たカーウ艦隊は、諸大船より火薬一万五千ポンド、青銅砲及び鉄製砲数門を陸揚げして、次のような攻撃命令を発した。

一、ヤハト船カウケル以下の大船は赤嵌の北街と税関の間に進み、横の二街を攻撃すること。

二、アケフエーン以下の大船は隣接せる岬を通過して東南方に進み、北岸壁一帯および町とプロビンシャ城との間にある敵のジャンク船を襲撃すること。

三、戦闘中は何人《なにびと》たりとも容赦せざること。

　このカーウ司令官の命令を受けた諸艦は錨を上げ、帆を張って、台江湾内深く進入しようとしたが、潮流のために陸地へ接近することができず、海上から赤嵌の町に向けて大砲を発射した。ところが、その弾丸の多くはプロビンシャ城内に入ったので砲撃を中止せざるを得なかった。

　敵のジャンク船は我が艦隊に向かって反撃して来たが、我が諸艦が激しく大砲を放ったので近づくことができず、今度はどんどん火矢を射かけてきた。そこで我が方は短艇に乗って繰り出し、敵のジャンク船を攻撃し、敵船に乗り移った。すると敵兵は石および手榴弾を投げて、味方に大勢の負傷者が出たので攻撃を中止した。我が兵が敵のジャンク船に投げた火壺および手榴弾は、敵兵が巧みに筵《むしろ》で包み直して投げ返し、こちらに被害が及んだ。けれども一度は一艘のジャンク船を奪い、多数の敵兵を殺したので、彼らは恐れて投降してきたが、すぐまた敵の僚船がやって来て彼らを救助した。

　この戦闘の最中、ずっと風が凪いでいたため、我が船員は絶えず船を漕いでいなければならず、漕ぎ疲れて、もうこれ

奮戦する国姓爺艦隊の将士（泉州福建省海外交通史博物館架蔵）

以上は短艇を漕ぎ進むことができなくなって、敵を見捨て、本船に帰投したが、戦闘中我が方が失った短艇は三隻であった。一隻は海岸に乗り上げ、二隻が敵に捕獲されて敵陣の赤嵌へ曳かれていった。またこの戦闘で、ハッセルト艦長以下兵百二十八人と水夫が戦死し、船長バイス及びパウメーステル以下水夫若干名が負傷した。

この間中、我がオランダ諸船は絶えず敵の砲塁を砲撃したが、この砲撃中ヤハト船カウケルの甲板にあった青銅砲一門が破裂して九人が爆死し、他の船も敵砲塁より猛砲撃を受けて沈没寸前に追いやられ、水兵たちは恐怖を来たして戦意を喪失した。そのため諸船は錨を上げて帰港しようとしたが、帆を上げた途端に風が止み、カウケル号は潮に流されて、敵砲塁下の海岸に乗り上げた。やむなく乗組員は短艇で脱出したため、艦長ヤンフロドロップはなんとかして艦を海上に浮かべようと努力していたが、敵砲塁からの砲撃で艦は爆沈してしまった。居残っていた乗組員はこの時全員爆死した。

フロイト船コルテンフーフ号もまたカウケル号の側に乗り上げ、二時間後にやっと座礁から脱出することができたが、激しい潮流のため東方に流されて、今度は赤嵌と北線尾島の間の砂洲に座礁した。しかもこのコルテンフーフ号は追跡してきた国姓爺軍の火船七艘によって乗っ取られてしまった。

かくして、この日の海戦は味方の大敗北で、戦闘による戦死者と敵軍の捕虜となった者は兵百七十六人と多数の水夫で、大船二艘と短艇三隻とを失った。敵軍から投降して来た者の証言では、敵は六百人余りの兵を失い、数艘のジャンク船を失ったということであったが、コイエット長官の書翰では、戦死者は百人を超えずということである。翌日と次の日に、ヤハト船カウケルの残骸が漂着したが、その中に腕、脚を失い、鼻を削がれ、二人ずつ腕と腕、髪の毛と髪の毛とを縛りつけられた死骸が多数あった。中には男根を切られた死体もあった。

この日の戦闘のあと、ゼーランジャ城で、兵員を検閲したところ、健全な旧兵は三百七十人、訓練のできていない新兵が四百九十人で、これらの兵士は城および城下の堡塁の内にあり、ほかに病者三百人が城内の病院に収容されていた。

そこでこの不運な戦況にかんがみ、台湾長官および評議会は、今後敵に対しては攻勢に出ることなく、防禦に終始することを決議した。そして、城内に食糧が尽きたので、ギリクゼー号およびドンブルフ号の両鑑を台江内海に巡航させて、敵が中国本土より輸送して搬入する米穀の運搬船を捕獲することを決めた。ところが十月十四日に米穀を積んだ戎克船二十四艘が外海から台江内海に入ったにもかかわらず、両鑑はこれに少しも手出しができず、敵の兵糧船は少しも妨害を受けることなく鹿耳門の水路を通過して赤嵌の敵陣地へ入ってしまった。また国姓爺軍は十八ポンド砲、十二ポンド砲および九ポンド砲を用いて、我が軍のユートレヒト堡塁を砲撃。占領しようとして、数日間にわたって激しく発砲し、堡塁の屋根と胸壁を破壊したが、堡塁内の我が軍の重砲五門が応射して、敵軍を撃退した。

十月二十日、国姓爺軍は多数の堡籃を北線尾島に運搬し、城の中央に直面して重砲十六門を据えつけて城の北部を攻撃し、わが艦隊の出入を妨害せんとした。我が軍はこれを防止できなかったが、大した損害は生じなかった。我が軍の諸船がこの水路を時々往来するのを見て、敵軍は平底戎克船数十艘および同数の帆走三板船を派遣してこの航行を全く停止せしめんとしたが、司令官カーウは、水路に面して木製の防塞を海岸に設け、半カルトウ砲四門および長八ポンド砲四門を据え付け、兵六十人をもってこれに対抗した。すなわち、これによって城内の堡塁およびユートレヒト堡塁と合わせて四方より水路に来たる敵船に発砲することが可能となり、さらに我が方は外海との連絡が可能となった。

そこで、副司令官ミヒール・エンゲルケが、大船二艘を率いて十月四日に琉球のラメイ島へ行き、食糧（山羊七十頭、椰子の実千五百六十個、パルミーテ三十四個ほか野菜若干）と火縄四十二束を入手して帰った。

またこのとき、澎湖島へ航行した我が軍艦が中国閩粤の沿海へ向かって福州の町に入港し、もと広東の副王で今この地方を統治しているジグナボン（靖南王耿継茂）と会見した。すると彼は我が東インド会社に大いなる好意を示し、共同して国姓爺軍を攻め、これを滅亡せしめようではないかと提案してきた。勿論我が方に異議はない。

タイオワンへ帰還して来た軍艦の艦長からこのことを聞いた台湾長官コイエットは大いに喜び、すぐさま評議会を開いて、この好機を逸せず、すぐさま福州へ使節を派遣して、ジグナボンと共同作戦をとることを議決した。そして、軍司令官ヤコブ・カーウにその任務を与えることに決した。かくして使命を帯びたカーウ提督は即刻麾下の全艦隊を率いて出航したが、なんとこのカーウは、これまでの国姓爺軍との諸海戦で苦杯を嘗めていたので、すっかり自信をなくし、戦意を喪失していたので福州へ渡っても靖南王耿継茂に会おうともせず、そのままバタビアへ帰還してしまった。このことをあとで聞いたコイエットは切歯扼腕したが、どうすることもできない。これによってゼーランジャ城は敵中に全く孤立してしまい、万事休した。

　このとき、台湾長官コイエットがバタビア総督マーツァイケルに送ったゼーランジャ城の戦況報告は大要次の通りである。

「会社は今、フォルモサ全島において、ゼーランジャ城のほかは所有せず。同城は陸本土と断たれ、四周を敵に囲まれ、わずかに海上より糧食を得る小さき口を保有せるのみ。攻囲のはじめより十一月二十日まで、城内において負傷ならびに病気のために死したる者三百七十八人にして、その内訳は、大尉一人、中尉四人、少尉三人、軍曹十五人、兵三百五十五人なり。婦人および男女奴隷百五十七人なり。別に病人二百八十人あり。健康にして戦いに耐え得る男子は、僅かに九百五十人余りなり」

　そして、この報告書とともに彼は夫人ならびに二十家族二百人をヤハト船デン・ドルフィン号に載せてバタビアへ返送した。

　こうして、ゼーランジャ城が絶望状態になると、兵士の中から国姓爺軍に投降する者が出て来た。国姓爺はこの投降者から情報を得て、着々と総攻撃の準備を進めたが、投降者の中にハンスという軍曹がいた。彼はヨーロッパで幾度も戦闘に従事したベテランであったから、城郭防備の弱点を国姓爺に話し、国姓爺はこのハンス軍曹の献策にもとづいて、まずゼーランジャ城の外郭を破壊し城を丸裸にしたのであった。

　国姓爺軍によるゼーランジャ城への総攻撃は永暦十六年（一六六二）一月二十五日に始まった。まず砲兵隊三隊を前面に置き、各二十八門の大砲で一斉砲撃をした。集中砲火によって城は火の海となった。城内におびただしい死傷者が出たが、海上でも十数艘の火船が出て、碇泊中のオランダ船に体当たりを敢行したので、たちまち三艘が火炎をあげて沈没した。こうして敵を沈黙させたあと、国姓爺

降伏オランダ軍ゼーランジャ城退去の図（鄭成功記念館）

は台湾長官コイエットに次のような勧降文を送った。

「このタイオワンは、我が父が兵を養った所であり、本藩はその故地を収めるために来ている。この地はオランダ本国より遠く離れており、救援は望めぬから、いつまでも維持できない。本藩は和平のために来たのであって、諸君の殺害は希望しない。直ぐ投降するにおいては、会社の在庫品はともかく、一切の私有財産は持ち帰ることを許可する。だが、もし抗戦を継続するにおいては、我が軍は油脂、柴、硫黄等をもって徹底的に城および艦船を焼くであろう。その時におよんで後悔するも益なし。速やかに名誉ある降伏をなされよ」

コイエットはこの書状を読み、「名誉ある降伏」という文言に心を動かされた。勝敗は時の運であり、降伏したとて決して恥ではない。

そこでコイエットは、ついに評議員とはかって二月一日、降伏に同意した。そして約束通り会社所有の武器、軍需物資、糧食と四十七万一千五百フロリンの貨物は没収されたが、オランダ人の私有財産はすべて所有の艦船に積んで持ち帰ることが許された。しかも彼はゼーランジャ城から台江内海のオランダ軍艦に乗り移るとき、国姓爺に、その勧降文書の最後に記載されてあった「名誉ある降伏」

の文言にこだわり、「余らがゼーランジャ城から退去するにあたっては、軍隊としてその体面が保たれるような格別な配慮を願いたい」と申し出た。すなわちオランダ軍人約九百が城から退去するとき、オランダの国旗を掲げた旗手を先頭に、軍楽隊が鼓笛を鳴らしながら、全員武装したままで威風堂々と行進することを許可せよというのである。そして、長官自身はその行列の中央で天蓋のついた輿に乗って行くというのだ。

国姓爺はこれを聞くと、笑って同意した。そして、コイエットにバタビアまでの食糧と生活物資および少量ながら火薬と銃器の弾丸まで与えた。これは敗将ながらコイエットの台湾長官としての面目を維持させるものである。

だが、このことはかえってコイエットのその後の立場を危うくした。コイエットが国姓爺軍と通じ、結託していたのではないかという疑惑を招いたからである。そのためコイエットは、バタビアに帰った翌年、裁判にかけられた。台湾失陥の責任を問われ、死刑の判決を受けたのである。その後終身刑に減刑されて、十二年後二万五千グルテンの保釈金を支払ってオランダ本国に帰国することが許された。その彼がC・E・Sという匿名でその顚末を書いたのが、『閑却された台湾』という本である。

台湾統治

こうして、一六六二年二月一日、オランダ東インド会社台湾長官コイエットは、約九か月間にわたるゼーランジャ城の籠城戦に敗れ、治台三十八年間にわたる歴史の幕を閉じた。この間、オランダ軍

ゼーランジャ城の遺構（台南市、安平古堡残蹟）

の戦病死者は千六百人で、国姓爺軍に明け渡した東インド会社所有の財産（城郭の諸施設と土地など）は四十七万一千五百フロリンであった。これ以降、国姓爺がその所有と支配権を受け継ぎ、一六八三年彼の孫の克塽《コクソウ》が清朝に帰順するまで、二十一年間統治を続けることになる。

　だが、国姓爺鄭成功は、その後台湾統治の当初、相次ぐ痛恨事に遭遇した。一つは父芝龍が清朝によって処刑されたという訃報であり、もう一つは彼の大義名分の旗印であった永楽帝の崩御である。

　国姓爺の父芝龍がいつ処刑されたのか日時は不明だが、一六六一年（清・順治十八年）の十月三日に北京から満州（東北）に護送され、そのあと吉林省の寧古塔《ニクダ》で家族・部下と共に斬られた。その理由は利用価値がなくなったからである。監禁中の彼が謀反など起こすことはあり得ないから、そう考えてよい。そして、このことが国姓爺の耳に入ったのは、年が明けた一六六二年（清・康熙元年、明・永暦十六年）で、国姓爺が台湾を解放した直後である。

　彼はこの知らせを聞いたとき、血涙を流した。痛哭きわまりなかったが、人前では決して涙を見せなかった。だが、夜になると、床を叩いて号泣した。その事実を知っていたのは日夜彼の身辺警護に任じている王玲と甥の王兄弟ばかりである。三人は隣室で貰い泣きをした。

次の永暦帝受難の事情はこうだ。

南嶺山脈の広東省桂林に本拠を置いていた永暦帝は清国軍の攻撃を受けて、さらに奥地の雲南へ逃れ、ビルマの王を頼った。ビルマ王は永暦帝を庇護していたが、雲南から追撃してきた清国軍の司令官平西王呉三桂の圧力に屈して、遂に帝を逮捕し、身柄を呉三桂に引き渡した。これは永暦十五年（順治十八年）十二月のことで、永暦帝はその翌年の早春雲南省の昆明へ連行されてそこで殺害された。処刑したのはかつての明朝の元帥で叛将の呉三桂である。その知らせを持って台湾へやって来たのは永暦帝の重臣で兵部司務をつとめていた林英である。彼は僧形になって命からがら雲南から厦門へ逃れ、やっと台湾の国姓爺の陣所にたどり着いたのであった。永暦十六年四月のことである。知らされた国姓爺は悲憤慷慨やるかたなく、容易にこれを信じようとはしなかったが、それを事実と認めてからも終生永暦の年号を用いた。そしてこの永暦の年号は成功の死後も子孫に受け継がれ、孫の克塽が清朝に降伏する一六八三年（康熙二十二年、永暦三十七年）まで用いられた。国姓爺としては、この永暦帝を台湾に迎えて、ここに明王朝を復活するつもりであったのである。

この二つの事件は、国姓爺が台湾をオランダから解放して、大いに気勢を上げた直後の出来事だけに悔やんでも悔やみきれないものがあったが、それでも国姓爺はその悲しい思いを乗り越えて、台湾統治を着々と実行に移した。

まず国姓爺は、陥落させたゼーランジャ城の名称を安平鎮と改め、赤嵌を台湾統治の首府として承天府と命名した。安平は福建省泉州の安平鎮から、承天府は明代の南京応天府と北京順天府にちなんだものである。さらに彼は台湾を東都と改め、新たに二県を設けて、北路一帯を天興県、南路一帯を万年県とした。

国姓爺の台湾統治の構想は、すでに永暦十五年（一六六一）五月、彼が遠征艦隊を率いて台湾へ上陸した直後から描かれていた。

赤嵌に布陣してプロビンシャ城を陥落させたあと、早くも多くの兵員を出して付近の農場に派遣して農耕に従事させた。さらに荒蕪地を開拓して入植させ、屯田兵とした。そして、五月十八日になると、統治の基本方針を作成して発表し、これを万世不易の原則とするよう命じた。次の八か条である。

一、本藩（国姓爺）は暫時承天府を首都とする。文武各官・総鎮・大小将鎮の家族もしばらくは承天府および安平鎮に居住し、農業・漁業・商業に従事すること。但し、高砂族や先住漢人とは無用の摩擦を避けること。それぞれ自治の方策を講じ、高砂族・先住漢族とは混住せざること。

二、文武各官はそれぞれ無人荒蕪地に家を建て、永世の家業を興すことを許す。但し、高砂族や先住漢人の土地を取り上げ、あるいはその所有権を争ってはならない。

三、本藩は近い将来、地形等を考慮して新都を建設する予定であり、文武各官および総鎮・大将・将領もそこに各役所を設立せよ。その際においても高砂族・先住漢人と土地の所有を争ってはならない。

四、文武各官が各自の所属地と決めた場所に山林・沼地があれば図にして報告せよ。税額を定めて、それぞれの管掌に委ねる。但し木材の濫伐と漁類の乱獲を禁ずる。

五、各鎮屯田の官兵は、それぞれ家を建て、田地を切り拓き、永世の家業として農商漁の事業に従事すること。但し、先住漢人・高砂族と混住し、その土地を奪ってはならない。
六、各屯田地にある山林・沼地は本藩に報告し、保全に努めること。
七、沿海各入江の漁業で使用する漁網については、現存の物を除き、本藩が直接係官を派遣して税を徴収する。その他については文武各官・総領・大小将領が規定に則り課税するものとする。
八、文武各官・総領・大小将領が田地を開墾する場合には事前に報告し、許可を得てからにすること。報告を怠り、報告以上の面積を開墾した場合には、その土地を没収し、厳罰に処する。
以上の八か条は紙面に印刷して公示し、厳格に施行した。

この布告によって分かることは、彼が国土の開拓・開発を重視し、食糧の増産に意を注いでいるということである。そのため彼は後世台湾で開拓の神様「開土王公」としてあがめられた。とりわけ彼は兵士たちの屯田を奨励し、原住民の高砂族、先住移民の漢族との摩擦を極力避けさせた。

次に国姓爺は、部下官僚の綱紀の粛正につとめ、住民の信頼を得ることに腐心した。

国姓爺軍が台湾の台江沿岸赤嵌に上陸して直面した緊急の課題は、軍糧の欠乏とその獲得であった。当面はプロビンシャ城外に蓄積してあったオランダ東インド会社の食糧を徴発して兵士たちに配分したが、それはすぐに無くなり、それ以降は高砂族各社（村）が東インド会社に税として差し出すために準備していた米六千石、砂糖三千担（一担は約六十キロ）を供出させて当面を凌いだ。それでもこれは根本的な解決にはならない。食糧危機が深刻となり、穀物の価格が急騰して、米一升が四、五銀にもなると、彼はやむなく先住漢人からも雑穀を徴発し、原住高砂族の常食である芋を買い上げて兵士たちに分配した。さらには外海に出て台湾海峡を通過する船舶からの糧米を輸入した。

そのようなわけで、国姓爺は、何よりも大切なものは食料の自給確保であることを肝に銘じて、如上の国土開拓に乗り出したのである。その場合彼が最も重要視したのが従軍兵士たちの屯田政策で、これによって兵士たちの食糧自給がはかられた。また将官や文官たちにも開墾・農耕を勧め、その際に先住民たちの既耕地を取り上げることを厳に戒めた。これは国姓爺軍が台湾に進駐した当初、彼らから食料を徴発したところ、トラブルが起こってその苦情が彼の許に殺到したからである。このことは、当時の『バタヴィア城日誌』にも記載されてあり、次のように述べている。

「農夫は大部分国姓爺のために苦しめられ、その労働および土地所有権の利益を享受すること少なし。旧来の漢族居住民は、オランダ人に対する負債を国姓爺に返済せしめられたり。（中略）多数の中国本土の者は彼の暴虐を恐れ、フォルモサの友人訪問を躊躇せること、最近我が軍の手に入りたる中国の書翰に見えたり」

屯田兵の入植地や官僚の居住地につき先住民との混住を禁止したのは、こうした先住民とのトラブルが発生するのを恐れたからである。

国姓爺はプロビンシャ城を落とした当座、部将馬信に兵を与えて城を守らせ、自分は王玲と王兄弟の護衛の下、部下を率いて台南各地の地理を調べたり、戦闘任務のない兵士に命じて荒蕪地を開墾させたりした。

国姓爺は、台湾の土地を三種に分類し、王田、私田、営盤《えいばん》とした。王田は旧オランダ人の所有地で、接収して官田とした。私田は鄭氏一族と官僚たちに分配した私有地で、営盤は兵士たちの屯田地である。国姓爺は各鎮将を台南湾、南北路の各地に派遣して地理を調査させ、その土地を開墾させたが、その場合官員たちに六か月分の給料を前払いして、開墾資金に利用させた。

当時、高砂族各社の生活状況はまちまちで、山奥に住む者たちは狩猟と天然果樹から得られる果物と芋、野菜だけで暮らしていたが、安平鎮付近に住む者たちは農業を行っていた。だがその農法は原始的で、開墾にあたっても犂《り》・鍬等は使わず、棒の先に付けた尖った石で土地を掘り起こしていた。そこで国姓爺は、彼らに鉄犂・鍬や農耕牛等を貸し与え、作物の種子を支給して近代農法を教えた。さらに中国本土の閩・粤地方から移住して来た農民を彼らの指導者として、農機具の使用や灌漑・品種改良を指導させたから、その農業技術は大いに進んだ。そのため、これまでオランダ東インド会社の狡猾な羈縻《きび》政策（武力を用いず、一部の有力者を懐柔して多数の異民族を抑圧統治する政策）によって、互いにいがみ合っていた両族も、これからは打ち解けて、互いに交流を深めるようになった。

台湾統治の国姓爺軍将士（安平古堡架蔵）

前述したオランダ東インド会社の『バタヴィア城日誌』は国姓爺の台湾支配を非難して、たとえ武力によって一時的に成功したとしても、やがては失敗におわるであろうと予想している。「国姓爺の渡来後、風土病・飢餓その他の難儀のため、引率したる兵の飢えて死にたる者は約半数にして、彼は韃靼人を克服するの要あるが故に、当分中国より援兵を期待するを得ず。先日も武装兵を満載せるジャンク船数艘は当地窮乏のため、中国に逃げて韃靼人に投降したが、もし韃靼人に敗れたならば、脱出者はさらに増加するであろう。而してタイオワンに在る彼らのジャンク船は六十艘または七十艘に過ぎず、国姓爺は我等に勝つことを期待せるが、バタヴィアより救援軍が来て攻撃する前に、彼は窮迫により敗北するであろう」

しかし、そのオランダ東インド会社の予想に反して、国姓爺の台湾統治は大きな成果を見た。されば国姓爺は、自らの抱負を「復台、東都」と題する次の詩に賦した。

荊榛《けいしん》を開辟《かいへき》して荷夷《かい》（オランダ）を逐い
十年始めて先基《せんき》を克服す
田横《でんおう》なおあり三千の客
茹苦間関《じょくかんかん》、離るるに忍びず

これは、漢朝の初めに斉王であった田横が漢の高祖に誅されるのを恐れて五百人の食客と共に海島に遁れた故事を例に引き、この田横と同じように、自分も開拓の進んだこの台湾を、今は離れ難いものとなったと自画自賛しているのである。

南海王国の夢

国姓爺の台湾開拓が緒についたある日、彼は将軍黄安に安平鎮、周全斌に承天府を守らせ、馬信・

何斌・蕭拱辰・鄭省英以下銃手三百、弓手三百、歩兵三百を率いて十日分の食糧を携えて遠征に出かけた。目加溜湾《めかるしゆくろう》、蕭瓏、蔴豆《まとう》など台湾奥地の新港高砂族居住地へである。これは彼らの宣撫工作のためで、行く先々で一行は彼らから歓迎を受けた。老若男女総出で出迎え、唄や踊りでもてなし、土産物を出して献上した。

道々、国姓爺は諸将にいった。

「治国の要諦は古来民に食をうるおすことにある。今我らは台湾の国土をオランダから解放したが、前途は多難であり、人口に比して農業に従事する者が少ない。このたびの視察で分かったことは、台湾の土地は肥沃にして水量も豊富であるのに、未開の荒れ地があまりにも多いことである。これをすべて開拓して民を養えば強兵を得て中国本土へ進攻して、明朝を光復する大きな足がかりとすることができよう」

「ならば、大将軍の国土経営に関する今後の大方針をお示しいただきたい」

馬信が馬首を並べて国姓爺に聞いた。国姓爺は莞爾《かんじ》として答えた。

「されば歴史を按ずるに、兵農分離が食糧不足の原因である。余は屯田をもって兵を養い、兵の七分を農耕にあて、三分を防衛に当てるを上策とする。たしかに台湾は建国したばかりで外的に備えることが急務ではあるが、当面は軍の主力を農業の振興に向けたい。二個の軍団を安平鎮と承天府とに置き、他は挙げて農地開発に当てたい。兵の軍事訓練は農閑期に行い、農繁期は農業に専念させる。三年を経て開いた土地を検査し、上中下の三等に区分してその地質に応じて課税し、三年以内の収穫物については公租の七割を免ずる」

このとき国姓爺を助けて最も台湾の国土開発に貢献したのは陳永華《ちんえいか》であった。彼は字を復甫と言い、福建省同安県の人である。清国軍が福建に侵入してくると難を避けて国姓爺を頼り、厦門にやって来た。人となりは忠厚、事を処しては果断。国姓爺軍の参軍に招聘されて、その帷幕に参じた。国姓爺が北伐に出征したとき、彼の子息経を補佐して思明州（厦門）を守った。

国姓爺の台湾進攻にあたっては、彼に従軍し、専ら治政に貢献した。屯田の兵制を進言したのはこの陳永華である。またカトリックのパードレでイタリア人宣教師ビットリオ・リッチ（マテオ・リッチの親戚）と共に国姓爺の没後も、その後継鄭経の政治顧問となって民衆を教導し、製塩・精糖などの産業を興し、孔子廟・学校を設立している。

こうして、台湾統治が順調に進み、国土開発が緒に就くと、国姓爺は南海諸国との海上貿易に眼を向けた。彼の体内には、父親譲りの海商の血がたぎっていたからである。

先ず、中国本土との交易である。たしかに清朝の遷界令によって中国沿海地域との貿易は不可能になったが、福建の厦門と金門とは長男鄭経および戸官鄭泰の支配下にあり、この厦門・金門の両島を通じて中国本土内の物産が買い付けられて台湾へ輸送され、見返りに台湾から鹿皮・砂糖・硫黄などの特産品が中国本土へ輸出された。

次は日本・琉球・安南との交易である。日本の長崎との交易は、金門島の戸官鄭泰が盛んに商船を派遣して継続し、それで得た利益を彼は長崎将官に預けていた。国姓爺も一六四七年から始めた日本招諭の継続としてこれを再開しようとしている。

最後は呂宋《ルソン》との交易である。

当時呂宋島はイスパニアの支配下にあり、そこに大勢の漢族が移住して華僑として生活していた。この移住は明王朝の時代から行われており、国姓爺の父鄭芝龍が南海に覇権を握っていた頃、イスパニアとの商圏争いから、一時移住を禁止したほどであった。その後も台湾とこの呂宋島への漢族の移住民は続いていたが、その移住が激増したのは皮肉なことに清朝の遷界令が出てからであった。これは同令の公布によって、沿海の故郷を追われ、生業を失った閩・粤の人々が生きるための活路を海外に求めなければならなかったからである。国姓爺も彼らに同情して戎克船を出して台湾への移住を呼びかけ、部下に命じて彼らのために住宅を建ててやり、生業を営むための資金を貸し与えた。そして、このとき台湾への移住を希望しない者が呂宋島へ渡ったのである。彼らは主として商業を営む華僑であった。

この呂宋島へ移住した華僑たちが、オランダ人を追放して台湾を征服した国姓爺のその後の統治実績を見て、自分たちの呂宋にもこれと同じような漢族の国家を建ててもらいたいと思うようになった。というのは当時呂宋島で生活している数万人の漢族は、イスパニア国王フィリップ二世の植民政策によって、同島を支配しているイスパニア当局から迫害を受けていたからである。彼らは生活の全面にわたって抑圧され、搾取され悲惨きわまりない境遇に置かれていた。だからこのたびの国姓爺による台湾解放はいたく彼らの心情をゆさぶり、オランダ人を台湾から放逐したように呂宋島からもイスパニア人を追っ払ってもらいたいと望んだのだ。

そこで呂宋の華僑たちは、直ぐさま使者を台湾の国姓爺の許へ遣り「オランダ人を台湾から放逐した勢いを駆って、どうか呂宋島へも進攻してイスパニア人を駆逐していただきたい」と申し入れた。

呂宋島遠征を決意する国姓爺鄭成功（台南市安平古堡残蹟壁画）

勿論、この要請に国姓爺は異論がない。本来が海外貿易に力を入れる重商主義者であり、清朝に取り込まれて失敗はしたが、父芝龍が目指した南海王国の樹立は、彼の年来の夢であったからだ。当面は呂宋を招諭し、台湾と合わせて南海王国をつくることだ。

ところが、これを配下の将軍たちに諮ったところ、彼らの大半は「今台湾を手に入れたばかりの時ですから、しばらくは休息した方がよい」と反対意見であった。

しかし国姓爺は自分の所信を曲げなかった。鄭家年来の宿願に加えて、呂宋在住漢族の懇望を無視することができなかったからである。そこで台湾を解放して一か月後の三月某日、イタリア人宣教師のビットリオ・リッチを呂宋のマニラへ派遣し、イスパニアのルソン総督ドン・サビニアノ・マンリケ・デ・ララへあてた信書を託した。この信書はララ総督に招諭を促す台湾王の国書である。

鄭艦隊の戎克船で呂宋島へ渡航し、マニラ入りしたカトリック宣教師ビットリオ・リッチは、国書をルソン総督に奉呈する一方で、隠密裏に暗躍してマニラ在住の華僑たちに会い、要人に「もし在呂宋漢族が決起するにおいては、台湾の国姓爺軍は直ぐさま出動して諸君を援助するであろう」と彼らの蜂起を使嗾した。すると華僑たちは喜び、「これで自分たちの年来の念願が叶う」と密かに連絡を取り合って武装蜂起の準備を始めた。ところが、往々にしてこうした企てには悪魔の囁きがあって邪魔が入る。裏切り者が出てこの計画がルソン総督の知るところとなり、一味徒党の一斉検挙となった。イスパニア・ルソン守備隊が出動して漢族居住区を襲撃し、大半の者が捕えられ首を刎ねられてしまった。

その知らせは、わずかに死を免れた数人の華僑たちの口から国姓爺の耳に入った。彼らは小舟で荒海に乗り出し、決死の思いで台湾の安平に着いて、これを報告したのであった。あとでこのことを知ったイスパニアのルソン提督は狼狽した。激怒した国姓爺が大軍を率いて報復にやって来ると予想されたからである。これでは台湾の二の舞になると慌てて謝罪のため使者を台湾へ送った。

だが、怒り心頭に発した国姓爺は聴く耳を持たない。これを口実に呂宋島を征服して、年来の夢である南海王国の版図を実現しようと決意したのであった。そして、この年の五月初め、征呂大艦隊の編成を終えて、彼自ら先頭に立ち、いよいよ出航しようとした矢先、彼は病にたおれた。

孤臣含恨の死

一国の首相となり、国姓爺軍の統帥権者でもある国姓爺だが、元来が儒学を信奉するストイックな精神主義者であったから、政治に妥協性がなかった。

この寛容性の欠如は、統治の上にあらわれ、とりわけ軍の統帥権行使において顕著であった。官僚の綱紀を粛正し、軍令に背いて不義をはたらくものがあれば容赦なく処罰した。たとえその者が親しい友や肉親であっても、また過去に大功を立てた者であろうとも決して見逃すことはなかった。それは建軍の当初から見られる現象で、一六五一年（永暦五）に清将馬得功《マトイコン》が彼の南征中厦門を攻めてこれを占領したとき、一族の守将鄭芝莞を処刑したことを皮切りに、叔父の鴻逵を隠居させ、親友の施郎を処罰したことであらわれた。その後も一六五六年（永暦十）に将軍蘇茂の思明敗退の責任を問うてこれを斬り、黄梧に棒罰を加えたことから怨みを買い、彼を海澄城もろとも清朝へ寝返らせた。

しかも、これは一六六一年の台湾攻略以降も変わることなく、功労のあった将官呉豪・楊朝棟《ようちょうとう》・祝敬《しゅくけい》等を斬首刑に処した。呉豪は宣毅後鎮の要職にあったが、プロビンシャ城を攻陥したとき彼が住民の銀を奪い、軍糧を隠匿するなどの罪を犯したからであり、楊朝棟も歴戦の功将で承天府の尹《いん》に任ぜられていたが、知県の祝敬や斗給の陳悟《ちんご》とともに軍糧をごまかしたからである。

この処刑は諸将や官僚にとって全く思いがけない出来事で、陣中を震撼させたが、住民の風紀にも厳しく、姦通した男女に、男は棒をもって打ち殺し、女は海に沈めた。また、商売が公正に行われることにも意を用い、あるとき楊戒政《ようかいせい》という官吏が食糧を民衆に配給するとき升目をごまかして余分を横流ししたというので斬罪に処した。

こうした綱紀の粛正は、たしかに全軍の統帥と乱れがちな国政を軌道に乗せるのに役立った。だが、このことは中国本土まで悪しざまに伝わり、従軍の諸兵鎮および各級官吏の留守家族たちは、渡台を命じられても容易に腰を上げようとしなかった。それは台湾には熱帯病が流行しており、開発が緒についたばかりであるから、食糧や日常の生活物資にも困って暮らし難いということもあったが、それよりもこの国姓爺の厳罰主義が誇大に吹聴されたからである。それでは人心が逼塞《ひっそく》して国政が停滞してしまう。そこで、国姓爺に信頼の厚い将軍馬信が彼に進言した。

「政権が誕生したばかりで、人心は不安に怯えています。もっと法の適用をゆるやかにしても、人心を安堵させるべきではありませぬか」

けれども成功は聞かなかった。

「たしかにそれは理屈だ。だが、建国当初においては法を厳正にして民に遵守させることが肝要である。それが軌道に乗ってから徐々に緩めればよいのである。昔、春秋の頃、鄭の子産はそのようにして法の尊厳を民に植えつけた。また、三国時代、蜀の諸葛亮孔明は泣いて馬謖《ばしょく》を斬り、法の厳正さを教えた。いわんや台湾は、今やっと開発が緒についたばかりで、最初から法をゆるめていたら収拾がつかなくなってしまう」

『史記高祖本紀』に法三章《ほうさんしょう》という言葉がある。殺人・傷害・窃盗のみを罰するという三条の法律で、法令は出来るだけ簡単にするのがよいという戒めである。儒家である国姓爺もこのことをよく心得ているが、これは理想であって、当面は法家の厳罰主義をもって統治に臨まなければならぬことを肝に銘じていたのである。

だが、物事には限度がある。これが行き過ぎてエスカレートしては虻蜂《あぶはち》取らずとなってしまう、いわんやこの綱紀粛正が台湾攻略にあたって大功のあった何斌にまで及んだとあっては、誰しも小首をかしげざるを得なくなる。国姓爺は間もなく過失を犯したことを理由に何斌を処刑したのである。そして、その知らせが福建省漳州の思明州厦門に届くと、一大恐慌が起こった。明日は我身と不安に戦《おのの》いた銅山守将の蔡禄《さいろく》と郭義《かくぎ》がたちまち身の危険を感じて部隊を率い、あの裏切者の宿敵黄梧の許へ奔《はし》ってしまったのである。この両人は、かねてより黄梧から誘われて、清朝へ帰順の密約を結んでいたのだ。

すると、今度は忠勇侯陳豹《ちんぴょう》の立場が危うくなった。彼は知将・勇将として知られる将軍であったが、狡猾な黄梧が、「南澳の陳豹将軍は、清朝の平南王尚可喜に投降する意思があるようだ」というデマを流して国姓爺から疑いがかかるように仕組んだからだ。陳豹はこれまで南澳を死守していくら清軍に攻められてもビクともしなかった名将なのだが、デマを信じた国姓爺は陳豹を疑って、部下の周《しゅう》全斌《ぜんぴん》に命じて息子の鄭経と合同して南澳を攻めさせようとした。もとより陳豹には身に覚えのないことだったが、こうなっては疑いを晴らす術《すべ》がなく、「藩主国姓爺閣下は軽率にも邪臣の流した流言を信じて愚かにも自ら長城の一角を壊された。惜しみても余りあることだが、今となってはどうすることもできぬ」と、本当に部下を率いて尚可喜の陣所へ投降してしまった。瓢箪から駒が出たとは、まさにこのことだ。

そして、遂に、国姓爺にとって命取りというべき最後の悲劇が訪れた。

国姓爺は息子の経に厦門と金門の両島を守備させて台湾へ出兵していた。経も父成功の素質を受けて、礼儀正しく、学問もあり武芸に秀でていた。ただ一つの短所が色好みといわれた。

国姓爺が台湾を攻略している最中、その経から長男が誕生したとの知らせがあった。その知らせには「妻が父上のために男子を出産いたしました。お喜び下さいませ」とあったので、国姓爺は大喜びで、台湾の陣所にある将兵ばかりではなく、厦門・金門残留の将兵にまで祝賀行事を行うよう指示した。ところが間もなく経の妻唐氏の祖父唐顕悦《とうけんえつ》から次のような書信が届いた。文面を見て国姓爺は驚いた。誕生した男児は不義の子だというのである。

「御子息は弟の乳母陳氏と私情を通じて子をなしたのであって、妻の産んだ子ではございませぬ。それをあなたは叱るどころか全軍あげて賞しておられることはどうしても腑に落ちぬ。それでは国の綱紀は保たれぬと存ずる。如何《いかが》でござるか」

この唐氏は明王朝で尚書までつとめた士大夫であったから名分を重んじているのである。

国姓爺は激怒した。信じていた息子に裏切られたからである。そこで国姓爺は道義に反した経をそのままにしてはおけず、部下の黄昱《こういく》に矢を持たせて金門島へ遣わし、金門島を領している戸官の鄭泰に「この矢をもって鄭経と陳母子及び董《とう》（経の母）を誅せよ」と命じた。だが、経と陳母子を殺せというのはともかく、無関係の董夫人まで誅せよというのは腑に落ちない。成功にいわせれば、妻の董が「家を治めて厳ならず、子を教えて厳ならざるゆえ」ということであろうが、不条理で人情に悖《もと》る。だからこれを聞いた重臣の忠振伯洪旭が仰天した。

「誕生した子と不義を犯した陳氏を殺すというのなら納得できるが、公子経と董夫人を誅するのは道理に合わぬ」

と急ぎ重臣会議を開き、陳氏と新生児のみを誅することで衆議一決した。

この時国姓爺は呂宋を攻めるため出征準備中に風邪を引き、発熱して病床にあったが、年来の過労が祟ってそれをこじらせ、肺炎を併発している。後で考えると、これが死に至る病だったから頭脳朦朧として判断力が麻痺している。洪旭が代表して重臣たちの意向を伝えても、怒りに目がくらみ、一途に思い込んで聞こうとはしない。とうとう周全斌を呼び寄せて討伐を命じた。洪旭は困惑した。これでは鄭経が黙って従うはずがなく、内乱の恐れがある。

そこで洪旭は金門島の鄭泰に使者を出して、彼を味方に引き入れ、周全斌を捕えて軟禁し、事を有《う》耶《や》無《む》耶《や》に処理してしまった。そうとは知らぬ国姓爺は命令が実行されたものと思い、更に使者を派遣して、今度は厦門在住の将軍洪初僻《こうしょへき》はじめ諸将に、

「早く台湾に来て高砂族を治める任務につけ」

「台湾に赴任している文武官員の家族で福建に残留している者は直ちに渡台して台湾に本拠を移せ」

とやつぎばやに命令を発した。

だが、その命令は少しも実行されなかった。国姓爺が病床にあることを知り、後継者である鄭経の命に従うようになっていたからである。今や鄭経は平国公と称し、漳州の鄭軍を完全掌握しているのである。

かくして台湾の国姓爺は孤立した。

父芝龍と、主上と仰ぐ永暦帝とを殺され、今また子の経に背かれたこの孤独の大将軍の命令は、台湾海峡を隔てた漳州・泉州には届かなくなった。それでも彼は承天府の長官室にあって、病身に鞭打ち、毎日諸将を集めて、台湾統治について協議を重ねた。それは形ばかりで実行はされなかったが、彼は真剣であった。時に介添えの王玲や警護の王兄弟に助けられて望楼に登り、望遠鏡を手に、遥か彼方の台湾海峡を望むことがあったが、待ちかねている武将やその家族が乗った戎克船が姿を現わすことはなかった。そのため、その焦慮と自分の発した命令が少しも実行されぬもどかしさとで、彼の病は膏肓《こうこう》に入った。心配した幼馴染みの王玲とその甥の王兄弟とは、「あまり無理をなさらないで、

気長に養生してください」と勧めたが、彼は頭を振ってこういった。

「唉、姐姐、你的孩子好孩子。可是、我的孩子都坏孩子啊！」

（ああ、姉さん、あなたの子供は良い息子たちだが、私の子供たちときたら、みんな悪い息子たちばかりだ）

国姓爺の朦朧とした頭には、この一つ年長の幼馴染みの王玲が姉のように見えるのだ。そして、王仁・王義の兄弟が彼女の息子だと錯覚しているのである。

そのあと今度は、日本語でかれはこうつぶやいた。「ああ、私は孤独だ。初めに母を失い、次いで父と帝とを韃族に殺され、今また妻と息子たちが私に背いて遠くへ行ってしまった」。そういって国姓爺は侍医の勧める薬湯を口にしながら涙を流したが、少し正気に帰ったのか、はっきりとした口調でこういった。

「大明国が滅亡せしよりこの方、我が枕頭の剣は、夜毎に血の涙を流しながら空しく十七年を閲《けみ》した。しかるに、私は明朝光復の宿願を果たすことなく、今この台土に短い生を終えんとしている。嗚呼天よ、なぜあなたは、この忠臣にかくも無惨な苦衷を与え給うや！」

この承天府の長官室には、王玲と王仁・王義の兄弟のほか、身辺の世話をする者といえば、侍医と介護の侍女ばかりであった。明朝光復のため北伐の意気旺んな頃には、数人の愛妾もいたが、揚子江河口羊山の遭難で彼女たちが海に呑まれて以来、愛妾を陣中に侍らすことはなかった。前述の『バタヴィア城日誌』に、「プロビンシャ城陥落のあと、オランダの牧師の娘が国姓爺の側妾に入れられた」と書かれているが、これはオランダ語習得のための家庭教師で、彼が今後のオランダ東インド会社との交易に資するために雇い入れたものである。

一六六二年壬寅五月初八日、国姓爺は自分の再起不能を知り、承天府長官室のベッドに起きあがり、招討大将軍忠孝伯の衣冠を身にまとった。太祖朱元璋の聖訓をうやうやしく拝読したあと、左右の侍従に命じて神酒を持参させて口に含み、そのあと身を震わせて号泣した。

安平古堡に立つ国姓爺像

「吾何有面目、見先帝於地下、天乎、天乎、何使孤臣至於此極也！」
（われ、何の面目があって、泉下の先帝に見《まみ》えんや。天よ、天よ、何ぞ孤臣をして、この極に至らしむるや）

と叫びながら頭を両手で覆い、さらに「われ死してなお瞑目せず」と呟き、絶命した。享年三十有九。不世出の混血児、志半ばにして果てた含恨《がんこん》の死であった。

されば中国の史書は記す。

「壮志《そうし》不酬《むくいず》、遽以身殉国《にわかにみをもってくににじゅんず》、令人遺恨不已《ひとをしていこんやまず》」

死因は急性肺炎と伝える。

国姓爺合戦の余波

簡単に台湾と鄭氏のその後の運命について書いておこう。

国姓爺の没後嗣子の経はなお台湾へ移住せず、福建省の厦門《アモイ》に居た。彼が台湾を瘴癘《しょうれい》の地として嫌う気持もあったが、魯王を奉じてなお父国姓爺の意志を継ぎ、明朝光復北伐の望みを抱いていたからである。

魯王朱以海は字を巨川・恒山と号した。明の太祖洪武帝の第九子朱檀十世の裔である。清兵の入関後閩粤沿海を転々とした後、国姓爺を頼って金門に居住していた。だがこの魯王は国姓爺の没後日ならずして一六六二年十一月金門島で没した。したがって既に永暦帝とその太子が昆明で呉三桂により絞殺《こうさつ》されていたので、経の明朝光復の名分は無くなったわけである。

それでもなお彼が厦門に踏み留まっていたのは、鄭一族中に成功の異母弟襲（経の五叔で淼）を擁立する動きがあったからである。機先を制した経はこれを推進しようとした黄昭・蕭拱辰等を誅殺した。清の靖南王耿継茂《こうけいも》が使者を派遣して投降を勧めて来たのは、そのあと間もなくであったが、経はこれを拒否した。この時彼は、父国姓爺と共に永暦帝を擁して戦っていた名将李定国が緬甸《ビルマ》で病死したことを聞いた。李定国が没したのは一六六二年六月である。これで永暦帝を奉じた復明の動きは一切消滅したことになる。だが、経はなお永暦の年号を捨てなかった。

年が明けた永暦十七年（一六六三）、経は周全斌、陳永華《ちんえいか》・馮錫范などに水軍を率いさせて厦門と金門の沿海を制圧し、金門島で戸官の鄭泰を誘殺した。鄭泰は国姓爺に重用されていたが、その死後密かに鄭経を排して鄭襲を擁立しようとする謀議をめぐらしていたからである。すると、泰の武将で謀議にあずかっていた鄭鳴駿・陳輝等が身の危険を感じて清に投降した。勢いを得た清の靖南王耿継茂はオランダ軍と協力して鄭軍の本拠厦門と金門両島を奪還しようとした。鄭軍の周全斌が清の提督馬得功を討ち取って反撃に転じたが、またもや高崎守将の陳昇に叛かれ、遂に厦門城は陥落した。

経は退いて銅山（福建省東山県）に拠ったが、林順・杜輝等の武将があいついで投降したので、やむなく翌年（一六六四年）の正月、大陸を放棄して台湾へ退去した。これはオランダ軍が清と連合して台湾を攻略するとの情報が入ったからである。すると、この経を頼っていた寧靖王・瀘渓王と魯王世子巴東王等の明朝の王族が経と同行することを申し出て来た。だが、経を助けて清軍と戦ってきた周全斌と黄廷とは清に投降してしまった。

かくして渡台した鄭経は、よく父の征台事業を継承し、名将陳永華の補佐を得て内治にすぐれた実績を示した。『史書』の一六六六年（康熙五年）の条には次のような記載がある。

「正月、先師の聖廟を建立し、側に明倫堂を置き、さらに各地に学校を設立して子弟を教育した。科挙の試験制度を設けて合格者を大学に入れたので、在来の台湾人は初めて学問を知った」

「兵を各省に分駐して荒田を開墾させ、耕牛や種子を与えて、六年間税を免じて土蕃を安撫し、外国と貿易し、魚塩の交易につとめたので、人々はみな台湾を楽土とした」

経は自分に同行した明王室の寧靖王等には万年県竹郷で墾田数十甲を献じている。

台湾で行政制度が整い、農業技術が向上して生産が増加すると、日本でも錦舎すなわち鄭経の評判が良くなった。

「錦舎儀はとかく仁慈を専らと仕る本意に御座候により、人民これを慕い、千代《せんだい》にこれなきの大将と皆々申すことに御座候」

これは長崎奉行が江戸幕府に報告した台湾風説書の断章である。また経は軍事面もゆるがせにせず、雲南にいた平西王の呉三桂、福州の靖南王耿精忠、広東の平南王尚之信らが反清三藩の乱を起こすと、これに呼応する動きを見せた。すなわち、「呉三桂檄」に、

「総統兵馬上将軍耿精忠、招討大将軍総統使世子鄭錦舎等を会し、水陸官兵三百六十万員を調集し、直ちに燕山（河北・山東）を衝き長駆せん」

とあり、経自身も「鄭錦舎檄」の中で、

「余は百万の兵を組織し、訓練した。楼船は数千、積穀は山の如くである。我が征帆が北を指せば燕斉（河北と山東）を衝くべく、遼河をまたぎ、南へ向かえば呉越（浙江）も閩粤（福建・広東）も攻略できる。されば陸戦して猛虎を辟易させ、水攻しては蛟龍をさえ震え上がらせることができるであろう」

と述べている。

「延宝三年九月、錦舎広東へ発向致し候。海陸の勢は都合十万、兵船大小余隻これある由。いよいよ広東も攻め取り申す覚悟の由、承り候」

これは長崎奉行が幕府に報告した台湾風説書の内容である。国姓爺が台湾に播いた国土開発と富国強兵の趣旨は、息子の経によって、これほどまでに育ち開花したのである。

だが、これは当時の清朝が国内に割拠する藩鎮の横暴に手を焼き、これを抑えるのに精一杯で、とても台湾へ出兵する余力がなかったからであり、それを可能とする水軍がなかったからで、経はその間隙を衝いたのである。だから、一六七八年に呉三桂が死に、三年後の一六八一年一月二十八日に鄭経が在台十七年にして享年四十歳で他界すると局面が変わった。同年に三藩の乱が完全に平定されたこともあり、経を相続した克塽《こくそう》が清朝に投降してしまうからである。

鄭経は死にあたって、劉国軒《りゅうこくけん》と馮錫范《ふうしゃくはん》の二人を呼び、長男（先妻の子）で監国の克𡒉《こくぞう》に国政を委ねるので、彼を補佐するよう命じた。鄭経の台湾統治に最も貢献した陳永華はこの二人に排除され、前年に他界していたからである。この時克𡒉は十八歳であり、その妻は陳永華の娘であった。しかるに馮錫范は経の次男克塽を自分の娘婿にして政権を壟断する野心を抱いていたので、克𡒉を陥れようと画策した。すなわち克𡒉が経の実子ではなく、乳母が抱え入れた螟蛉子《めいれいし》（養子）だと偽り、鄭家の叔父（経の弟たち）をたきつけて克𡒉を即位直前に謀殺した。そのため克𡒉の妻陳氏は夫の遺体を引き取ったあと、食を絶って自殺した。

克𡒉が経の実子でないことは誰も知らないことだったので、祖母の董太夫人も驚き、事の真偽をたしかめるために克𡒉を呼びつけて直接話を聞こうとした。克𡒉は周囲の情況が自分の不利に動いているので、自ら身を引くつもりで祖母の御殿へ向かった。ところが大門の外で二人の従者が足止めにされ、彼一人が中に入れられたが、後方で門が閉じられ、叔父たちに悪口雑言を浴びせかけられた末、嬲り殺しにされたという。董太夫人も知らないことで、あとで知らされたがどうすることも出来なかった。こうして即位したのが十三歳の延平王克塽である。だから政権は馮錫范によって壟断され、人心は完全に克塽から離れた。こんな滅亡の予感の中で、董太夫人はこの年六月十六日享年五十九歳で死去した。現在の台南市北区開元路にある開元寺は彼女の隠居所が寺院として改築されたものである。

政権は馮錫范が掌握したが、軍事権は劉国軒が握っている。彼は克塽に勧めて国姓爺鄭成功とその子経が推進していた呂宋攻略を実現すべく、征呂大艦艇を編成しマニラへ向かった。これは藩鎮の乱を平定して余力の生じた清軍が台湾に鋒先を向けてきたので、これに対抗する戦略でもあり、呂宋《ルソン》を奪ってここへ根拠地を移す意図があった。つとに鄭経は呂宋を圧迫してルソン総督から毎年年貢を差し出す約束をさせていたのである。だが、この呂宋経略の野望も、空しく費えた。清将施琅の率いる大艦艇が意外にも早く澎湖島を攻めてこれを占拠し、台湾へ勧降を迫ったからである。すると克塽は劉国軒の献策を容れ、馮錫范の反対を押し切って清朝に投降した。一六八三年六月である。劉国軒は元《もと》清に帰属していた海将であったが、一六五四年十月に国姓爺が漳州を攻略したとき帰順した人物だったから、彼が投降の橋渡しをしたわけだ。

克塽は投降に際して、「祖父の成功は、満潮に乗ってゼーランジャ城を攻め、台湾を攻略した。今、清軍も同じ方法で安平《アンピン》に入港しようとしている。これは天が清軍に味方しているからで、自分はこの天意には背けない」と、自分の無力を天命のせいにしたが、台湾には、これを天命として受容できない硬骨漢がいた。

鄭経に従って台湾へ移住して来た寧靖王朱術桂と五人の王妃たちである。この人たちは一六八三年（明・永暦三十七年）清兵が台湾へ入ってきて克塽が投降したとき、降伏を肯んぜず殉国を決意し全

五妃廟

員首を括って縊死した。従容として明朝への大義に殉じたのである。今もこの寧靖王と五妃は、台南市中区五妃廟に「明寧靖王従死五妃墓」として祀られている。

清朝に投降した鄭克塽とその眷属たちの末路はそれほど哀れなものではなかった。彼らは曽祖父の鄭芝龍と同様に、北京に送られたが、三藩の乱の投降者のように誅戮され極刑に処せられることはなかった。克塽は王黄旗漢軍公に封ぜられ、弟の克均たちもそれぞれ四品官に叙された。

一族は北京に居住することが許され、一七〇〇年（康熙三十九年）に鄭氏の子孫が台湾にある国姓爺成功や経の柩《ひつぎ》を生誕地の福建省南安へ帰葬することを願い出ると、康熙帝はこれを許した。理由は「国姓爺成功は明王室の遺臣にして、朕の乱臣賊子に非ず。称賛こそすれ、これを罪過に処すべきいわれはない」と。さらに康熙帝は南安の墓所に塚守の家まで与えている。

越えて清末の光緒元年（一八七五）、清朝は台南に成功の廟を建てることを許し、彼に延平郡王の号を追諡《ついし》した。延平郡王というのは、鄭成功が明朝から賜った号である。また清朝の時代、台湾の民衆は鄭成功が台湾を開拓した功績をたたえ、開山王廟を建てた。これが現在の台南市中区開山路にある延平郡王祠である。ここには、正殿に鄭成功の神位と塑像が祀

延平郡王祠に祀られた国姓爺鄭成功像

られ、後殿に鄭成功の生母田川氏の神位、左側には寧靖王と王妃たち、右側に成功の孫鄭克𡒄夫妻がそれぞれ祀られている。

なお、鄭克塽が清朝に願い出て、一六九九年に中国福建省南安県に移葬した鄭成功と鄭経の墓は、泉州市の西方南安県水頭鎮康店村《すいとうちんこうてんむら》の復船《ふくせん》山上にある。中華人民共和国成立後、墓域は拡大され、墓前には「重修民族英雄鄭成功墓碑記」という碑石が建てられている。

台湾でも、中国本土でも、日明混血児国姓爺鄭成功は、不世出の民族英雄として、仰がれ、慕われているのである。

（完）

あとがき

小生が『国姓爺・鄭成功』を書く気になったのは、さる大学で名誉教授の肩書を持つ旧友に勧められたからである。

「君、鄭成功を書いてみないかね。彼は中国でも、台湾でも大英雄だよ」

そこで小生もその気になり、帰りがけの古書店で吉川弘文館人物叢書の『国姓爺』という本を買った。

当時小生は学研M文庫で『明石掃部』を上梓し、次の作品であるカトリック・イエズス会の宣教師『ルイス・デ・アルメイダ』の足跡を、国内ばかりでなく、ポルトガル、インドのゴア、中国のマカオとたどっていたので、直ぐにはとりかかれなかったが、それが一段落すると、鄭成功に関する関係資料を収集する一方、彼の足跡を歩き始めた。

まず、肥前平戸である。

この平戸は、ポルトガル人宣教医でイルマンのアルメイダが布教を始めたところでもあるので、前にも関係史跡を調査したことがあるが、このたびは長男英樹の車で、家内と三人で川内浦をはじめ成功福松とその母田川マツが残した足跡を隈無く渉猟した。ここで平戸市と平戸観光協会が製作に協力して中国影視音像交流協会等が「国姓爺合戦」という映画をつくったことを知った。この映画は日中国交正常化三十周年記念作品でもある。この映画の製作には、日本の染野企業電映工作室や国姓爺合戦製作委員会も関与しているが、中華思想にもとづく作品なので、史実が歪曲されており、もっと実証的な見地の作品が出来ないものかと思った。

そこで、その後海外にも足を運び、中国の厦門市・泉州市・南安県・福州市や台湾の台南市・澎湖島・台北市などを採訪した。とりわけ台南市の台湾城残蹟（安平古堡）では、台南市政府文化局が発行した、さまざまな史料を購入することができた。安平鎮文史工作室の『鄭成功』は本書の執筆について大変参考になった。

また、泉州市の泉州福建省海外交通史博物館で入手した泉州市鄭成功学術研究会発行の『鄭成功』や海峡文芸出版社の『面対歴史与風俗』も、伝承や風俗の研究に役立った。

従来の国姓爺鄭成功の書物は、専ら政治史・戦史の立場で書かれ、その背景となる経済史と貿易外交史が欠如していた。本書ではその点に留意し、彼の父母である鄭芝龍と田川マツの出生地である福建の泉州、肥前の平戸の経済から話を進め、とりわけ飛黄将軍芝龍の南海制覇には力点を置いた。そうした従来の研究書として石原道博氏の『明末清初・日本乞師の研究』、オランダ東インド会社の『バタヴィア城日誌』が大いに役立った。

『バタヴィア城日誌』にもとづく、台湾赤嵌プロビンシャ城と安平ゼーランジャ城の攻防は本書が最も力を注いだ部分である。

そして、最後は、林田芳雄氏の『鄭氏台湾史』と寺尾善雄氏の『鄭成功』を参考にしながら、鄭氏三代の台湾開発史をもって話を結んだ。本書が、台湾史研究の一助ともなればと思ったからだ。

如上の観点から本書の執筆にあたって、小生が参考にした主要文献を上げれば次の如くである。

参考文献

石原道博『国姓爺』
『明末清初・日本乞師の研究』
『朱舜水』
寺尾善雄『鄭成功』
福住信邦『鄭成功の母』
林田芳雄『鄭氏台湾史』
何世忠・謝進炎『傳奇性的一生鄭成功』
王偉明『鄭成功』
村上直次郎・中村孝志訳『バタヴィア城日誌』
前島信次『華麗島』
黄炳元『面対歴史与風俗』
図説人物海の日本史⑤『朱印船と南海雄飛』
〃 ⑥『鎖国と海商』
平戸歴史文庫『大航海時代の冒険者たち』
〃 『蘭英商館と平戸藩』
歴史散歩編集委員会『長崎・平戸散歩』

愛宕松男・寺田隆信『中国の歴史・元明』
増井経夫『中国の歴史・清帝国』
山口修『中国の歴史散歩』
〃『台湾の歴史散歩』
司馬遼太郎『中国・江南のみち』
〃『中国・閩のみち』
戴国輝『台湾』
伊藤潔『台湾』

なお鄭成功に関する歴史小説としては、一九九八年に毎日新聞社が発行した白石一郎『怒濤のごとく』上・下と、一九九九年に中央公論新社が発行した陳舜臣『鄭成功・旋風に告げる』があるが、前者は吉川英治文学賞を受賞している。

その上で、なお、小生がこの『台湾の開祖　国姓爺鄭成功』を上梓するのは、この両著が史実を無視したフィクションであり、実証的に当時の時代背景と、鄭成功及び関係人物の真の実像を理解してもらいたかったからである。

とはいっても、現下の苦しい出版事情の下では、このような人物伝の出版となると、これを引き受けてくれる出版社はなかなか見あたらない。中国の人物伝は秦から漢・唐代にかけての人物ならともかく、それ以降の人物となると、読者があまり関心を示さないというのが、その理由である。

原稿の完成に漕ぎ着けたのは平成二十年である。

それから、日本未曽有の出版大不況、担当出版社の倒産など、紆余曲折があって六年間が徒過した。そして出版界にもようやく明るい日差しが射しはじめた今年になり、やっと東京でも老舗の出版社である株式会社国書刊行会が出版を引き受けて下さることになった。後世に歴史の真実を伝えたいという小生の誠意がこの会社の社長佐藤今朝夫氏に通じたからである。内容的に中国古代の有名人物と比較して、決して遜色がないと思われたからでもある。

戦前に学校教育を受けた者なら、当時の風潮であった日本人の海外雄飛とも関連して、近松門左衛門の「国性爺合戦」は、いやというほど頭に入っている。

同様にして、戦後の国際社会に生きる若い読者諸賢も、本書をお読みいただいて、この類まれなる日明の混血の英雄に、正しい認識をお持ちになるよう念願してやまない。

彼こそは鎖国時代の日本が生んだ希有の国際人だったからである。

平成二十六年　朱夏

森本　繁

著者略歴
森本繁（もりもと・しげる）
一九二六年愛媛県生まれ、戦時中海軍航空隊に入隊。特攻訓練中終戦をむかえた。
独学、資格検定により九州大学法学部に入学、政治史を専攻した。
卒業後教職の傍ら歴史研究を続け、数々の著書・論文を発表。著書は六十冊を越える。
近著は、『愛媛松山の歴史と文学を歩く』『瀬戸内しまなみ海道・歴史と文学の旅』『南蛮キリシタン女医明石レジーナ』『ルイス・デ・アルメイダ』『小西行長』『村上水軍全史』『村上水軍全紀行』『村上水軍興亡史』『源平海の合戦』『白拍子静御前』『明石掃部』『細川幽斎』など。『征西府秘帖』で、第二回歴史群像大賞を受賞した。

台湾《たいわん》の開祖《かいそ》　国姓爺《こくせんや》鄭成功《ていせいこう》

2014年10月25日初版第1刷発行

著　者　森本繁
発行者　佐藤今朝夫
発行所　株式会社 国書刊行会
〒174-0056 東京都板橋区志村1-13-15
TEL 03（5970）7421　FAX 03（5970）7427
http://www.kokusho.co.jp
装丁者　真志田桐子
印刷・製本　三松堂株式会社

ISBN 978-4-336-05820-1

松浦氏と平戸貿易

外山幹夫 著

古代より朝鮮・中国・西欧諸国との貿易に活躍した松浦氏の発展の跡をたどり、松浦・平戸・佐世保各市を中心とした長崎県の、古代から中世・近世を経て、今日にいたる雄大な歴史を素描した好著。

三六〇頁
本体二八〇〇円＋税